# 제 4물결

# 21세기 네트워크마케팅의 미래

## WAVE 4
### (Network Marketing in the 21st Century)

판권본사
독점계약

## 제 4물결 21세기 네트워크마케팅의 미래

지은이 • 리처드 포
옮긴이 • 이보경
개정판
인쇄일 • 2017년 01월 20일
발행일 • 2017년 01월 20일
펴낸곳 • 용안미디어
주소 • 서울시 강남구 역삼동 696-25
전화 • 010-6363-1110
등록 • 제16-837호
가격 • 11,000원

＊ ISBN 89-86151-49-9 02320
＊ 잘못된 책은 바꿔 드립니다.

# 제 4물결

# 21세기 네트워크마케팅의 미래

# WAVE 4

▶ 네트워크 마케팅이란 무엇인가?
▶ 네트워크 마케팅 열풍의 이유는 어디에 있는가?
▶ 제 4물결을 타고 경제적 자유로 가는 비결!

리처드 포 지음

# 목 차

# 추천사

90년대를 마감하고 21C를 시작하면서 리처드 포는 자신의 이전 역서를 훨씬 능가하는 〈제 4물결〉을 내놓았다. 〈제 4물결〉을 읽으면서 나는 흥분과 전율을 경험했다. 이전의 "물결" 시리즈에서처럼, 〈제 4물결〉역시 네트워크 마케팅의 엄청난 영향력에 대해 자세히 보고한다. 리처드 포는 이 마케팅이 국가 경제, 세계 경제, 네트워크 마케팅을 삶의 방식으로 선택한 독립 디스트리뷰터들의 생활, 부, 행복에 어떠한 영향을 미치는지를 설명한다. 나아가 리처드 포는 〈제 4물결〉에서 이 마케팅 방식이 왜 인터넷 시대의 사업 방식에 혁명을 일으키게 되는지에 대해서도 뛰어난 통찰력을 보여주고 있다.

또한 사람들이 미처 인식하지 못하고 있는, 21세기 네트워크 마케팅의 폭발적 확산을 보장하는 사업 동향을 명쾌한 용어로 설명하고 있으며 아울러 네트워크 마케팅 혁명에 동참하는 방법에 대해서도 설명하고 있다.

이제 페이지를 넘기고 리처드의 목소리에 귀기울여 보자.

스코트 디가모(Scott DeGarmo)

〈서세스〉지 전 주필 겸 발행인

# 저자 서문

1993년 이전에 우리는 어떻게 살았을까? 이젠 기억하기도 힘들다. 1993년은 국립 슈퍼컴퓨터 응용 센터(NCSA)가 모자이크 브라우저를 내놓은 해다. 그 덕분에 사람들은 마우스를 필요한 부분에 갖다대고 클릭하는 간단한 방법으로 월드 와이드 웹(WWW)이라는 정보의 바다를 항해할 수 있게 되었다. 1993년 이전에 인터넷이라는 말은 컴퓨터 전문가들 사이에서나 통하는 전문 용어였다. 그러나 이제는 수십억 세계 인구가 매일 인터넷이라는 사이버 공간에서 물건을 사고 판다. 인터넷은 세계 경제에서 가장 급성장하는 분야로 떠올라, 21C 경제 활동은 물론 생활의 모든 분야에서 없어서는 안될 중요한 수단이 되고 있다.

훗날 미래 세대들은 1990년대를 돌아보고 "격동의 세월"로 기억할 것이다. 그러나 인터넷은 그 수많은 혁신 중 하나일 뿐이다. 90년대 일어난 커다란 변화 중에는 언론매체의 주목을 거의 받지 못하고 무대 뒤에서 조용히 일어난 변화도 많다. 예를 들어, 다단계 판매, MLM, 네트워크 마케팅 등 여러 가지 이름으로 알려진 불명확한 업계가 800억 달러 매출을 달성한 것도 1990년대의 일이다. 직접판매협회(DSA)에 따르면, 90년대 말 대략 800만 명의 미국인이 이 사업에 참여하게 되었다고 한다. 네트워크 마케팅도 인터넷처럼, 21세기 경제를 이끌어 가는 가장 강력한 추진체로 등장하게 된 것이다.

이러한 통계수치를 말하면서 나는 솔직히 안도감을 느낀다.

'미래 전망'을 업으로 하는 사람들은 늘 자신이 내놓은 전망이 거짓으로 판명될지도 모른다는 두려움 속에 살아간다. 그러나 네트워크 마케팅은 내가 내놓은 가장 낙관적인 전망까지 실현시켰을 뿐 아니라 그 이상의 성과를 보여주었다.

네트워크 마케팅 업계에 대해 내가 처음으로 내놓은 전망은 1990년 5월 가판대에서 첫선을 보였다. 당시 〈석세스〉지 편집부장이었던 나는 "네트워크 마케팅: 소비자에게 접근하는 90년대 가장 효과적인 전략"이라는 제목으로 칼럼을 썼다. 그 기사 하나로 나는 하루 아침에 이 업계의 유명인사가 되었다. 전국의 사업 설명회장에서 내 칼럼을 복사하여 배포한 것이 수만 부에 달했으며 미처 읽지 못한 우편물이 사무실에 쌓여 갔고 전화는 쉴새없이 울려댔다. 내가 쓴 기사에 감사하며 네트워크 마케팅 기사를 더 많이 다뤄달라고 성화였다.

스코트 디가모 편집장은 선임 편집장 던컨 앤더슨과 함께 네트워크 마케팅을 주제로 커버 스토리를 써보라고 했다. 그래서 우리는 작가, 조사담당, 업계 전문가로 팀을 짰다. 〈업라인〉지 편집장 존 밀튼 포그, 〈마케팅 인사이츠〉 편집장 발레리 프리, 네트워크 마케팅 권위자로 변신한 제리 루빈, 롱아일랜드 대학 마케팅 학과장 스리쿠마 라오 박사도 합류했다.

기사가 나오기 몇 주 전, 네트워크 마케팅 업계는 기사에 대한 소문이 돌면서 선주문이 쇄도하는 바람에 전화 받는 직원을 풀타임으로 고용해야 했다. 기사는 "백만장자 만들기"라는 제목을 달고 1992년 3월 호에 실렸고 그 달 매출은 평소 두 배를 기록했다.

사람들은 도대체 왜 그렇게 열광했을까? 그 이유는 〈석세스〉지가 전국규모 경제전문 잡지로서는 처음으로 네트워크 마케팅 업계에 관해 긍정적인 기사를 다루었다는 데 있다. 그 때까지 이 업계 종사자들은 기자들로부터 욕이나 듣는 게 고작이었다. 언론인들은 네트워크 마케팅을 일확천금을 좇는 사람들, 절박한 사람들, 순진한 사람들을 노리는 한탕주의 사기수법, 피라미드 상법으로 그렸다. 그런 시절, 〈석세스〉지는 이 사업을 감히 미래의 물결이라고 표현함으로써 엄청난 위험을 감수해야만 했다. 다행히 우리의 판단은 불과 몇 년만에 사실로 입증되었다.

이제 〈월스트리트 저널〉에서 〈뉴욕 타임즈〉에 이르기까지 권위 있는 잡지들이 네트워크 마케팅 업계를 새롭게 조명하고 있으며, IBM이나 MCI 같은 〈포천〉지 선정 500대 기업들은 네트워크 마케팅회사를 통해 자사 제품을 판매하고 있다. 전세계 최대의 금융서비스 회사인 시티그룹(Citigroup)도 네트워크 마케팅 자회사를 통해 신탁상품이나 생명보험상품을 판매하고 있다.

행운의 편지나 피라미드 사기를 네트워크 마케팅과 같이 생각하던 그 시절이 어땠었는지 이제는 기억하기도 힘들다. 업계 이미지가 완전히 바뀌어서 이제 네트워크 마케팅은 스티븐 코비(Stephen R. Covey) 같은 리더들을 옹호자로 두게 되었다. 스티븐 코비는 기업 윤리 분야에서 세계적으로 유명한 권위자이자 판매 부수 천만부 이상의 베스트셀러 〈성공하는 사람들의 7가지 습관〉의 저자로. 〈네트워크 마케팅 라이프스타일〉지의 커버스토리에 다음과 같이 자신의 의견을 피력했다.

"네트워크 마케팅은 사람들에게 자기 사업을 시작하고 스스로를 개발할 창조적 기회를 제공한다."

필자 역시 네트워크 마케팅에 대해 글을 좀 썼다. 〈제 3물결〉의 성공은 업계 성장을 어느 정도 반영한 셈이다. 〈제 3물결〉이 처음 출판되었을 때, 책의 소재가 너무 모호해서 많은 서점에서 구입을 거절했다가 소비자의 요청이 쇄도하자 그제서야 주문을 시작했다. 이 사업처럼, 〈제 3물결〉 역시 입에서 입으로 알려졌다. 광고는 한 적이 없다. 주요 출판사에서 서평을 쓴 적도 없고 TV 토크쇼에서 다뤄진 적도 없다. 강연이나 세미나에서 내가 직접 홍보한 적도 물론 없었다. 그러나 책이 팔려나가는 기세를 보고 출판업계는 주목하지 않을 수 없었다.

〈제 3물결〉은 96년 11월 대중적 인지도를 얻어, 〈비즈니스위크〉지의 베스트셀러 목록에 오르게 되었고 〈뉴욕 타임즈〉의 비즈니스 부문 베스트셀러에도 올랐다. 이 책은 거의 50만 부 가까이 팔려나갔다. 내 책에 대한 소문은 네트워크 마케팅 사업의 기본 원리가 그렇듯이 '입에서 입으로' 퍼져 나갔다. 네트워크 마케팅은 '입에서 입으로' 매일, 수억 달러 상당의 화장품, 비타민, 건강보조제품, 통신 서비스, 생명 보험 상품, 인터넷 상품을 이동시킨다. 〈제 3물결〉 시리즈는 기존의 마케팅 채널을 완전히 무시했다. 내가 알기로, 뉴욕의 몇몇 유명한 출판사 중역들은 어떻게 해서 그런 일이 일어났는지 아직까지도 이해하지 못하는 사람이 있는 것 같다.

내 책에 대한 대중의 관심을 불러일으킨 실체는 네트워크 마케팅을 통해 개인의 경제적 자유를 성취하고자 하는 대중의 열망이다.

기술발전은 기업 환경을 바꿔놓았다. 업무 자동화로 육체 노동자들의 일자리는 사라지고, 사무직 근로자들은 업무 분산화로 인해 점점 더 치열한 경쟁에 내몰려, 기술을 팔고 다니는 자유계약자 신세가 되고 있다. 안타까운 일이지만, 대부분의 사람들은 21세기 시장에 대처할 준비가 되지 못했다. 자신의 기업을 창출할 비전이나 자원, 독창성이 결여되어 있다. 그래서 네트워크 마케팅 같은 턴키 사업에 눈을 돌리는 사람이 증가하는 것이다.

〈제 3물결〉에서 나는 일반 대중에 맞춘 네트워크 마케팅 사업, 즉 네트워크 마케팅 사업의 많은 측면을 단순화, 자동화시킨 차세대 사업기회의 개념을 소개하였다. 제 3물결 방식을 통해 네트워크 마케팅은 대중에 진정으로 다가설 수 있게 되었고 2000년대 네트워크 마케팅 업계의 엄청난 성장을 촉발시켰다.

21세기 개막과 함께 출판된 〈제 4물결〉에서 나는 네트워크 마케팅 최후의 프론티어 즉, 네트워크 마케팅이 전통적 개념의 기업을 정복한다는 주제를 탐구하였다.

일자리가 사라지면서, 수백만 네트워크 마케팅 사업기회가 그 자리를 대신하기 시작했고 뉴 미디어의 확산으로 광고의 힘이 희석되면서 소비자에게 직접 다가서기 위해 네트워크 마케팅에 눈을 돌리는 기업이 점점 더 늘고 있다. 이 기업들은 새로운 "유통 고속도로"로 급속하게 발전하고 있으며, 〈포천〉지 선정 500대 기업 가운데 자사 제품과 서비스의 유통 채널로서 네트워크 마케팅을 선택하는 기업이 계속 증가하고 있다.

네트워크 마케팅이 비즈니스 업계에서도 합법적이며 뛰어난 마케팅 방식으로 인정받게 되면서, 미래학자 배리 카터가 말하는 "대중 민영화(mass privatization)" 현상이 가속화되고 있다.

배리 카터가 자신의 저서 〈무한한 부 (Infinite Wealth) 〉에서 설명한 것처럼, 대중 민영화란 사업 주체, 기업 소유 형태가 중앙에 집중되고 기업 관료적이었던 것이 이제 수백만 개인 자영업자의 손으로 완전히 이전되는 현상을 의미한다.

카터는 이렇게 말한다. "네트워크 마케팅은 자영 사업과 개인의 자유에 기초를 둔 시스템입니다. 각 개인은 자신이 하는 일의 주인이 되고 인터넷과 정보 초고속망을 통해 다른 파트너와 상호 연결, 상호 의존하게 됩니다. 이런 관계 속에서 경영자나 상사, 종업원, 계급, 월급등 중앙 통제 같은 것은 사라지게 됩니다."

네트워크 마케팅은 카터가 우리 경제의 대중 민영화에 기여한다고 생각하는 여러 가지 도구 중의 하나일 뿐이다. 그러나 지금까지 고안해낸 그 어떤 도구보다 가장 성공적인 것임은 분명하다. 이것은 많은 사람들에게 틀에 박힌 직장생활을 탈피할 수 있는 진정한 기회를 제공하고 있으며 서부 개척시대 대초원의 마차와 농가처럼, 21세기 프론티어의 출발점, 근거지 역할을 하고 있다. 또한 오르기만 하는 물가, 늘어나는 세금 부담과 관료주의로 갈수록 압박감을 느끼는 시대에, 많은 사람들에게 프론티어 정신을 되살려주었다.

〈제 4물결〉을 통해 나는 21세기 네트워크 마케팅에 대한 완벽한 입문서를 제공하고자 한다. 〈제 4물결〉은 이 마케팅의 실체와 원리, 소매 경제에서 가장 역동적인 분야로 급성장하는 이유를 설명하고 아울러 사이버 공간과 실제 세계에서 기업 선택하기, 보상 플랜 분석하는 요령, 사업 시작하기, 다운라인 키우는 방법에 대해 철저한 가이드를 제시하고 있다. 이 책을 통해 초보자들은 네트워크 사업을 종합적으로 이해할 수 있으며 경험 많은 네트워커들은 전문가로부터 고무적인 이야기와 성공 비결을 얻을 수 있을 것이다.

나 자신은 개인적으로 디스트리뷰터나 교육자로 직접 네트워크 마케팅 업계에 참여한 적은 없다. 그러나 90년 이전, 가난하고 힘들게 노력한 작가 나폴레옹 힐이 사람들에게 부자가 되는 비결을 가르쳐 주려 했던 것처럼, 나 역시 이 사업에 대한 길잡이 역할을 하려고 한다. 나폴레옹 힐이 제시한 성공 원칙은 직접적인 경험에서 나온 것이 아니라 당대 최고 기업가들과의 광범위한 인터뷰를 통해 수집한 것이다. 나 또한 지난 20년 세월의 대부분을 네트워크 마케팅 현상을 연구하는데 바쳤다. 나폴레옹 힐이 그랬던 것처럼 나도 이 업계에서 크게 성공한 수많은 사람들을 인터뷰했다. 나도 자립하기를 열망하는 사람들에게 성공한 사람들이 간직한 비밀을 알려 주었다. 여기서 나폴레옹 힐의 커다란 업적과 내 자그마한 업적을 놓고 어떤 비교를 하려는 것은 결코 아니다. 단지, 사이버 시대에 경제적 자유를 열망하고 또 열심히 노력하는 사람들에게 작게나마 실용적이고 효과적인 자문을 제공하였기를 진심으로 바라는 바이다.

경제적 자유를 찾아 여정에 오르는 독자 여러분에게 무한한 성공을 기원한다. 여러분의 사업이 번성하고, 또 결코 신념이 흔들리지 않기를 기원한다.

리처드 포

# 제 1부

# 뉴 프론티어
## (새로운 개척자)

# 제 1 장

## 신개척자들

눈물이 흐르자 리사 윌버(Lisa Wilber)는 깜짝 놀랐다. 도대체 왜 눈물이 나는 걸까? 그 순간까지 리사는 자신이 얼마나 속상했는지 몰랐다. 그 날도 보통 때와 다름없이 시작되었다.

리사는 2시간째 전기 회사 직원을 기다리는 중이었다. 전기료가 넉 달이나 연체되자 전기회사에서 사람을 보내 전기를 끊겠다고 했기 때문이다. 리사는 46달러를 손에 꼭 쥐고 창 밖을 내다보며 그 사람을 기다리고 있었다. 46달러로 한 달은 더 버틸 수 있으리라 생각하며… .

리사는 그 돈이 있어서 다행이라 생각했다. 그런데 눈물은 왜 났을까? 돈을 들고 운동복 차림으로 자동차 이동주택에서 뛰어 나오는 리사를 보고 전기회사 직원이 혐오스럽다는 듯 쳐다보았기 때문일까? 신발 끈은 풀린 채, 머리는 헝클어진 그대로, 이동주택 앞에 쌓인 눈 위를 힘들게 걸어 나오면서 리사는 자기 꼴이 얼마나 초라하고 지저분해 보이는지 스스로 잘 알고 있었다.

이동주택이 서 있는 주차장 또한 엉망이었다. 눈이 쌓여 지저분한 차도에 개는 짖어대고 여기저기 부서진 냉장고에 녹슨 자동차들은 그냥 방치되고 있었다.

"날 무슨 벌레 보듯 하더군요. 그 사람에게 난, 평생 이동주택에서 그런 꼴로 살았고 앞으로도 그렇게 살 인간으로 보였던 거죠."

그러나 리사가 이동주택에서 산 것은 2년밖에 되지 않았다. 그런데 시간이 갈수록 그 곳에서 빠져 나오기가 어려워졌다. 이것저것 다 해보았지만 하는 일마다 실패였다. 소프트웨어 회사에서 비서로 일하던 리사는 몇 달 전에 해고 당했다. 뉴햄프셔에서는 일자리가 귀했고 요즘은 불황이라 특히 더했다. 벌목 사업을 하는 남편은 한 달에 겨우 몇백 달러 벌까말까 하는 형편이었다.

리사 부부는 마카로니와 치즈로 연명했다. 고물자동차는 일주일에 몇 번씩 고장이 났다. 기름을 사야 할 때는 자동차 시트 쿠션을 들어 혹시 떨어진 동전이라도 있나 살피곤 했다. 리사의 생활 공간은 좁은 이동주택이었고 난방이라고는 나무를 때서 쓰는 스토브 하나밖에 없었다. 창문 여기저기 붙여 둔 비닐이 바람만 불면 푸르르 소리를 내고, TV에서는 토크쇼의 잡담이 종일 계속되었다. 리사는 가끔씩 비명을 지르고 싶었다. 전기회사 직원이 찾아온 날이 바로 그런 날이었다. 그 사람이 가고 난 후, 리사는 이동주택 안 의자에 앉아 눈물이 마를 때까지 울고 또 울었다.

## 개척자 정신(프론티어 정신)

그때 리사 앞에 이떤 미레기 기다리고 있는지 애기해 주었어도 그녀는 아마 믿지 않았을 것이다. 몇 년 후 리사는 수백만 달러의 매출을 올리는 판매 조직에서 6자리 수입을 올리게 되었다. 자신이 사장이므로 두 번 다시 해고당할 걱정 같은 건 할 필요가 없었다.

리사는 선견지명이 있는 사업가, 선택받은 소수의 자영사업가로

자리를 굳히게 되었다. 그녀는 세계 경제의 험난한 풍랑에도 자신의 네트워크 마케팅 사업만은 안전하고 견고하다는 확신을 갖고 21세기를 맞게 된다.

리사는 말하자면 개척자였다. 바람이 술술 새어 드는 리사의 이동주택은 옛날 대초원의 판잣집이나 로키산맥의 통나무 오두막집과 같았다. 정상적인 기업 고용의 가능성으로부터 완벽하게 차단되었던 리사는 프론티어 정신으로 무장할 수밖에 없었다. 주급이나 의료보험 혜택, 휴가, 연금 같은 것은 완전히 잊어버려야 했다. 생존할 힘을 자기 내부에서 끌어내야만 했다. 그러나 리사를 살린 이 새로운 사고 방식은 아이러니하게도 자발적 의지에서 나온 것이 아니라 억지로 강요당한 것이었다. 다른 사람들이 변화를 두려워하며 일자리를 잃지 않으려고 필사적으로 매달릴 때, 리사는 거칠고 험한 황야로 내몰렸다. 리사는 현대판 개척자인 셈이었다. 옛날 미국인들도 이런 외로운 길을 걸었었다. 그들처럼 리사도 거칠고 무정한 환경 속에서 스스로를 방어했다. 그 옛날 개척자처럼 리사는 매일 자신을 억누르는 그 모든 장애와 싸웠을 뿐만 아니라, 자신과 가족을 위해 공포를 정복하고 새로운 삶을 개척했다.

## 정보화 시대의 무기

옛날 개척자들은 서부 황야를 정복하기 위해 윈체스터 라이플 총이나 45구경 콜트식 자동권총 등으로 무장했다. 마찬가지로, 정보화 시대 개척자 역시 특별한 무기, 즉 평범한 사람도 사이버 경제체제에서 성공할 수 있도록 고안된 턴키방식 사업전략으로 무장하게 될 것이다.

자립의 길을 찾던 리사는 그런 무기 중에서도 가장 강력한 무기로 무장했다. 그 무기는 몇 가지로 불리는데, 어떤 이는 네트워크 마케팅이라 하고, 또 어떤 이는 다단계 판매라 하며 그냥 MLM이라 하는 사람도 있다. 결코 새로운 개념은 아니다. 이 강력한 사업 테크닉은 이미 50년 전에 고안된 것이다. 하지만 지난 10년간 과학 기술의 눈부신 발전으로 인해 예전에 결코 인식하지 못했던 네트워크 마케팅만의 특별한 장점을 일반 기업계도 주목하게 되었다.

네트워크 마케팅이란 무엇인가? 독립적인 판매원이 다른 판매원을 모집하고, 자신이 모집한 판매원의 매출에 대한 커미션을 받는 제품 판매 전략이다. 이 조직에서는 자신이 사람들을 가입시키고, 그 사람들이 또 다른 사람들을 가입시키는 식으로 하나의 라인을 형성하면서 계속 밑으로 내려가게 된다. 따라서 평범한 판매원이라도 여러 단계의 하위 라인을 두고 수백 또는 수천 명에 이르는 판매 조직을 구축하여 많은 돈을 벌 수 있는 기회가 주어지는 것이다.

## 850억 달러 사업

과거, 많은 사업 리더들은 네트워크 마케팅을 행운의 편지나 피라미드 상법 같은 일확천금을 노리는 사기수법으로 간주했다. 그러나 이제 그런 시절은 지나갔다. 오늘날 〈포천〉지 선정 500대 기업은 네트워크 마케팅을 사업에 이용하고 있으며, 월스트리트 전문가들도 이 방식의 우수성에 칭찬을 아끼지 않는다.

네트워크 마케팅은 정말 21세기 경제의 추진력으로 성장하였다. 공식적인 무역 협회에 자사 매출이나 회원 수를 보고하는 기업이 많지 않아 이 사업의 세계적인 성장을 말해주는 믿을 만한 통계수치들은 찾기 어렵다. 그러나 직접판매협회(DSA)의 자료와 업계 소식통에 근거하여, 이 조직을 통한 미국내 연간 매출이 약 300억 달러, 전세계적으로는 850억 달러에 달했다고 추산하고 있다. 또한 미국 내 네트워크 마케팅 종사자 수를 1800만 정도로 보고 있다.

이렇게 많은 사람들이 이 일을 하는 이유는 무엇일까? 이 사업은 정보화 시대 사람들이 직면한 가장 골치 아픈 문제, 즉 일자리가 사라진 세상에서 이제 어떻게 먹고 살 것인가 하는 문제에 대한 해법을 제시해 주기 때문이다.

## 홀로 서기

시대를 막론하고 미개척지는 사람들에게 무한한 기회를 제공한다. 그러나 미개척지가 제공하지 않는 게 있다면 그것은 바로 일자리다. 미국 대평원에 도착했던 최초의 이주민들은 모든 것을 혼자 힘으로 해냈다. 집을 짓고, 우물을 파고, 밭도 갈고, 가축도 길렀다. 그렇게 하지 않았다면 아마 생존하지 못했을 것이다.

사이버 프론티어 시대의 삶도 같은 식으로 전개될 것이다. 정보화 시대가 밝아오면서 우리가 알고 있는 기존의 많은 일자리가 사라지고 있다. 지난 20년간 직장에서 해고된 수백만의 사람들이 예전과 같은 수준의 봉급, 혜택, 안정적인 일자리를 얻기 위해서 많은 노력을 했지만 결국 허사였다. 과거에는 기업의 감원 조치를 비용 절감을 위한 일시적 조치로 보았다. 기업들은 힘든 시기를 극복하기 위해 인원을 감축했다가 경제가 회복 되는대로 해고한 직원들을 다시 채용했다. 그러나 이제는 사정이 다르다.

오늘날에는 여러 가지 이유로 기업 군살빼기가 이루어진다. 자사 공장이 국외로 완전히 이전하는 바람에 직원을 해고하거나, 자동화로 인해 생긴 잉여 인력들을 해고했다.

"기술 발전으로 인해 기업은 이제 적은 인력으로 더 높은 효율성을 올리게 되었습니다. 최고의 수익을 올리는 기업일수록 인원 감축을 가장 심하게 하는 회사이며, 이러한 과정은 계속 가속화 되고 있다." 경제학자 폴 제인 필저(Paul Zane Pilzer)의 얘기다.

요즘의 인원 감축은 경제 여건에 상관없이 이루어지며 한번 감축한 인원은 다시 충원되지 않는다. 계속 직장 생활을 한다해도 정식 직원이 아니라 계약직 사원으로 일해야 하는 경우도 자주 발생한다. 기업에서는 필요한 만큼만 일을 시키고 각종 수당을 지불할 필요도 없기 때문에 계약직 사원을 선호한다. 이렇게 기존의 일자리가 줄어들면서, 업무 시간이 자유롭거나 파트타임으로 일하는 계약직 사원, 즉 임시 노동 인구가 빠른 속도로 증가하고 있다.

## 사라지는 일자리

경제전문가 제임스 데일 데이비슨과 로드 윌리엄 리스모그는 21세기에는 우리가 알고 있는 전통적인 개념의 "직업의 종말"이 도래할 것이라고 예측하고 있다.

두 전문가에 따르면, "직업"이라는 말은 90년대 들어서야 평생 고용을 의미하게 되었다고 한다. 과거 세대들에게 "직업"은 일시적으로 고용되어 일하는 것을 의미했다. 가령, 대장장이는 말에 편자 박는 일을, 재봉사는 바느질하는 일을 했다. 그러나 누구도 그런 일을 평생 한다고는 생각하지 않았다. 의료보험이나 연금, 넉넉한 보너스를 기대하는 사람도 물론 없었다.

데이비슨과 리스모그는 자신들의 저서에서 "산업혁명 이전에는 평생 고용이란 개념은 거의 없었다"고 했다. 그리고, 이들은 정보화 시대가 되면서 직업이라는 단어는 옛날 그 의미로 돌아가게 될 것이라고 예견하고 있다.

"AT&T와 같은 대기업에서는 이미 모든 영구직을 없앴으며, AT&T 내의 직책은 이제 대부분 임시직이다."

이제 직업은 일시적 일을 의미하게 될 것이다.

## 퇴직의 끝

옛날 서부 개척시대에는 안전하고 편안한 노후를 보장하는 방법은 딱 하나였다. 죽는 날까지 지속적인 수입원이 될 사업을 구축하는 것인데, 대개 농장이 그런 수입원이었다. 정보화 시대 개척자들도 비슷한 도전에 직면할 것이다. 기업과 정부 연금, 그 어디에도 기댈 수 없는 상황에서 정보화 시대 개척자들은 강력하고도 독자적인 사업을 구축함으로써 자신의 생활터전을 마련해야 한다.

임시 계약직으로 일하는 사람들은 기업 연금을 받을 수 없다. 21세기에는 정부의 재정지원도 받지 못하게 될 것이다. 사회보장제도는 이미 그 실효성을 상실하고 있다. 세금으로는 이제 더 이상 감당할 수 없는 지경에 이르렀다. 그래서 사회 보장세를 개인연금 기금으로 돌려 주식이나 채권 시장에 투자할 수 있도록 새로운 정책이 나오기도 한다. 그러나 경제에는 호황과 불황이 공존하게 마련이고, 한번 폭락하면 연금이 영영 사라질지도 모른다.

만에 하나, 정부가 사회 보장세를 포기하여 사람들이 돈을 은행에 그냥 넣어둔다 해도 안락한 노후는 보장할 수 없다. 현재 물가상

승률과 금리로 보아 40살인 사람이 노후에 안락한 중산층 생활을 누리기 위해서는 적어도 300만 달러는 은행에 넣어 두어야 할 것이다. 그러나 그만한 돈을 저축할 여유가 되는 사람이 얼마나 되겠는가?

## 사이버 프론티어

19세기에 수백만의 사람들이 큰 포장마차를 타고 서부 개척지로 몰려들었다. 오늘날 우리에게도 프론티어 시대가 시작되었다. 원하든 원하지 않든, 이제 누구나 사이버 경제에 직면해있다. 다가오는 시대를 어떤 모습으로 살아가게 될지는 이 불가피한 현실을 얼마나 빨리 받아들이고, 또 얼마나 열심히 자급자족의 현실에 대비하느냐에 달려있다.

사이버 프론티어 시대에는 뼈를 깎는 노동, 격심한 경쟁, 위험, 공포, 불안이 가득한 힘든 삶이 되고 있다. 그러나 옛날 개척자들이 서부에서 부를 이루었듯이, 과거 기업 세계에서는 결코 상상하지 못한 방식으로 발전하고 성공할 기회가 우리 앞에 놓여있다.

21세기는 소비자가 원하는 건 무엇이든 입맛대로 대령하는 맞춤식 서비스를 제공하는 인터넷의 시대, 풍요의 시대가 될 것이라고 전문가들은 오래 전부터 예견해왔다. 그 예견은 현재 진행되고 있으며 분명 당신도 그런 삶을 실현시킬 수 있을 것이다. 그러나 노력 없이 그런 풍요를 누릴 수는 없다.

정보화 시대 사업을 구축하기 위해 오늘 내가 내리는 선택, 내가 택하는 전략이 곧 미래의 삶의 모습을 결정할 것이다. 그리고 네트워크 마케팅을 선택하는 사람들은 분명 올바른 선택을 한 것이다.

# 제 2 장

## 지렛대 원칙

"**충**분한 공간만 있으면 내가 지구를 들어 보이겠소."
위대한 그리스 수학자 아르키메데스가 지렛대의 힘에 대해 한 얘기다. 충분한 크기의 받침대와 지레, 이런 장치를 세울 공간만 있으면 농부가 지레로 밭에서 바위를 들어올리듯이 지구를 들어올릴 수 있다는 말이다.

지레와 받침대는 인간이 알고 있는 가장 단순한 장치에 속한다. 이 두 가지 장치만으로 인간은 자기 무게의 몇 배나 되는 물건을 들어올릴 수 있다.

사업 세계에서 지렛대 효과는 훨씬 더 놀라운 효과로 나타난다. 최고 경영자들은 외부 자금을 빌려 사업을 확장하고 주가를 끌어올리고 수익을 높이는 식으로 회사 자금으로 할 수 있는 것보다 몇 배 더 큰 지렛대 효과를 거둔다. 또 경영자는 직원들에게 업무를 위임함으로써 자기 노력을 몇 배로 증가시키는 지렛대 효과를 거둔다.

"나 혼자 100% 노력하기보다는 100명으로부터 각 1%의 도움을 받는 쪽을 택하겠다." 억만장자 석유 재벌 J. 폴 게티(J. Paul Getty)가 한 말이다.

맞는 말이다. 자기 혼자만의 시간과 에너지로 사업을 성공적으로 이끌 수는 없다. 자영 사업가의 성공은 자신이 이끌어 내는 지렛대 효과와 직결된다. 바로 여기서 네트워크 마케팅 개념을 적용할 수 있다. 네트워크 마케팅은 보통 사람들이 특별한 지렛대를 이용할 수 있도록 만들어진 시스템이다.

## 직접 판매 혁명

19세기 말 20세기 초에 새로운 형태의 판매원이 대두한 것이다. 옛날 행상인들처럼 그들 역시 혼자 일했지만 전국적으로 알려진 유명 제품을 판다는 점이 달랐다. 이 시기에 대두한 기업들은 판매원들의 방문 판매를 통해 향수, 칫솔, 화장품, 진공 청소기 같은 제품을 팔았다. 상점이나 백화점에 납품하지 않고 소비자에게 직접 팔았기 때문에 이들을 "직접 판매" 회사라 불렀다.

직접판매 방식을 통해, 제조업체들은 수많은 경쟁사 제품 틈에 자사 제품을 그냥 올려놓기보다는 소비자에게 제품을 직접 선보일 수 있었다.

판매원의 입장에서 이런 네트워크는 도매 할인도 받고 안전한 판매 영역도 확보하고 유명 브랜드를 판매한다는 이점이 있었다. 이들 판매원이 방문하면, 소비자들이 제품의 신뢰성을 의심하는 일은 결코 없었다.

옛날 상인들처럼 직접 판매원도 네트워크를 통해 일함으로써 지렛대 효과를 얻었다. 이런 새로운 판매 방식은 대인기를 끌게 되었다. 미국의 직접판매 인구는 1920년 최소 20만명 정도에서 2016년 1,820만 여명으로 증가 하였다.

## 시간의 덫

그러나 직접 판매원의 지렛대에는 한계가 있었다. 시간의 덫에 걸린 것이다. 한 사람이 하루종일 돌아다니며 향수, 칫솔, 화장품 등을 판매하는 데는 한계가 있었다. 이들은 집집마다 찾아다니며 열심히 세일즈하고 노력하는 만큼 돈을 벌었다. 그러나 밤에 잠을 자거나 일요일에 가족과 함께 시간을 보내거나 감기에 걸려 일을 쉬는 순간 소득은 멈추었다. 또한 큰 부상을 입거나 건강이 나빠지면 큰일이었다. 근무 시간이 줄어든 만큼 소득도 줄었기 때문이다.

결국, 초창기의 직접 판매원들은 1차 수입, 즉 일한 시간에 해당하는 수입만 벌었다. 사실 사람들의 대부분 소득은 1차 소득인 셈이다. 물론 1차 소득도 생계수단으로 아무 문제가 없다.

의사, 변호사, 회계사들은 이런 형태의 소득만으로도 잘 살아간다. 그러나 여기에는 지렛대 효과가 없다. 아무리 1차 수입이 많다 하더라도 일단 출근해서 일을 해야 하며 환자를 진찰하든, 아니면 법정에서 변호를 하든, 정산표를 처리하든, 수입은 모두 노동에 대한 대가이다. 결국 일주일에 40시간의 노동이라는 틀을 벗어나지 못하며, 소득은 근무 시간에 의해 결정되므로 일정 수준 이상 성장하지 못한다.

## 추가 수입

진정한 지렛대 역할을 하는 소득은 추가 수입이다. 이것은 일을 끝낸 뒤에도 계속 들어오는 수입으로 추가 수입은 베스트셀러 작가나 히트곡 작가들이 로열티로 벌어들이는 돈이나, 투자자나 사업 경영주들이 주식 배당금으로 받는 소득과 비슷하다. 일단 추가 수입을 구축해 놓으면 1년 동안 놀면서 해변에서 일광욕을 즐기더라도 수입은 계속 들어오게 되는 것이다.

엄청난 부는 추가 수입을 통해서만 가능하다. 안타깝게도 직접 판매 초창기에는 판매원들에게 이런 혜택을 제공하지 못했다.

20년대와 30년대에는 호레이쇼 앨거(가난뱅이가 큰 부자가 되는 소설을 주로 씀)처럼 되기를 희망하는 수천 명의 판매원들이 미국 전역에서 방문판매에 뛰어들었다. 그러나 실제로 경제적 자유를 얻은 사람은 직접 판매를 포기하고 자기 사업을 시작한 사람들뿐이었다. 결국, 진정한 자영 사업에서 나오는 추가 수입과 직접 판매를 결합하는 새로운 형태의 일에 대한 사람들의 요구가 거세게 일기 시작했다. 그리고 그 요구는 곧 대단히 혁신적인 방식으로 충족되기 시작한다.

# 제 3 장

## 네트워크 마케팅 해결책

**칼** 렌보그(Carl Rehnborg)가 네트워크 마케팅 프로그램을 성공적으로 이용한 최초의 기업가라는 것은 대부분의 업계 전문가들이 동의하는 사실이다. 그 전의 다른 기업들은 네트워크 마케팅을 어설프게 손대본 정도에 불과했다.

1920년대, 일부의 직접 판매 회사들은 판매원이 새로운 사람을 가입시키면 한 명당 일정 액수의 수수료를 지불했다. 어떤 회사는 일정 기간, 가령 신규 판매원이 들어오고 난 후 60일 동안 그 판매원이 올린 총매출의 1%를 가입시킨 사람에게 지급하는 곳도 있었다. 그러나 사업을 하는 동안 자신이 모집한 판매원으로부터 지속적인 커미션을 받도록 한 것은 칼 렌보그가 처음인 것으로 본다.

1920년대 칼 렌보그가 중국에 해외 제조업체 대표로 있었을 때 일이다. 중국에 내전이 발발했고 렌보그는 상하이의 외국인 수용소에서 1년간 포로 생활을 했다. 배급량이 너무 부족해, 풀이나 뿌리 심지어 나무로 스프를 만들어 굶주린 배를 채웠다.

그 때 경험은 렌보그에게 영양의 가치에 대해 커다란 교훈을 남겼다. 그는 미국에 돌아와 화학자로서 지식을 이용해 알파파, 파슬리, 시금치, 물냉이, 당근, 각종 미네랄과 비타민 등으로 건강 보조식품을 개발하였다. 1934년 렌보그는 자신이 개발한 제품을 판매할 회사를 세웠으며 후에 널리 그 이름을 떨치게 된다.

## 네트워크 마케팅 커미션

전통적인 직접판매 방식으로 운영되던 그의 회사는 오랫동안 번성했다. 그러나 1945년, 렌보그는 뭔가 색다른 시도를 했다. 판매원에 대한 새로운 보상 플랜을 도입한 것이다. 이 보상 플랜을 렌보그가 직접 개발했다고 보는 사람도 있다. 다른 일각에서는 디스트리뷰터 리 미팅거와 윌리엄 캐슬베리의 공동작품이라고 하기도 한다. 누가 고안했든 이 보상 플랜은 오늘날 '네트워크 마케팅' 하면 우리가 흔히 연상하는 대부분의 특징들을 갖추고 있다.

이 보상플랜으로 인해 25명의 고정 소매 고객을 둔 디스트리뷰터는 누구든지 신규 판매원을 모집하면 그 판매원의 매출에서 3%의 커미션을 받을 수 있게 되었다. 이것은 일시적인 수수료나 보상이 아니라 그 가입자가 그 회사에 소속되어 있는 한 지속적으로 유지되는 것이었다. 이 보상 플랜으로 인해 직접 판매원들은 처음으로 추가 수입을 창출하는 판매 조직을 구축할 수 있게 되었다. 베스트셀러 작가나 석유 재벌, 월스트리트의 투자자처럼 디스트리뷰터들도 다른 사람들의 노력에서 지렛대 효과를 얻을 수 있게 된 것이다. 이 새로운 시스템에서 수많은 사람들이 엄청나 성공을 맛보았다.

## 자신의 노력을 증폭시켜라

렌보그가 도입한 이 혁신적인 방식으로 인해 판매원들은 자기가 직접 가입시킨 판매원의 매출뿐 아니라 그 가입자가 가입시킨 판매원의 매출액에 대해서도 보상을 받게 되었으며 이러한 MLM 사업 방식은 엄청난 성장 가능성을 제공하게 되었다.

이제 새로운 판매원을 한 명 가입시키면 자신의 매출 뿐만 아니라 모집활동에도 도움이 된다. 판매원을 가입시킬 때마다 자신의 회원 모집 능력은 두 배로 증가하여 간단한 산수로도 이 배수가 네트워크 마케터에게 얼마나 유리하게 작용하는지 쉽게 알 수 있다.

한 수에다 일정 수를 계속 곱하면 그 수는 기하급수적으로 증가한다. 등비수열의 신기한 마술은 네트워크 마케팅 판매 리더들에게 자신의 사업을 엄청난 속도로 성장시킬 기회를 제공하게 되었다.

## 기하급수적 성장

지금 10만 달러를 받든지, 아니면 오늘은 1달러만 받고 한달 동안 매일 그 두 배씩 받는 쪽 가운데 하나를 택하라고 한다면 당신은 어느 쪽을 선택하겠는가?

산수를 조금만 할 줄 안다면 결정하는데 별 어려움이 없을 것이다. 당연히 1달러를 선택할 것이다. 첫 날부터 1달러가 두 배로 증가한다고 가정하고, 30일 동안 1달러가 매일 두 배씩 증가하면 나중에는 6억 달러가 넘을 것이기 때문이다. 이것이 바로 기하급수적 성장이다. 네트워크 마케팅 판매의 사업 구축에서도 동일한 수학이 작용한다.

예를 들어, 첫 달에 내가 5명을 가입시켰다고 가정하자. 그리고 둘째 달에 그 5명의 판매원이 각자 5명씩 가입시켰다. 이런 과정이 중단되지 않고 6개월간 계속되면 내 다운라인으로 1만 9530명의 디스트리뷰터가 생기게 된다. 각 판매에 대해서 10%의 커미션을 받는다고 한다면 6개월 후 내가 받게 되는 총 커미션은 19만 5300 달러가 된다. 그리고 이 커미션은 매달 계속 증가할 것이다.

## 무한한 가능성

물론 이 예는 대단히 단순화시킨, 또 극히 이상적인 경우이다. 어떤 비즈니스도 시계처럼 정확하게 돌아가지는 않는다. 네트워크 마케팅 신규 가입자의 중도 탈퇴자 비율은 매우 높다. 대개의 경우, 적극적으로 활동하면서 자기처럼 새로운 5명을 가입시킬 수 있는 괜찮은 5명을 찾기까지 많은 시행착오를 겪어야 할 것이다. 그런 과정에서 대부분의 네트워크 마케터들은 그리 큰 수입을 벌지는 못할 것이다. 그러나 이 사업의 커미션 체제는 모든 장애를 뚫고 나갈 열정과 비전, 지칠 줄 모르는 끈기를 갖춘 특별한 소수의 사람들에게는 기하급수적으로 성장하는 판매조직을 구축할 기회를 제공한다. 이런 과정을 거쳐 많은 사람들이 실제로 성공을 맛보고 있다.

네트웍 판매는 지렛대 원칙을 과학으로 끌어올려, 오늘날 네트워크마케팅을 채택하는 기업들은 일반 업계에서는 들어보지도 못한 엄청난 성장률을 기록하고 있다.

"대부분의 경제지 편집장들은 기업 매출이나 수익이 20% 성장한 회사를 보고 엄청난 성장이라며 흥분합니다. 하지만 네트워크 마케팅 업계에서는 초기 성장 단계에 있는 회사익 경우, 연간 100% 성장도 놀라운 일이 아닙니다."

## 다가오는 "물결"

지금처럼 사업 기회가 무한한 때는 없었다. 오늘날 네트워크 마케팅을 선택하는 사람들은 특별한 이익을 얻게 된다. 네트워크 마케팅 업계의 발전 과정에서 강력한 단계로 진입하는 바로 그 시점에서 뛰어드는 셈이기 때문이다. 앞으로 이 책을 통해 분명히 알게 되겠지만, 여러 가지 이유로 나는 이 단계를 제 4물결이라 불렀다. 제 4물결은 네트워크 마케팅 유아기의 종결을 의미한다. 이제 사람들은 더 이상 이 사업을 일확천금을 노리는 사기꾼들이 득실거리는 미숙한 사업으로 보지 않는다.

오늘날 시티그룹, MCI, IBM 같은 우량기업들이 확신을 갖고 네트웍 판매를 통해 자사 제품을 판매하고 있다. 이제 이 강력한 사업 전략이 21세기 경제의 핵심이 되었다.

이 책에서 우리는 세계적인 기업들이 이 새로운 전략을 왜 그토록 열렬히 받아들였는지 알게 될 것이다, 또한, 네트워크 마케팅이 다가오는 정보화 사회의 요구에 완벽하게 부합하는 이유도 살펴볼 것이다. 무엇보다도, 나와 내 가족이 제 4물결 혁명에 어떻게 대처해 나갈 것인지 구체적으로 알아 볼 것이다. 아울러, 이 새로운 노동 방식이 경제적 자유를 가져다 줄 열쇠가 되는 이유와 제 4물결 시대 성공의 길을 걷기 위해 취해야 할 구체적인 조치에는 어떤 것들이 있는지 배우게 될 것이다.

# 제 2 부

# 제 4물결 혁명

# 제 4 장

## 다이아몬드의 교훈

수백 년 전 페르시아의 한 농부가 입담 좋은 이야기꾼이 늘어놓는 얘기에 넋을 놓고 있었다. 그 얘기는 "다이아몬드"에 관한 것이었다. 그 이야기꾼에 따르면 다이아몬드는 "햇빛이 응결되어 떨어진 것"으로 너무나 귀한 보석이라서 다이아몬드 광산을 발견하는 사람은 세상 그 어떤 왕보다 더 부자가 된다는 것이었다. 농부는 그 때까지 다이아몬드에 대해 한번도 들어본 적이 없었다. 그러나, 농부는 그 얘기를 듣고 나서 그 보석을 갖고 싶다는 욕망에 불타기 시작했다.

농부는 밭과 과수원이 많은 부자였다. 그러나 다이아몬드 얘기를 듣는 순간부터 농부는 자신이 거지처럼 느껴졌다. 자신이 탐나는 오직 한 가지를 가질 수 없었기 때문이었다. 세상 어딘가 아직 발견되지 않은 채 묻혀 있을 다이아몬드 생각만 하면 자면서도 고통스러웠다. 결국 어느 날 농부는 전답을 다 팔아 다이아몬드를 찾아 나섰다. 아프리카, 팔레스타인, 유럽 전역을 돌아다니며 다이아몬드를 찾았으나 끝내는 찾지 못하고 절망에 빠져 농부는 바다에 몸을 던지고 말았다.

한편, 페르시아에서 그 농부의 전답을 사들인 사람은 어느 날 엄청난 보물을 발견했다. 검은 바위에 박혀있는 다이아몬드를 보았던 것이다. 좀더 조사를 해 보니 자신이 사들인 그 농부의 집과 전답은 모두 다이아몬드 밭이었다. 그 허름한 농장은 곧 골콘다 다이아몬드 광산으로 알려지게 되었다. 발견된 광산 중에 다이아몬드 매장량이 가장 많았다. 그 욕심 많은 농부가 그냥 만족하고 거기서 계속 살았더라면 그토록 갈망했던 보석은 처음부터 자기 것이었던 셈이다.

## 숨겨진 보물

이 다이아몬드 이야기는 성직자이며 교육가, 남북전쟁 영웅이자 미국의 가장 위대한 동기부여 강연자 중 한 사람인 러셀 허먼 콘웰 박사가 얘기해서 유명해진 것이다. 1925년 세상을 뜰 때까지 콘웰 박사는 전국을 순회하며 사람들에게 눈을 뜨고 자기 앞에 놓인 기회를 보라고 강연했다. 자기가 사는 바로 그 곳에서 자기가 찾은 기회를 최대한 이용하라고 콘웰 박사는 말했다. 그는 6000회에 이르는 "다이아몬드" 강연을 통해 당시 가장 사랑 받고 가장 인기 있는 연사였다.

"여러분이 지금 살고 있는 도시, 여기 필라델피아에 바로 그 다이아몬드 밭이 있습니다." 필라델피아 강연에서 콘웰은 이렇게 말했다. "1889년, 재산이 1000만 달러에 이르는 백만장자 107명 가운데 67명은 인구 3500명도 안 되는 마을에서 그런 부자가 되었습니다. 그 사람이 어디서 사느냐가 그 사람의 인간 됨됨이보다 중요하지는 않습니다. 필라델피아에서 부자가 못 된다면 뉴욕에 가도 마찬가지입니다."

콘웰은 "성공할 수 있는 능력은 환경이나 여건에 있는 것이 아니라 각자의 내부에 있다"고 믿었다. 콘웰 사후 85년이 지난 지금, 그의 교훈은 다가오는 정보화 사회에 특별한 의미를 갖는다.

지금 최상의 기회가 바로 우리 집 뒷마당, 우리 집, 내 컴퓨터 속에 숨겨져 있다. 그러나 대부분의 사람들은 그런 사실을 알지 못할 것이다.

일자리의 종말을 두렵게만 생각하는 사람들이 많다. 미래 사회는 첨단기술이 지배하는 황무지, 고학력 엘리트에게만 일자리가 돌아가는 그런 곳으로 생각한다. 그러나 사실은 정반대다. 콘웰의 교훈을 제대로 이해한 사람이라면 제 4물결 혁명이 가져다주는 코앞에 숨어있는 다이아몬드가 보일 것이다.


## '가난한 생각'

제1장에서 언급한 리사는 콘웰의 교훈을 힘들게 배웠다. 지난번에 우리가 리사를 만났을 때 그녀는 전기회사 직원에게 마지막 남은 46달러를 지불하고 이동주택에서 울고 있었다. 리사는 늘 자기연민 속에 살았다. 콘웰 이야기 속에 나오는 그 농부처럼 리사는 자신이 가난하다고 생각했고 평생을 그렇게 살아왔다.

리사의 아버지는 건물 수위였고 어머니는 비서였다. 부모님은 열심히 일하셨지만 언제나 생활고에 시달렸다. 부모님과 살면서 리사가 열망하던 화려함과 흥분은 어디에도 없었다.

잡지와 TV는 리사의 열망을 더 부채질할 뿐이었다. 리사는 매주 "달라스", "다이너스티" 같은 드라마 속에서 펼쳐지는 음모나 권력

다툼을 보며 TV에 빠져 지냈다. 또한 케네디 가를 다룬 책을 들여다보며 몇 시간씩 보내기도 했다. 그 책 속에는 근사한 집, 자동차와 보트, 햇살처럼 밝은 얼굴들, 행복한 아이들, 하이아니스포트의 나른한 오후의 모습이 있었다. 매사추세츠 시골의 단조롭고 칙칙한 내 일상과는 얼마나 다른가!

저 바깥 어딘가에 더 넓은 세상이 있다. 돈과 기회가 있는 세상이 있다. 리사는 그렇게 생각했다. 리사는 언젠가 그 흥분을 맛보리라 다짐했다. 그러나 지금 리사의 삶은 하기 싫은 허드렛일과 학교공부 뿐이었다. 유일한 변화라고는 아주 가끔씩 초인종 소리와 함께 판매원 아줌마가 찾아와 친근한 목소리로 엄마를 만나러 왔다고 할 때였다.

## 부자가 되는 꿈

"어린 꼬마였을 때부터 난 줄곧 판매원 아줌마가 되고 싶었어요." 리사의 얘기다.

리사가 동경하던 "달라스"나 "다이너스티"에 나오는 등장 인물들처럼 판매원 아줌마는 돈과 비즈니스의 중심에 있는 듯 했다. 정장 차림에 커리어 우먼처럼 나타나 샘플 가방을 열고 곧장 방문한 목적을 위해 이야기를 시작한다. "수다나 떨러 온 게 아니었어요. 열심히 일을 하러 온 사업가였어요. 그것두 프로 사업가죠. 그런 점에서 난 그녀를 존경했어요."

리사는 그렇게 자신 있는 모습으로 사업계를 누비고 싶었다. 리사에게 있어 그 판매원은 리사를 더 나은 세상으로 데려다 줄 신비로운 힘을 상징했다. 리사는 그 판매사원의 제품을 사랑했다. 리사가 처음 산 립스틱도 그 판매사원에게 구입한 제품이었다. 그 판매 사원이 소속된 회사가 유서 깊은 회사라는 것도 알고 있었다. 우량 기업으로서의 명성은 돈과 힘, 지위를 말해 주었다. 리사가 무엇보다도 갈망하는 세 가지였다. 리사는 판매원만 된다면 자신도 그 세 가지를 얻을 수 있으리라고 생각했다.

## 정신적 장애

리사의 사업적 본능은 틀리지 않았다. 미국에서 오래된 기업에 속하지만 미래가 있는 회사였다. 직접 판매 업계는 이제 서서히 그 잠재력을 드러내기 시작했고 경제적 혁명이 진행되고 있었다.

리사는 다가오는 이 대격변기에서 중요한 역할을 하게 된다. 그러나 리사에게는 먼저 극복해야 할 정신적 장애가 있었다. 리사는 다이아몬드의 교훈을 배워야 했다.

콘웰 이야기에 나오는 그 욕심 많은 농부처럼 리사도 눈앞에 있는 기회에 만족할 줄 몰랐다. 그런 정신적 태도로 인해 리사는 항상 더 쉽고 더 편하고 더 빠른 뭔가를 찾아 헤맸다. 리사는 아직 직접 판매 사업에서 성공할 준비가 되지 못했던 것이다.

리사는 18살의 나이에 직접판매 회사에 들어갔다. 그러나 그녀가 시도했던 대부분의 일처럼, 처음의 신선함은 금새 사라졌다. 제품을 판매하는 것으로는 리사가 원했던 만큼 돈이 되지 않았다. 리사는 부업 수준으로 일을 했고 그 사업에 적극적으로 매달리지는 않았다. 결국 한 달에 몇백 달러 이상은 벌지 못했다. 리사는 다른 생계 수단을 찾는데 대부분의 시간과 노력을 쏟았던 것이다.

## 방 황

소문으로 들은 보물을 찾아다니면서 리사는 잘 닦여지긴 했지만 아무 것도 없는 그런 길을 수없이 가보았다. 성공하기 위해서는 기술적 지식이 필요하다고 확신한 리사는 학교에 들어가 경영과 데이터 처리로 두 개의 준학사 학위를 받았다.

시간당 급여가 가장 확실한 수입이라고 믿은 리사는 가정부에서 음식점과 술집 시중까지 온갖 일을 하면서 생활비를 벌었다. 일이 잘 풀리지 않을 때면 여행을 떠나 탈출구를 찾곤했다. 미시시피, 사우스캐롤라이나, 괌까지, 세계 곳곳 안 가본데 없이 여행을 다녔다.

이렇게 들쭉날쭉한 생활을 하면서 리사의 사업은 점점 위축되어 갔다. 힘들고 빡빡한 일과를 쫓다보면 판매 활동에 할애할 시간이 거의 없었다. 그리고 끊임없이 여행을 하다 보니 지속적인 고객 관리도 힘들었다. 리사에게 야심이 없거나, 도전에 몸을 사린 것은 결코 아니었지만, 리사는 자신의 노력을 여러 방향으로 분산시키고 있었던 것이다. 그 어리석은 농부처럼 리사도 가는 곳마다 힘들게 고생만 하게 된 것이다.

## 가난의 밑바닥까지

리사는 매사추세츠에서 어린 시절을 보내면서 자신이 가난하다고 느낄 때가 많았다. 그래도 리사에게 가난은 여름 캠프에서 다른 아이들보다 싸구려 옷을 입는 정도의 의미였다. 집을 떠난 후에야 리사는 가난이란 완전한 파산 상태를 의미하는 것임을 깨달았다. 사우스캐롤라이나주 찰스턴에 살 때, 전기요금을 내지 못해서 따뜻한 물도 쓰지 못하고 전기도 안 들어오는 상태로 석 달을 지냈다.

리사는 늘 기진맥진한 상태였다. 직장, 학교 수업, 그리고 판매 사업으로 하루 24시간 내내 몸을 움직여야 했다. 어느 날 밤, 슈퍼에서 밤늦게 일하다가 금전등록기 앞에 엎드려 잠이 들었다. 너무 험악한 동네라 리사가 총격을 받고 쓰러졌다고 생각한 경찰이 총을 들고 상점을 포위하는 소동이 벌어지기도 했다.

"날이면 날마다 나 자신에게 이렇게 말했죠. 이제 더 이상은 못 견디겠다고. 그래도 내가 세운 원칙과 타협할 필요가 없어서 정말 다행이었습니다. 생각하기도 싫은 이런저런 일들을 해야 했지만 적어도 불법적인 일을 할 필요는 없었으니까요."

## 끝없는 노동의 쳇바퀴

리사는 불완전 고용 상태였다. 아무리 열심히 일해도 수입은 늘 모자랐다. 일자리의 종말이 가속화되면서 불완전 고용이 사회 전반에 걸쳐 전염병처럼 확산되고 있다. 직장을 잃고 생활비를 벌기 위해 한꺼번에 부업을 몇 개씩 하는 사람이 점점 늘고 있다. 그러나 그들은 곧 자신이 단조롭고 고된 노동의 쳇바퀴를 돌고 있음을 깨닫게 된다. 종일 계속되는 노동은 사람들의 시간과 에너지를 갉아 먹지만 돌려주는 건 아무 것도 없다. 그들의 소득은 모두 1차 수입이기 때문에 아무리 노력해도 성장의 기회가 없는 것이다. 그래서 대부분의 불완전 고용자들은 정상적인 근무시간, 넉넉한 봉급, 각종 혜택이 있는 안정적인 직장으로 다시 정착하기를 갈망한다.

그러나 21세기에 안정된 일자리는 점점 더 찾기 어려운 것이다. 이제 전통적인 개념의 직장을 찾기란 러셀 콘웰 시대에 금광을 찾는 것만큼이나 비현실적인 일이 된 것이다. 콘웰은 당시 사람들에게 노다지를 찾는 일 따위는 깨끗이 잊어버리고 실질적인 일에 시간과 노력을 투자하라고 촉구했다. 콘웰처럼 미래를 내다보는 우리 시대의 현자들 역시, 정보화시대 구직자들에게 똑같은 충고를 해줄 것이다. 멋진 직장에 안주하겠다는 낭만적이고 비현실적인 꿈은 접고 이력서나 면접 같은 데 소중한 시간을 낭비하지 말고, 이제 보다 현실적인 일, 즉 자립을 위한 추가 수입을 구축하는 일에 시간을 쏟으라고 충고할 것이다.

## 막다른 길

대부분의 불완전 고용자들처럼 리사도 좋은 직장에 들어가는 꿈만 꾸었다. 어느 정도 시간이 지난 뒤, 실제로 그 꿈은 이루어졌다.

뉴잉글랜드로 돌아온 후, 리사는 자신이 자랐던 곳에서 한두 시간 거리에 있는 뉴햄프셔의 한 컴퓨터 회사에 비서로 취직했다. 리사는 새 직장에서 2만 달러나 되는 월급을 받았다. 2년 후에는 결혼도 했다. 리사에게도 마침내 행운이 찾아온 듯 했다.

그러나 리사가 얻은 행복은 불안하게 흔들리고 있었다. '일자리의 종말'이 이미 확산되고 있었지만 리사는 그것이 무엇을 의미하는지 미처 몰랐다. 결혼식이 있고 2주 후, 그것은 소리 없이 리사를 덮쳤다. 리사는 그날 출근해서 자신을 포함하여 부서 전체가 해고되었다는 것을 안았다.

"집에 돌아오는 내내 울었습니다. 우리 부서원들 다 울었죠. 난 내 일을 사랑했습니다. 월급 받아서 치과도 다니고 의료보험 혜택도 받았는데. 이제 어떻게 해야 할지 앞이 막막했습니다."

리사의 남편은 벌목 일을 했고, 소득은 간신히 입에 풀칠할 정도였다. 1980년대 말 뉴잉글랜드에는 일자리가 귀했다. 신문과 TV는 연일 불황이라고 떠들어댔다. 지금껏 아등바등 힘들게 살아왔던 리사는 자신이 또 다시 무일푼 신세라는 사실이 믿어지지 않았다. 집에 도착하자 리사는 이동 주택 바닥에 주저앉아, 영문도 모르고 어리둥절한 새신랑 앞에서 울부짖으며 괴로워했다. "주먹질까지 하며 난 거의 제정신이 아니었어요. 자랑할 일은 아니지만 사실이 그랬었죠."

## 불행 속에 숨겨진 행운

언제나처럼 리사는 도넛에 난 구멍만 보고 도넛은 보지 못했다. 그녀가 본 것은 가난, 불황, 밀린 청구서, 더러운 이동 주택 주차장, 그리고 불완전 고용자 남편이었다.

그 욕심쟁이 농부처럼 리사는 자신이 여행하며 떠돌던 시절을 되돌아보며 이제 모두 허사라는 결론을 내렸다. 그녀는 지구 끝에서 끝까지 돌아다녔었다. 그녀에게 열린 모든 길은 다 가보았다. 그러나 신은 리사가 어디를 가든 자신을 가로막는 것만 같았다.

리사가 그날 주먹을 쥐고 발길질을 하고 이동 주택 바닥을 구르며 울부짖었던 것도 무리는 아니었다. 마치 삶이 다 끝장난 것처럼 흐느껴 울었던 것도. 그러나 리사의 삶은 이제 겨우 시작되고 있을 뿐이었다. 리사는 아직 깨닫지 못했지만 "다이아몬드"는 아주 가까이 놓여 있었다. 리사가 할 일은 이제 눈을 뜨고 다이아몬드를 확인하는 것뿐이었다.

# 제 5 장

## 제 4 물결

옛 날 미국 서부개척 시대에는 돈이 별로 없어도 쉽게 차지할 수 있는 방대한 땅이 있어서 개척자들에게 멋진 기회를 제공했었다. 사이버 시대 개척자들에게는 땅은 아니지만 그만큼 소중한 자원, 즉, 추가 수입을 올릴 수 있는 기회가 있다. 바로 이것이 리사를 기다리고 있던 보물, 무한정으로 캘 수 있는 보물이었다.

리사는 두 가지 면에서 운이 좋았다. 첫째, 리사가 직접판매라는 턴키 사업에 참여했다는 점이다. 이 턴키 사업은 제 4물결 혁명에서 유리한 위치를 점하게 된다. 둘째, 리사는 이 혁명이 시작되는 시점에서 실직했다는 점에서 운이 좋았다. 리사가 네트워크 마케팅을 알게 될 즈음, 이 사업은 이미 50년 이상 사업적 잠재력을 축적해왔던 것이다. 뿐만 아니라, 네트워크 마케팅 업계는 이제 성장의 절정기에 이른 상태였다. 이 사업의 발전 단계는 다음과 같이 정리할 수 있다.

▶ 제 1물결 (1945년 – 1979년) – 암흑기

▶ 제 2물결 (1980년 – 1989년) – 형성기

▶ 제 3물결 (1990년 – 1999년) – 성장기

▶ 제 4물결 (2000년 이후) – 확산기

## 혼란기

제 1물결 시대는 1945년에 시작되었다. 당시 뉴트리라이트 (Nutrilite)는 처음으로 MLM 방식을 도입하였다. 이 때가 MLM 업계의 서부 개척기라 할 수 있는데, 법도 질서도 없는 혼란기였다. 당시, 규제 당국 역시 확실한 기준과 판단 근거 없이 MLM 기업들을 겨냥하여 단속 규정을 만들었다.

제 1물결기의 이러한 혼란은 오랜 기간 철저한 조사 끝에 연방무역위원회가 MLM의 A사가 피라미드 사기상법이 아니라 적법한 사업이라는 판정을 내림으로써 1979년 끝을 맺는다. 단순히 어느 한 기업에 대해서가 아니라 업계 전체에 대한 판결인 셈이었다.

보다 우호적인 법률 환경에 고무된 네트워크 마케팅 업계는 소위 제 2 물결기로 진입한다. 컴퓨터 기술 혁신으로 사람들은 이제 개인 PC로도 네트워크 마케팅 기업을 창업하고 운영할 수 있게 되었다. 그로 인해 1980년대는 신생기업이 유례없이 증가하였다.

## 성장의 고통

그러나 1980년대 네트워크 마케팅이 자리를 잡아가면서도 여전히 성장의 고통을 겪었다. 사업자들은 무한한 사업 기회를 약속하면서 신규 가입자를 끌어 모았다. 그러나 이 사업에서 결실을 얻기까지 충분한 시간과 노력을 쏟아붓는 사람은 거의 없었다.

부업 삼아 사업을 시작한 보통 사람들이 판매 요령도 모르고 사업 초기에 제품을 많이 사들였다가 곧 좌절하고 그만두는 경우가 많았다. 큰돈을 번 사람들은 대개 전직 세일즈맨이거나 타고난 사업가, 또는 사업 동기가 매우 강한 성격의 소유자들이었다.

IBM 세일즈맨이었던 돈 헬드는 제 1물결과 제 2물결 시기에서 네트워킹 사업의 성장 가능성을 직접 체험했다. 1969년 사업을 시작한 돈 헬드는 힘들게 다운라인을 구축했다. 신규 디스트리뷰터 가입과 교육뿐 아니라 매달 그들의 커미션까지 직접 수기(手記)로 처리해야 했다. 아내와 여섯 아이들이 다 같이 사는 24평 크기의 집은 제품 때문에 창고처럼 되어버렸다.

다운라인의 주문을 받으면 일일이 포장을 해서 갖다 주어야 했고 여름 방학이라 아이들이 학교에 가지 않을 때면 온 식구가 자동차를 집 삼아 집시처럼 떠돌아다니며 사업을 구축했다. "그 시절 네트워크 마케팅 사업은 너무나 원시적이었습니다. 요즘 사람들에게 그렇게 하라고 하면 아마 아무도 안 할 겁니다."

그는 모든 장애에도 불구하고 성공의 필수 요소인 내적 추진력과 끈기를 타고 났다. 파트타임으로 2년 정도 사업을 하고 나자 매년 6만 달러의 수입을 올리게 되었다. 옛날 IBM 시절 수입의 두 배였다. 그 후 5년도 못 되어 헬드는 백만장자가 되었다.

요즘 헬드는 여유롭고 느긋한 생활을 즐기며 지낸다. 옛날보다 훨씬 적게 일하면서 풍요로운 인생을 살고 있다. 플로리다 바다에 배를 타고 나가 낚시를 하지 않을 때면 캐나다의 어느 숲에서 사슴 사냥을 즐기거나, 손주가 있는 아들 집에 놀러 가기도 한다. 헬드는 30년간 열심히 일했고 이제 그 노력에 대한 대가를 만끽하고 있다. 그의 다운라인은 매년 수십만 달러의 추가 수입을 가져다준다. 헬드는 가끔 자신이 요즘 네트워킹 사업을 시작했다면 얼마나 더 빨리 꿈을 이룰 수 있었을지 종종 생각해 본다. "요즘은 옛날에 비해 일하기가 훨씬 쉬워졌어요."

## 다운라인 자동관리 시스템

대부분의 회사들은 1990년대에 들어 사업 방식에 혁신적인 변화를 주었다. 소비자는 이제 수신자부담 전화 번호로 제품을 주문하고 회사는 바로 제품을 배달해준다. 이제 사업자가 할 일은 매달 회사 컴퓨터에서 처리되어 나오는 커미션을 가져가는 것뿐이다. 사업 홍보용 비디오, 오디오테이프, 원격회의, 위성 TV 방송 덕택에 리크루팅 과정은 거의 자동화되었다. 주문자 팩스 전송 서비스 덕분에 업라인 리더들은 반복되는 질문에 끝없이 대답하는 번거로움에서 해방되었다. 또 3자 통화가 도입되면서 신규 가입자는 전화 수화기를 들고, 경험 많은 후원자들이 예상 고객을 가입시키는 동안 통화내용을 듣기만 하면 된다. 보상 플랜 역시 훨씬 간편해져서 사업자는 과거에 비해 적게 일하고도 더 많은 커미션을 받게 되었다.

"똑같이 일해도 보너스 제도가 있어서 요즘 수입이 더 많습니다." 헬드의 다운라인인 쇼 부부의 말이다. 쇼 부부는 사업을 시작하고 2년만에 가장 높은 단계에 올랐다. "내 다운라인 조직에는 내가 10년만에 이룬 것을 2년만에 이루는 사람들도 있습니다." 헬드의 얘기다. …제 3물결 시대가 도래한 것이다.

## MLM 사업의 대중화

제 3물결 혁신으로 MLM은 처음으로 대중에 가깝게 다가서게 되었고 제 3물결 혁신은 돈과 시간의 측면에서 사업비용을 낮추었다.

그 결과, 수백만 사람들이 네트워크 마케팅 업계로 몰려들었다. 예전에는 생각조차 하지 않았던 사람들까지 말이다. 물론 제 3물결 혁명이 모든 사업자에게 수백만 달러의 추가 수입을 보장해 준 것은 아니었다. 어떤 사업도 그렇게 할 수는 없다. 그러나 제 3물결 혁신은 파트타임으로 일하는 대다수의 네트워크 마케팅 종사자들이 좀 더 쉬운 방법으로 매달 몇백 달러의 추가 수입을 벌 수 있게 해 주었다. 그 정도로도 대부분의 사람들에게 이 사업은 충분히 해 볼 가치가 있는 것이다.

## 성장의 시대

1990년대는 네트워크 마케팅이 중요한 업계로 부상한 시대로 기억되고 있다. 1995년 6월 23일 〈월스트리트 저널〉지 기사에 따르면, 1990년에서 1994년 사이 미국의 네트워크 마케팅 종사자가 34% 증가하였다. 뿐만 아니라 이 사업을 전업으로 하는 사업자의 수가 1993년에서 1994년 사이 두 배로 증가했다고 기사는 전하고 있다. 네트워크 마케팅이 미국 국경을 넘어 외국으로까지 확산되기 시작한 것도 1990년대의 일이다. 수많은 MLM 대기업들이 미국 내에서보다 중국, 한국, 일본에서 더 빠른 속도로 성장했다. 90년대 중반, 해외 성장이 놀라운 속도로 증가하여 MLM 업계는 한때 미국 경제 성장 속도를 앞지르기도 했었다. 실제로 1995년, MLM 상장 주식의 가중치를 나타내는 업라인 지수는 다우존스 지수와 S&P 500보다 80% 정도 더 높은 실적을 나타냈다.

## 미래의 물결

이러한 변화를 〈포천〉지가 놓쳤을 리가 없다. 1990년대 미국 업계는 조금씩 틀을 갖춰 가는 네트워크 마케팅 혁명 과정을 주의 깊게 지켜보았다. 그러나 거대한 관료주의와 뿌리깊은 경계심 때문에 대부분의 우량기업들은 선뜻 그 흐름에 뛰어들지 못했다. 네트워크 마케팅은 수백 억 달러의 매출 성적에도 불구하고 일반 기업계에서는 여전히 따돌림을 받았다.

그러나 2000년대에 들어서면서 이 모든 것이 변했다. 1990년대를 마감하면서 네트워크 마케팅에 대한 인식에도 커다란 변화가 있었다. 갑자기 대기업들이 앞다투어 MLM 네트워크 확보에 나섰다. 월스트리트 전문가들은 네트워크 판매를 칭찬하는 내용을 보고서에 올리기 시작했다. 우량 기업들은 MLM 자회사를 세우고 기존 MLM 기업들과 전략적 제휴 관계를 형성했다. 네트워크 마케팅을 이용하여 기업의 수익을 확대하려는 경쟁이 시작된 것이다.

이토록 갑작스런 변화를 가져온 실체는 무엇일까? 지금까지 거대한 경제 혁명이 진행되는 과정에서도 미국 기업계는 자발적으로 네트워크 마케팅을 수용하지 않았다. 오히려, 〈포천〉지 선정 500대 기업 최고경영자들은 적극적으로 MLM을 거부했었다. 그러나 시간이 갈수록 그런 태도는 그들에게 불리하게 작용하기 시작했다.

기존의 광고와 마케팅 전략은 더 이상 먹혀들지 않았다. 인터랙티브(쌍방형) 미디어, 적극적으로 변화하는 소비자, 세계적 경쟁의 맹공 앞에서 시장점유율은 점점 떨어졌다. 수백만 MLM 사업자들이 그랬던 것처럼 최고경영자들도 자발적 선택이 아니라 절실한 필요에 의해 네트워크 마케팅을 도입했다. 그러나 일단 그 풍성한 과실을 한번 맛 본 그들은 더 많은 과실을 따기 위해 태도를 바꾸지 않을 수 없었다. 네트워크 마케팅 발전 단계에서 가장 강력한 제 4단계, 즉 네트워크 마케팅의 기업 정복이 시작된 것이다.

# 6 장

## 입에서 입으로

**폴** 제인 필저(Paul Zane Pilzer)에게 누에고치 신드롬은 단순
한 책 속의 개념 이상의 의미로 다가온다. 코쿠닝 현상은 폴
의 회사를 거의 파산에 이르게 한 파괴적인 힘이었다.

오늘날 수많은 자영업자와 기업 경영자들처럼 폴도 네트워크 마
케팅에 눈을 돌림으로써 자신의 회사를 살렸을 뿐 아니라 엄청난
성장을 맛보았다.

폴은 평범한 사업가가 아니다. 그는 존경받고 학식 있는 경제학자
로서 23살의 나이에 시티뱅크의 최연소 부사장 자리에까지 올랐다.
폴은 레이건과 부시의 경제 자문도 맡았었다. 그는 미국 정부에서
관심을 갖기 몇 년 전에 이미 저축 및 대출 위기에 대해서 미의회에
경고한 바 있다.

폴은 경제학 교수였지만 학계를 떠나 실제 시장에서 자신의 이론
을 시험해 보고자 했다. 그는 부동산 개발로 수천 억 달러의 부를 축
적했고 〈무한한 부(Unlimited Wealth)〉 〈다른 사람의 돈(Other
People's Money)〉 〈신은 당신이 부자가 되기를 원한다(God Wants
You to Be Rich)〉 등 경제학 분야의 엄청난 베스트셀러를 쓰기도 했
다.

## 새로운 종족

적어도 겉보기에 폴은 전혀 MLM을 할 사람 같아 보이지 않았다. 네트워크 마케팅 하면 사람들은 흔히 일확천금을 꿈꾸는 육체 노동자들, 정보를 이용한 사기꾼들, 아무렇게나 입고 다니는 행상인들을 떠올렸다. 그러나 폴이 네트워크 마케팅 사업을 시작했을 즈음에는 그런 편견은 사라진지 오래였다.

새로운 네트워커들은 사이버 프론티어 시대의 유망한 틈새 시장을 찾는 똑똑한 고학력 전문가였다. 그리고 폴은 그 자격에 딱 맞아떨어지는 인물이었다.

폴이 MLM으로 성공하기까지 멀고도 험난한 여정에 오른 것은 1989년의 일이었다. 당시 폴은 자신의 첫 CD-ROM을 제작하였는데, 동기부여 분야의 인기 강사 앤소니 로빈스(Anthony Robbins)와 폴이 경제 전반에 관한 얘기를 주고받는 비디오 테이프를 기초로 해서 만든 교육용 프로그램이었다.

〈파워토크(PowerTalk)〉라는 이 CD가 성공하자 폴에게 아이디어가 하나 떠올랐다. CD라는 새로운 매체를 아동 교육에 활용하면 어떨까? 흥미로운 인터랙티브(쌍방향) 그래픽 영상으로 신나는 대수 수업을 만든다면 비디오게임에 쏠린 아이들의 관심을 고스란히 대수 수업에 모을 수 있을 것 같았다.

잠재 시장 규모는 엄청났다. 그러나 폴의 계획에는 한 가지 중대한 요소가 빠져 있었다. 그 한 가지가 폴의 모든 것을 빼앗아갈 뻔했다.

※대수(수 대신 문자를 사용 방정식을 푸는 방법)

## 결정적인 문제

폴은 누에고치 속으로 들어갈 방법을 몰랐다. 그런 상태에서 폴의 사업은 망하게 되어 있었다. 폴은 DM이나 소매상, 학교 등 기존의 유통 채널을 통해 자신의 교육용 CD-ROM을 판매하려고 몇 년이나 공을 들였다.

달라스에 본사를 둔 폴의 제인 출판사(Zane Publishing)는 마케팅 비용으로 2500만 달러를 쏟아 부었다. 그러나 어떤 유통 채널을 택하든 돈만 잃는 결과를 가져왔다. CD-ROM 판매에서, 폴은 세 가지 정신적 장벽에 부딪쳤다.

우선, 대부분의 학부모들은 자녀의 학습에 직접 관여할 필요성을 느끼지 않았다. 자녀 학습은 학교의 몫이라고 생각했던 것이다.

둘째, 학부모들은 그런 최신형 교육 매체에 굳이 돈을 낭비해야 할 이유가 없다고 생각했다.

마지막으로, 소비자가 일반 소매점에서 구매를 결정하는 단 몇 초의 짧은 시간으로는 폴의 CD-ROM이 다른 경쟁사 제품보다 어떻게 더 나은지 판단할 방법이 없었다. 이미 구축된 단단한 일상을 결코 벗어나지 않는 코쿤족은 폴이 제작한 CD-ROM 홍보 전단이나 매장 내 디스플레이를 그냥 지나쳐갔다. 광고매체가 이미 포화 상태에 이른 세상에서 그런 것들은 심리적인 침해일 뿐이라고 생각한 것이다.

## 일대일 마케팅

폴의 문제를 해결하는 답은 이미 존재하고 있었지만, 폴은 그런 것이 있다는 사실조차 몰랐다. 그에게 필요한 것은 다름 아닌 '직접 판매'라는 사실을 깨닫지 못하고 있었다. 폴에게는 소비자를 직접 찾아가서 그들의 관심과 신뢰를 얻은 다음, 이 신기술의 장점에 대해 상세하게 설명해 줄 판매원이 필요했다. 다시 말해, 입에서 입으로 전하는 마케팅 전략이 필요했던 것이다.

일반 비즈니스 업계에서는 일대일 개인 추천 전략을 사용하지 않았다. 기존의 마케팅 담당자들은 입에서 입으로 전하는 홍보는 좋은 광고를 전달하는 '전략'이 아니라 훌륭한 광고의 '결과'라고 생각했다. 또한 그들은 훌륭한 광고가 유행을 창출한다고 생각했다. 그러나 유행은 그 성격상, 날씨만큼이나 예측할 수 없고 통제할 수 없는 것으로 보았다.

반면, 네트워크 마케터들은 입에서 입으로 하는 일대일 마케팅을 과학으로 생각한다. 그들은 잘 알려진 몇 가지 원칙을 따라 열심히 노력하면 몇 번이고 얼마든지 입에서 입으로 유행을 창출할 수 있고 그에 따라 확실한 수익을 올릴 수 있다는 사실을 알았다.

네트워크 마케터들은 바로 이런 방법으로 돈을 번다. 폴은 네트워크 마케팅이 존재한다는 사실을 깨닫는 데만도 몇 년이 걸렸다. 그리고 그 존재를 알고 난 후에, 그는 네트워크 마케팅의 열렬한 옹호자가 되었다.


## 유통 프론티어

폴이 네트워크 마케팅을 알게 된 것은 즐거운 우연이었다. 1991년 어느 날, 돈 헬드는 폴의 〈파워 토크〉 테이프를 듣고 있었다.

테이프에서 폴은 앤소니 로빈스에게 1990년대에 큰돈을 벌려면 신제품 개발에 주력할 것이 아니라 보다 나은 유통 방법을 찾아야 한다고 설명하고 있었다.

그 테이프에서 폴은 기억할 만한 한 가지 예를 들어 자신의 요지를 설명했다. 폴은 〈졸업(The Graduate)〉이라는 영화에서 한 사업가가 주인공 벤(더스틴 호프만)에게 직업에 대한 충고를 하는 장면을 예로 들었다. 그 사업가의 충고는 단 한마디, "플라스틱"이었다.

1960년대에 그 말은 훌륭한 충고였다. 생산비를 낮추는 방법을 찾으면 쉽게 큰돈을 벌 수 있는 시절이었고, 금속이 아니라 플라스틱으로 제품을 만듦으로써 생산비를 낮출 수 있었던 것이다. 그러나 1991년에는 생산비 절감은 사업성이 거의 없었다.

폴은 이렇게 설명했다. "기술 발전은 생산비를 소매가의 20% 이하까지 끌어내렸다. 따라서 이제 생산비를 줄일 여지가 거의 없는 셈이다.

반면 유통비는 제품 가격의 80%를 차지하므로 유통 비용을 절감할 부분은 엄청나게 많다. 따라서 보다 저렴한 '유통' 방법은 곧 엄청난 사업기회를 의미하는 것이다."

## 폴과 MLM

당시, 폴은 몰랐지만 유통비를 절감하는 최상의 방법 중의 하나가 바로 네트워크 마케팅이다. 기존의 판매원과는 달리, MLM 디스트리뷰터는 커미션 외에는 그 어떤 대가도 받지 않는다. 입에서 입으로 전하는 마케팅 방식은 제조업자에게 전혀 비용부담을 주지 않으면서 기존의 수백만 달러 광고보다 더 효과적으로 시장에 침투할 수 있다.

베스트셀러 저자, 대통령 자문, 경제학 교수, 기업가 등 넘치는 경력에도 불구하고 폴은 이런 기본적인 사실을 모르고 있었다. 사실, 그는 네트워크 마케팅에 대해서 한 번도 들어본 적이 없었다. 그러나 〈파워토크〉를 듣던 돈 헬드는 즉각 폴과 MLM을 연결시켰다.

"폴은 돈 버는 길은 바로 유통에 있다고 말하고 있었습니다. 그걸 들었을 때 난 이렇게 말했죠. '세상에, 우리가 하는 일이 바로 이거잖아!'" 돈 헬드는 그 유명한 경제학자를 수소문하여 랠리에서 연설을 해 달라고 부탁했다.

# 제 7 장

# 유통 고속도로

**랠**리에서 첫 강연을 위해 컨벤션 센터에 도착하자마자 폴은 너무나 놀랐다. 3500명에 이르는 관중의 열기는 대단했다. 분위기를 띄우는 오프닝 메시지, 디스트리뷰터 체험담, 컨트리 음악 라이브 공연은 관중을 흥분의 도가니로 몰아갔다. "두려운 생각이 들 정도였습니다." 폴의 얘기다. 토요일 밤 축제 분위기를 경제학 교수의 지루한 강의로 망치게 된다면 이 사람들은 과연 어떤 반응을 보일까? 지루한 쇼에 분노한 관객들처럼, 폴에게 계란을 던지고 무대에서 내려오라고 야유하지는 않을까?

랠리의 떠들썩한 분위기 속에서 차분한 강연은 도저히 불가능해 보였다. 그러나 연단에 서자 폴은 자신이 쓸데없는 걱정을 했음을 곧 깨달았다. 청중은 놀랄 만큼 그의 얘기에 주의를 집중했다.

"무대에 오르자 조명이 밝아지면서 모두 노트나 종이를 꺼내 필기를 시작하더군요. 사람들이 정말 진지했습니다. 마치 기말시험을 앞두고 요점 수업을 하는 기분이었습니다."

## 행사장의 열기

폴은 그런 네트워크 마케팅 문화 속에서 첫 번째 교훈을 얻었다.

행사장의 그 시끌벅적한 소란 이면에는 새로운 사업 아이디어에 목마르고, 돈을 벌고자 하는 열의가 대단한 MLM 사업자가 있다는 사실을 알았다. 폴은 강연이 끝나고 20명의 판매 리더들과 경제학에 대해 새벽까지 얘기했다. "그 사람들의 진지한 태도와 배우고자 하는 욕구에 정말 압도당했습니다." 폴은 그때를 기억하며 말한다.

이 강연을 통해 폴 역시 많은 것을 보고 배웠다. 컨벤션이 있기 전 몇 주 동안 MLM에 대한 조사를 하면서 다양한 제품, 급속한 세계적 성장, 입에서 입으로 전하는 마케팅 전략 등에 너무나 놀랐다.

왜 이 업계는 지금껏 한번도 내 주의를 끌지 못했을까? "내가 쓴 〈무한한 부(Unlimited Wealth)〉에 나온 모든 이론과 현재 업계 동향을 결합하여 새로운 사업을 고안한다면 그 사업은 아마 네트워크 마케팅이 될 겁니다." 폴은 앞으로 MLM에 대한 연구를 최우선의 과제로 삼기로 했다.

## 소비자 저항

폴의 그런 열의에도 불구하고, 자신의 저조한 CD-ROM 사업을 일으켜 세울 해결책이 바로 MLM이라는 사실을 제대로 파악하기까지는 오랜 세월이 걸렸다. 그는 기존의 마케팅 방법을 통해 제품을 판매하려고 애썼지만 성과도 없이 8년의 시간이 흘렀다. "네트워크 마케팅을 알게 된 순간, 즉각 내 사업을 살릴 기회임을 알았다고 말할 수 있다면 얼마나 좋겠습니까? 하지만 그렇지 못했습니다.

이 사업은 소매 유통이라고 생각했죠. 내 판단 착오로 결국 돈도 날리고 회사까지 날아갈 뻔 했습니다."

폴은 CD 판매를 위해서 자신이 아는 방법은 다 시도해 보았다.

우편물을 대량으로 발송하기도 했고, 대량 주문을 받으려고 학교 직원들도 만나 보았다. 폴은 미국의 블록버스터 비디오 체인점에 얘기해서 캘리포니아에 있는 50개 비디오점에서 폴이 원하는 방식으로 디스플레이 하여 자신의 CD-ROM을 판매할 수 있게 해 달라고 했다. 그의 노력은 모두 실패로 돌아갔다. "너무 절망스러웠습니다. 지속적인 고객 기반을 구축할 수가 없었습니다." 직접 판매원의 도움 없이 폴은 너무나 불리한 입장에 있었다. 교육용 CD-ROM을 한번 사게 만드는 것도 너무 어려운데, 그나마 구매한 적이 있는 고객도 다음 번에 와서는 다른 제품과 구별을 하지 못했다. "다시 찾는 고객이 있어도 매장에 와서는 우리 제품보다 질이 떨어지는 경쟁사 제품을 사더군요." 폴의 얘기다.

## 누에고치 속으로

폴은 단단한 누에고치 속으로 파고 들어가야 했다. CD를 판매하기 위해서는 고객의 신뢰를 얻고 그들의 마음을 잡아두어야 했다. 하지만 네트워크 마케팅이 바로 그 열쇠일지도 모른다는 생각은 너무 늦게서야 찾아왔다. 1991년 세인트루이스에서 강연을 한 후 폴은 MLM 업계의 명사로 떠올랐다. 그는 MLM 컨벤션에서 수십 차례 강연을 했다. 행사장에서 폴은 때때로 판매 리더들과 얘기를 하면서 자신의 CD-ROM에 대해 얘기하곤 했다. 그러자 아이들에게 한번 줘 보겠다고 샘플을 달라는 사람들이 많았다.

"상위 판매원들에게 CD를 주기 시작했습니다. 오래지 않아 모든 판매원들의 아이들이 그 제품을 쓰게 되었습니다. 그래서 그들은 회사에 내 CD를 유통시키자고 제안하게 된 겁니다."

## 똑똑한 다운라인

기존 마케팅에서는 경영자가 내린 결정이 판매원에게 일방적으로 전달되는 것이 보통이다. 그러나 MLM 다운라인은 각자의 의지에 따라 행동할 수 있다. 독립적인 사업주로 구성되어 자유롭고 자발적인 조직에서 활동하는 다운라인은 종종 사무실보다 한발 앞서 진취적으로 사업기회를 발견하고 개척한다.

"디스트리뷰터들이 제품이나 서비스에 대한 믿음이 있다면 그 제품을 조직에 도입할 수 있다는 것이 네트워크 마케팅의 강점입니다." 폴의 얘기다.

폴의 CD도 그런 경우였다. 네트워크 마케팅을 통해 CD를 유통하기 시작하자 매출이 급상승했다. 해가 갈수록 폴의 다른 사업 수입은 조금씩 줄어들더니 결국 완전히 끊겼다. 그러나 네트워크 마케팅을 통한 매출은 계속 증가하여 폴의 총수익 800만 달러는 모두 MLM 유통 수익에서 나오게 되었다.

폴은 피할 수 없는 현실을 인정하고 네트워크 마케팅을 통해서만 제품을 유통하도록 회사를 재편하였다. "우리 회사는 소매 유통에 실패하고 DM에도 실패했죠. 그러나 네트워크 마케팅을 통해 우리는 기대 이상의 결과를 얻었습니다."

## 제 4물결 시대의 유통

폴은 과거에 이미 미래를 예측한 바 있다. 쇼핑이 사라진 세상에는 네트워크 마케팅 회사와 계약을 맺고 코쿤족 소비자에게 제품을 직접 판매하는 회사가 점점 늘어날 것이다. 실제로, 수많은 유명 브랜드 기업들은 이미 그런 판매 방식을 도입하고 있다. 수많은 기업들의 제품과 서비스는 이제 네트워크 마케팅 판매원들을 통해 소비자에게 유통되고 있다.

## 유통의 수호천사

네트워크 마케팅의 역사는 제 1물결에서 제 4물결까지 업계의 발전 과정을 그대로 나타내준다. 폴이 네트워크 마케팅 회사와 전략적 제휴를 함으로써 자신의 사업을 살렸듯이, 미국 기업계도 유통 고속도로를 확보하기 위해서는 결국 네트워크 마케터들과 손잡아야 할 것이다. 스칸디나비아의 전설에 등장하는 다리를 지키는 신비의 괴물처럼, MLM 업계는 이제 21세기 가장 유망한 유통망을 지키는 문지기 역할을 하고 있다.

"경제 전문가로서 나는 과거에 시장에서 빛을 본 대부분의 제품이 순전히 운으로 그렇게 되었다고 봅니다. 그러나 네트워크 마케팅에서는 그렇지 않습니다. 제조업체를 가리지 않고 최상의 제품을 찾아서 그것을 유통시키는 것이 바로 네트워크 마케팅이죠. 미래에도 꾸준히 효력을 발휘할 그런 시스템입니다."

제 4물결 시대의 네트워커들은 수 많은 고객 기업들에게 더 많은 유통 고속도로를 제공할 것이다.

# 8 장

## 잠재 소득의 격차

"**난** 안 해요. 절대 안 하겠어요." 리사 월버는 지부장에게 말했다. 리사는 다른 판매 리더들과 함께 임시 회의에 소집되었다. 임시 회의에서 지부장은 새로운 보상 플랜, 즉 MLM을 도입하게 되었으며 판매원들이 이 보상 플랜을 따라주었으면 한다고 말하고 있었다. 리사는 완강하게 거부했다.

이 때가 1992년의 일이었다. 리사가 실직하고 이동 주택 바닥에 쓰러져 울부짖었던 그 때로부터 4년의 시간이 지났다. 리사에게는 힘든 시간이었지만 좋은 일도 있었다. 엄청난 노력 끝에 리사는 다시 일어섰다. 그러나 리사는 매일 자신이 얻은 이 모든 것들을 또다시 빼앗길지도 모른다는 공포에 시달렸다. 그녀는 자신이 이룬 것을 지키기 위해 호랑이처럼 사납게 싸우며, 그 어느 것 하나도 놓치지 않겠다고 결심했다. 지부장이 뭐라고 해도, 자신의 사업을 그런 엉뚱한 MLM 사기 수법에 넘어가게 하지는 않겠다는 리사의 결심은 흔들리지 않았다.

### 전환점

지금도 리사는 비서직에서 해고되었다는 소식을 처음 들었을 때의 기분을 고통스러울 만큼 생생하게 기억한다. 리사는 집에 오는 내내 울었고 절망에 빠져 이동 주택 바닥에 쓰러졌었다. "여보, 그냥 실직한 것 뿐이야. 그게 그렇게 울 일이야?" 남편 더그는 리사의 반응을 이해하지 못했다.

하지만 리사에게 일자리는 단순한 직장 이상의 의미였다. 리사는 그 회사에서 나오는 연봉 2만 달러에 모든 희망을 걸고 있었다. 남편이 벌목으로 벌어오는 돈으로는 주택융자금과 자동차 할부금을 절대 감당하지 못한다는 사실을 잘 알고 있었다. 남편이 뭔가 더 나은 일을 찾지 않는다면 둘의 생활은 절망적인 상황이었다. 그 순간 리사는 개척시대 대초원에 홀로 선 개척자 같은 기분이 들었다. 리사 앞에는 곳곳에 위험이 도사리고 있는 험난한 황무지가 펼쳐져 있었다. 그런데 도움을 기대할 수 있는 사람이라고는 오로지 자신 밖에 없는 느낌이었다.

그때 남편이 말했다. "전에 하던 판매원 일은 어때? 그 일을 본격적으로 해 보면 어떨까?" 자기연민에 빠져 있던 리사는 처음에는 남편의 제안을 귀담아 듣지 않았다. 리사는 판매원 일을 7년이나 했지만 성공하지 못했었다. 그런데 지금이라고 해서 특별히 기대할 게 있을까?

그러나 리사는 잠시 생각을 해 보았다. 극도의 절망은 마음의 눈을 뜨게 하고 지독한 자존심을 잠재웠다. 눈물을 닦으면서 리사는 문득 남편 말이 맞을지도 모른다는 생각이 들었다.

리사는 지금까지 판매 사업을 본격적으로 한 적이 없었으며 풀타임으로 뛰면서 판매 사업에 자신의 노력을 다 쏟아야겠다고 생각한 적도 없었다. 정말 그렇게 하면 어떨까?

## 숨겨진 보물

그 순간, 리사는 자신이 좋아하는 얼 나이팅게일의 "선구자가 되어라"라는 동기부여 테이프에서 들었던 내용이 생각났다. 그 테이프에서 나이팅게일은 자기 집 밭에 묻혀 있던 다이아몬드를 발견한 러셀 콘웰의 그 유명한 농부 이야기를 들려주었다. 다이아몬드의 교훈을 설명하기 위해 나이팅게일은 한 주유소 사장에 관한 실화를 얘기해 주었다.

주유소 사장이 뜻밖에 보물을 발견한 사연은 이렇다. 어느 날, 별 생각 없이 주유소 창문 밖을 내다보던 사장은 손님 한분이 차에 기름이 다 차기를 기다리며 호주머니에 손을 넣고 느긋하게 서서 기다리는 모습을 보면서 돈과 시간은 있지만 별달리 할 일이 없는 것 같다는 느낌이 들었다. 그때, 그의 머리속에 아이디어가 떠올랐다. 그는 곧 그 아이디어를 실행에 옮겨 주유소에 과자와 잡화를 진열하는 최초의 주유소 편의점을 개발하였던 것이다.

리사는 자신의 처지가 그 이야기 속의 사장과 다르지 않다는 사실을 깨달았다. 리사는 18살부터 파트타임으로 일했다. 그 주유소 사장이 기름 넣는 일에 대해 훤히 알듯이 리사도 자기가 일하는 회사 업무에 너무나 익숙했다. 그 이야기 속의 사장처럼 리사도 자신이 가진 기회를 제대로 알아보지 못했다. 지금까지는 말이다.

그날 리사는 비서 일을 잃었지만 그 무엇인가가 그녀를 눈뜨게 했다. 리사는 그 회사를 새로운 눈으로 보게 되었다. "내가 그렇게 찾아 헤매던 다이아몬드는 어쩌면 내가 전부터 해오던 일에 있을지도 모른다는 생각이 들기 시작했죠." 리사는 그 순간 그 회사의 사업에 승부를 걸어보기로 결심했다.

## 두 개의 소득원

당시, 리사가 근무한 회사는 전통적인 직접판매 회사로 네트워크 마케팅 방식을 채택하기 전이었다. 그러다가 판매원들이 하위 조직을 구축할 수 있도록 하는 리크루팅 제도를 시험적으로 도입하게 되었다. 새로이 도입된 후원수당 프로그램으로 판매원들은 자신이 가입시킨 신규 판매원의 구매에 대해 5%의 커미션을 받을 수 있게 되었다. 리사는 한꺼번에 두 개의 소득원, 즉 자신의 판매 활동을 통한 1차 소득과 모집 활동을 통한 추가 수입을 개척할 수 있게 되었다.

리크루팅 기술을 연마하기 위해 리사는 지부장에게 전화를 걸어 예상 고객 방문에 동행해 달라고 부탁했다. 리사는 또한 자신이 만든 광고에는 제품 뿐 아니라 사업도 같이 홍보하여 예상 고객이 선택할 수 있도록 했다. 가령, 리사의 망가진 자동차 한쪽에 800 번호와 함께 "제품도 좋고 사업도 좋은 회사"라는 문구를 칠하는 식이었다.

## 방위 마케팅

다른 판매원은 그렇게 노골적인 방법으로 사업을 홍보하지 않았다. 그 회사는 보다 온건한 마케팅을 권장하는 분위기였다. 그러나 리사는 기능한 모든 마케팅 선술을 이용하지 않을 이유가 없다고 생각했다. "나는 일반 사업에서 하는 건 다 해보고 싶었습니다. 전기기사로 취직했으면 자동차에 전기기사라고 써넣고 다니는 게 뭐가 이상하겠어요?"

리사는 종별 광고도 내고 인근 지역을 다니면서 벼룩 시장마다 부스를 설치하고 홍보에 나섰다. 명함과 스티커를 찍어 어디를 가든 매일 스티커 10개 붙이기 목표를 세웠다. 동네 게시판과 공중 화장실에도 붙이고 식당에서 팁 주는 접시에도 붙였다. 리사는 걸어 다니는 인간 광고판이 되기도 했다. "셔츠마다 회사 글씨를 박아 넣고 지갑에도 그 글씨를 넣었죠. 나중에는 자동차 지붕에도 표시등을 달고 집에도 회사 표지판을 달았습니다."

리사의 노력은 결실을 거두었다. 수입은 천천히, 그러나 꾸준히 늘어갔다. 비서직 봉급만큼 벌기까지 몇 년의 세월이 걸리긴 했지만 곧 이런저런 청구서도 해결하고 빚도 갚을 만큼 벌게 되었다. 마치 꿈이 이뤄진 것 같았다. 얼 나이팅게일이 결국 옳았다고 생각했다. 리사가 찾던 다이아몬드는 생각보다 가까이 있었던 것인지도 모른다. 그러나 리사가 새로운 성공을 제대로 즐기기도 전에 예상치 못한 위협이 나타났다.

## 잠재 소득의 격차

회사의 후원 프로그램은 판매원에게 추가 수입을 가져다주긴 했지만 너무나 시대에 뒤떨어진 것이었다. 네트워크 마케팅 방식과는 달리 제 1단계 가입자에게서만 커미션을 받을 수가 있었다. 따라서 후원자들에게는 네트워크 마케팅 판매 조직에서 얻을 수 있는 기하학적 성장의 기회가 차단되었다.

다른 MLM 경쟁사간에 이러한 잠재 소득의 격차는 점점 커졌다. 시간이 지나면서 잠재 소득의 격차는 경영진들이 우려할 만한 수준으로 벌어져 갔다. 우수 판매원들은 자신의 회사에 대해 이류 사업을 하는 기업으로 기피하게 되었고, 후원자에게 많은 보상을 지불하는 성장 속도가 빠른 기업을 선호했다. 오랜 전통의 그 회사는 네트워크 마케팅이라는 황금 같은 기회에서 스스로를 배제시킨 셈이 되었다. 그리고 유능한 일류 판매원들이 경쟁사로 빠져나가자 이러한 위기는 표면화되기 시작했다.

### "이길 수 없다면 손잡아라"

직접 판매 업계에 혁명이 진행되고 있었다. 리사가 1992년 그 임시 회의에 소집되었을 당시, 수많은 기업들이 이미 MLM의 압박에 무릎을 꿇은 상태였고, 심한 경우에는 파산한 회사도 있었다. 그렇지 않은 회사들은 "이길 수 없다면 한 편이 되자"는 판단을 내렸다. 통계 자료를 보면 그 때 상황을 잘 알 수 있다. 1990년 미국 직접판매협회(DSA) 회원 기업들의 75%가 1차 커미션 방식을 채택하고 있었다. 그러나 90년대 말 기존 방식을 고수하는 기업의 수는 23% 이하로 대폭 감소했다. 현재 DSA(직접판매) 회원 기업들 가운데 77% 이상이 MLM 방식을 채택하고 있다.

이러한 변화의 한가운데에서 리사는 그 임시 회의에 소집되었던 것이다. "저희 회사는 '리더십'이라고 하는 새로운 보상 방식을 도입하게 됩니다." 이 새로운 방식은 기존 후원제도와 유사하지만 후원자의 하위 판매원들이 가입시킨 사람들에 대해서도 커미션을 받을 수 있기 때문에 더 나은 제도라고 지부장은 설명했다.

리사는 입을 굳게 다물고 듣기만 했다. "네트워크 마케팅"이라는 단어는 사용하지 않았지만 지부장이 말하는 내용이 무엇인지 리사는 정확히 알고 있었다. 그것은 기존의 직접 판매 방식을 고수해 온 회사가 이제 와서 네트워크 마케팅을 하겠다는 의미였다.

## 이미지 문제

리사는 솔직히 공포감에 사로잡혔다. "난 분명히 하지 않겠다고 말했죠." 오랜 세월동안 리사는 MLM 사업자들의 접근을 수없이 받아왔다. 리사는 그들의 끈질기고 적극적인 판매 방식을 싫어했고 일확천금을 가져다준다는 믿을 수 없는 사업을 경멸했다.

언론 매체를 통해 MLM 기업들이 피라미드 사기라고 비난하는 보도도 심심찮게 보았다. 리사는 늘 자신이 수십 년간의 명성과 보수적인 판매 방식으로 깨끗한 이미지를 유지해 온 회사와 일하게 되어서 다행이라고 생각해왔다.

"이 일로 회사의 이미지가 나빠지면 어떻게 하나?" 리사는 생각했다. 그동안 쌓아온 회사 이미지가 MLM으로 인해 하루아침에 무너져 버리면 어떻게 될 것인가? 중역들이 이 문제를 신중하게 검토하지 않은 결과라고 리사는 결론지었다. "다른 회사들이 하니까 그냥 하는 거라고 생각했죠. 잘못된 결정인 것 같았어요."

## 자갈밭

그날 리사는 무거운 마음으로 회의를 마치고 나왔다. 그 회사에서 찾은 다이아몬드 광산은 결국 자갈밭에 지나지 않았다. 적어도 리사가 보기에는 그랬다. 그러나 그런 생각은 진실과 거리가 멀어도 한참 멀었다. 리사가 그런 생각을 하는 그 순간에도 네트워크 마케팅은 이미지를 쇄신하고 있다는 사실을 그녀는 알지 못했다.

기업 언론에 희생양 노릇만 하던 시대는 끝나고 네트워크 마케팅이 승리를 거두는 날이 다가오고 있었다. 리사는 그 승리에서 큰 역할을 하게 되며 그녀가 제 4물결 혁명에 미칠 영향은 상당했다.

그러나 리사의 무조건적 자기연민 때문에 자신이 얼마나 축복 받은 행운아인지 깨닫는 데는 몇 년이 걸렸다.

# 제 9 장

# 경쟁적 우위

뉴 헴프셔에 사는 올비(Albee) 여사는 데이비드 맥코넬이라는 사람에게 고용되어 향수와 스킨, 크림 제품들을 판매하였다. 방문판매원이었던 맥코넬은 아내 루시와 함께 화장품을 공급하는 회사를 창업했다. 맥코넬의 회사가 성공한 데는 올비 여사의 공이 크다. 그녀는 미국 동북부 지역 상당부분을 아우르는 방대한 판매 영역을 개척하였다. 제품도 판매하고 자기처럼 사업을 개척할 판매 원을 모집하면서 올비 여사는 세계 최대의 직접판매원 조직 가운데 하나를 형성하는 기반을 닦게 된다.

## 무한한 성공의 기회

MLM기업이 초창기에 거둔 성공은 모든 가입자에게 무한한 성공의 기회를 부여하는 직접 판매의 막강한 강점을 잘 나타내준다. 독립 판매원들은 고용되어 일하는 직장인들보다 자신의 가능성을 실현시킬 기회가 훨씬 더 많다. 그들에게는 혁신적인 방법으로 자기 사업을 구축할 자유와 동기가 있다. 올비 여사의 경우처럼, 단 한 명의 열성 판매원이 수십 억 달러 기업의 운명에 영향을 미칠 수도 있는 것이다.

리사도 곧 알게 된 사실이지만, MLM 조직에서는 혁신적인 마인드를 가진 개개인이 자신의 능력보다 몇 배의 효과를 올릴 여지가 더 많다. 어린 시절부터 리사는 올비 여사를 우상으로 생각했다. "올비 여사가 뉴 헴프셔 윈체스터 출신이라는 걸 알았어요. 내가 자란 곳에서 멀지 않은 곳이죠. 난 사업가인 그녀를 존경했어요. 그리고 그녀가 소속된 기업은 독자적으로 사업을 운영하는 사람들의 회사였기 때문에 매력을 느꼈습니다." 그러나 리사는 그 전설적인 올비 여사처럼 자신도 회사의 발전에 중요한 역할을 하게 되리라고는 생각하지 못했다.

## 판매의 장벽

리사는 참으로 고집스러운 데가 있었다. 소속된 회사가 새로운 MLM 방식을 도입한 이후로도 리사는 자기 방식대로 사업을 밀고 나갔다. 그러나 시간이 지나면서 리사의 단호한 태도는 조금씩 시들해지기 시작했다. 리사는 1년 반 동안을 풀타임으로 뛰었지만 연간 만 5000달러 이상은 벌지 못했다는 사실이 문득 떠올랐다. 그 정도를 벌기 위해 리사는 주당 80시간을 일하며 대부분의 시간을 길에서 보냈던 것이다.

마침내 리사는 기존 판매 방식이 먹히지 않는다는 사실에 직면해야 했다. "35% 커미션을 받는 리더급 판매원들도 7만 달러를 벌려면 20만 달러 상당의 제품을 팔아야 합니다. 엄청나게 많은 양이죠." 결국 리사는 현실을 인정하고 리더십 제도에 가입하게 되었다.

## 이단자 집단

리사는 어느 틈엔가 이단자 집단에 들어와 있었다. 이들은 회사

내에서 따로 노는 집단으로 자기들끼리 어떤 특별한 프로젝트를 추진한다. 이런 비주류 집단에서 종종 엄청난 성과를 거두기도 한다.

가령, 매킨토시 컴퓨터도 애플사 내에서 아이디어가 반짝이는 몇 명이 조용히 모여 개발한 것이다. 그러나 이런 이단자들은 자유로운 행동에 대한 대가를 치러야 한다. 보수적인 동료들에게서 따돌림을 당하고 괴짜, 이상한 놈, 반항아 취급을 받는다. 이단자들은 회사 분위기를 흐리지 않도록 따로 격리생활을 한다.

비슷한 일이 리사가 근무하는 회사에서도 벌어졌다. 리더십 제도가 도입되고 얼마 되지 않아, 이 실험적 제도에 별로 열의가 없는 신임 회장이 취임하게 되었다. 신임 회장은 리더십 제도는 유지하되, 소위 비주류 이단자들처럼 조용히 눈에 띄지 않게 활동하라고 했다. "그 당시에는 '네트워크 마케팅' 하면 바로 '피라미드'로 통했습니다." 네트워크 마케팅 책임자의 얘기다.

MLM사업에 대한 인식이 너무 낮았기 때문에 회사의 지원이 미온적이었다는 것이다. "그래서 우리는 적극적으로 나서지 않고 조용히 사업을 진행했습니다."

## 리더의 탄생

수백 만 명의 구성원, 수십 억 달러 규모의 거대한 판매 조직 속에서 리사는 예상치 못한 단절과 외로움을 느꼈다. "교육이라는 게 없었습니다. 판매 도구도 전혀 없었구요. 리더십 프로그램으로 활동하는 사람들에게 상을 준다거나 하는 것도 없었죠. 회사에서 거의 무시당하는 느낌이었습니다."

리사는 기로에 서게 되었다. 리사가 이 사업을 제대로 하고 싶으면 혼자 힘으로 해야 할 형편이었다. 그것은 리더가 된다는 것을 의미했다. MLM을 도입하기 전에는 자기만 책임지면 그만이었다. 그러나 이제는 자신이 가입시킨 사람들 모두를 책임져야 한다. 그렇지 않으면 다운라인은 성장하지 못한다. 리사의 운명은 다운라인을 교육시키고 그들에게 동기를 부여하는 자신의 능력에 달려있었다.

"네트워크 마케팅에서는 자신의 성공이 중요한 게 아닙니다. 다운라인을 얼마나 성공시키느냐가 중요하죠. 그들을 성공하게 해 주면 돈은 저절로 따라오게 됩니다." 리사의 얘기다.

## 후원, 후원, 후원

리더십 프로그램으로 활동하는 많은 판매원들이 회사에서 그 프로그램을 무시하는데 대해 불평을 토로했다. 그러나 리사는 불평하는데 지쳐있었을 뿐 아니라, 과거의 경험을 통해 자기연민에 빠져 지냈지만 돌아온 건 가난밖에 없었다는 것을 알고 있었기에 자기 운명은 스스로 움직이기로 했다. 리더십 제도에 대한 회사의 무관심이 리사에게는 오히려 유리하게 작용했다.

"내가 나서서 사업을 개척하는 계기가 되었죠. 내가 원하는 방식으로 사업을 하고 그것이 효과가 있는지 없는지 직접 확인했어요. 입증된 공식을 따르라고 말하는 사람이 없었으니까요."

회사에서 기대할 것이 없었기에 모든 걸 직접 해야 한다는 판단이 섰다. 리사는 자신의 다운라인을 위해 사업 비결과 성공담을 실은 뉴스레터를 만들고 자신의 판매 조직에 속한 사람들에게 생일날 초콜릿을 보냈으며 주요한 행사는 엽서로 미리 알렸다.

그녀는 또한 2주 동안 1000달러 이상의 매출을 올리는 사람들을 위해서 "1000달러 클럽"을 만들어 최고 판매자에게 인정서를 수여했을 뿐만 아니라 다른 주에 있는 다운라인 리더들을 찾아가 교육 세미나도 자주 개최했다.

"리더십에서 가장 중요한 세 가지는 첫째도 후원, 둘째도 후원, 셋째도 후원이라는 사실을 알았습니다. 이 사업은 다운라인 후원이 핵심입니다."

## 끈기의 힘

이런 노력에도 불구하고 성공은 바로 찾아오지 않았다. 네트워크 마케팅 도입 후 처음 몇 년간은 엄청난 끈기가 필요했다. 리더십 도입 첫 해에 리사는 고작 12,000달러를 벌었고 번 돈의 대부분은 재투자에 쓰여졌다. "엉뚱한 데다 돈을 다 밀어 넣는 게 아닌가 겁이 났습니다."

그러나 3년째부터 기하학적 성장이 시작되었다. 리사의 수입은 두 배 이상 늘어 3만 2000달러가 되었다. 그러더니 그 후로 5만 8000달러에서 8만 9000달러, 13만 7000달러에서 17만 4000달러로 매년 수입이 늘었다.

이제 리사에게 경제적 불안은 옛날 얘기가 되어 버렸다. 남편은 그 사이 건설사업에 성공, 두 부부의 수입으로 이제 둘은 꿈에도 생각지 못한 자유를 만끽하게 되었다. "6년 전에는 누가 점심 먹으러 가자고 하면 돈부터 걱정했어요. 그런데 이제는 남편에게 파리에 놀러 가자는 얘기도 쉽게 할 수 있어요. 비용 걱정 같은 건 하지 않고요." 마침내 리사는 숨겨진 다이아몬드를 찾은 것이다.

## 리더십 프로그램의 재발견

자신의 삶을 변화시키면서 리사는 회사에도 변화를 일으켰다. 리더십 가입 후 4년째, 경영진은 리사의 성공을 주목하기 시작했다.

"내가 만든 뉴스레터와 다른 자료물을 복사해서 보내달라고 부탁하는 전화가 오기 시작했어요." 당시, 회사는 중대한 정책 변화를 준비하고 있었다. 지난 5년 동안 회사는 리더십 프로그램을 거의 방치해왔다. 그러나, 이제 성공한 판매원들의 성공전략을 배우기 위해 본사에서 리사 같은 최고 리더들을 찾기 시작했으며 이러한 변화는 1998년부터 본격화되었다. 교훈을 얻은 회사에서는 보다 공격적이고 적극적인 태도를 취하게 되었으며, 직접 나서서 판매원들을 후원하고 사업을 일반 대중에 홍보하기로 했습니다. 그 후에 리더십에 가입하는 판매원 수가 두 배로 늘었다.

## 달라진 인식

수년 동안 〈포천〉지 선정 500대 기업 경영자들은 MLM 현상을 멀찌감치 서서 지켜보았지만 감히 시도하지는 못했다. 이제 네트워크 마케팅에 대한 인식이 달라지자 용기를 얻은 그들이 마침내 네트워크 마케팅 사업에 뛰어들고 있다.

브라세로는 이렇게 말한다. "요즘 네트워크 마케팅에 대한 신뢰가 크게 높아졌습니다. 자영 사업자들은 네트워킹을 통해 많은 수입을 올릴 수 있다는 것을 실제로 확인하고 있습니다. 소득 잠재성에 한계가 없기 때문이죠. 리더십 프로그램 덕분에 우리는 다른 경쟁사보다 유리한 위치에 있습니다. 이제 유능한 독립 사업자들을 더 많이 유치할 수 있게 되었습니다."

# 제 10 장

## 빅 뱅

나는 서점을 운영한다. 그러나 출근은 하지 않는다. 금전등록기를 지키거나 바닥을 쓸거나 재고 문제로 애를 태우거나 건물 주인과 씨름하지도 않는다. 내가 하는 일은 분기마다 우편함에 날아오는 수입을 현금으로 바꾸는 것이다. 전세계 수많은 사람들처럼 나는 인터넷 서점 아마존(Amazon.com)의 링크 제공자이다. 내 웹사이트에서 책을 구입하려는 고객은 간단히 클릭만 하면 된다. 나머지는 아마존이 다 알아서 한다. 주문을 받아서 신용카드를 처리하고 제품을 배달한다. 이 프로그램에 가입하는 비용은 무료다. 분기 말이 되면 아마존에서 판매당 소액의 커미션을 지불한다. 나는 아무 것도 할 필요가 없다.

물론 이것은 네트워크 마케팅 사업이 아니다. 그러나 아마존은 기존 기업들 사이에서 MLM식 전략을 채택하는 추세가 늘고 있음을 보여주는 대표적인 예다.

제 4물결 혁명이 미국 기업계를 변화시키면서 MLM과 기존 사업 방식의 경계가 점차 모호해지고 있다. 고객을 통한 고객 유치, 고객을 디스트리뷰터로 가입시키기, 직원을 독립 사업자로 대우하는 기업이 점차 늘고 있다.

현 추세가 계속된다면 오늘날 거대한 기업 관료체제는 보이지 않는 공급업체 네트워크와 인터넷으로 연결된 수많은 독립 사업체로 분화할 것이다. 그리하여 아마존 같은 자기복제성 사업체가 확산될 것이다. 그리고 네트워크 마케팅은 이 수백만 독립 사업주들을 조직화하는 강력한 전략으로 부상할 것이다. 앞으로 몇 년만 있으면 비즈니스 업계의 대폭발을 보게 될 것이다. 나는 이 대폭발을 "빅뱅(Big Bang)"이라 부른다.

## 기업 해체

물론 빅뱅 이론 자체에 달라진 내용은 없다. 존 나이스빗(John Naisbitt)이나 앨빈 토플러(Albin Toffler) 같은 미래학자들은 오랫동안 대기업들의 전면적인 분리 해체를 예고 해왔다. 그러나 전문가들이 대기업의 분리 해체 과정에서 네트워크 마케팅이 중대한 역할을 하게 되리라는 사실을 인식하기 시작한 것은 얼마 되지 않았다. 〈무한한 부(Infinite Wealth)〉의 저자 베리 카터(Barry Carter)는 비교적 초기에 그러한 사실을 파악하였다.

카터는 소위 "대중 민영화(mass privatization)"를 예견했는데, 대중 민영화란 기업과 정부가 소유 관리하던 자산이 일반 근로자에게로 완전히 이전되는 현상을 가리킨다. 21세기 사람들은 월급에 끌려 다니기 보다 독자적으로 일해서 자기 노력에 상응하는 소득을 벌게 된다는 것이다.

"대중 민영화를 실천하는 사업자들은 이미 존재하고 있습니다. 네트워크 마케터들은 각자 얼마의 수입을 올리든 매출에서 일정 비율을 받으며 자기 사업을 운영합니다. 네트워크 마케팅은 사업으로서 지속력이 있으며 합법적인 사업으로 인정 받았습니다. 오늘까지 대량 민영화 모델에 부합하는 사업 기회를 성공적으로 제시한 업계는 네트워크 마케팅뿐입니다." 카터의 얘기다.

## 집단의 힘

미국 경제가 점점 작은 단위로 분화되면서 켈리가 말한 집단화 또는 군집화 현상이 나타나기 시작했다. 수백 만개의 소형 사업체로 이루어진 네트워크가 덩치 큰 관료체제보다 시장에서 더 빨리, 더 단호하게 대처할 수 있다. 케빈 켈리는 〈신경제 신규칙(New Rules for the New Economy)〉에서 "수학 원리상, 네트워크의 전체 값은 구성원 수의 제곱이다"라고 했다. "따라서 구성원이 1000명이면 100만개의 친구관계가 형성된다"는 것이다. 사람이든 동물이든 집단에 유동성을 부여하는 것은 개인간의 임의의 관계의 수이다. 네트워크의 구성원이 많을수록 구성원간에 형성되는 관계는 더 많아진다. 그 관계가 많아질수록 전체 네트워크는 보다 효율적으로, 보다 신속하게 시장에 대처한다.

## 뉴 프론티어

카터는 출판업계를 예로 들어 설명한다. 아마존(Amazon.com)은 링크 가입자 군단의 힘을 빌어서 초고속으로 출판 시장을 장악했다. 이 군단은 아마존이라는 이름을 인터넷 곳곳에 확산시키고 있다. 서점 대형 체인들도 이런 대세에 합류하지 않을 수 없었다. 반즈 앤 노블(Barnes and Noble), 보더스(Borders), 그 외 다른 체인들도 경쟁 웹사이트를 만들었을 뿐 아니라, 아마존과 비슷한 링크 보상 제도를 내놓았다.

사실, 지난 몇 년 동안 인터넷에서는 출판업계 외에서도 이와 유사한 사업 방식이 폭증했다. 가령, 웹사이트 www.associate-it.com에서는 부동산에서부터 꽃 배달, 항목별 광고에 이르기까지 미래의 사업자들이 선택할 수 있는 링크 보상 제도가 1000개도 넘는다. 또, buyMLMtools.com같은 프로그램은 네트워킹 보상플랜을 도입하여 자기가 모집한 가입자의 구매에 대하여 커미션을 받을 수 있도록 하였다.

카터는 이 링크 보상 제도를 대중 민영화의 표본으로 칭찬한다. 카터 자신도 아마존의 링크 제공자이다. 그러나 이 온라인 사업이 아직 일반 기업체 봉급을 대신할 만한 충분한 소득원이 되지 못한다는 점은 인정한다. 수천만 사람들에게 충분한 수입을 제공할 수 있는 전략이 개발될 때, 대중 민영화의 전면적 확산은 비로소 가능할 것이다. 카터는 지금까지 이런 방법을 터득한 것은 MLM 기업뿐인 것으로 보고 있다.

"네트워크 마케팅은 혁명을 주도하고 있습니다. 이 혁명은 사람들의 근로 형태뿐 아니라 아이들의 교육, 가족의 형태, 사회 질서까지 변화시킬 것입니다."

# 제 11 장

## 집단의 힘

**98년** 4월 6일, 월스트리트는 흥분의 도가니였다. 다우 존스 공업지수가 사상 최초로 9000˙포인트를 돌파했던 것이다. 금융 전문지는 온통 잔치 분위기였다. 그러나 주가상승을 주도한 흥미진진한 내막은 결코 다뤄지지 않았다. 경제전문가들은 네트워크 마케팅이 다우지수 9000대 진입에 기여하게 된, 작지만 중대한 역할을 완전히 간과했던 것이다.

이 모든 일은 세계 2대 은행 시티코프와 보험업계 대기업 트레블러스 그룹간의 850억 달러 규모의 사상 최대의 합병 발표와 함께 시작되었다. 합병으로 인해 두 기업은 시티그룹이라는 거대 기업으로 탄생하여, 즉각 세계 최대 금융 서비스 기업으로 급부상 했다. 합병 소식에 금융주와 증권주가 폭등세를 보였다.

### 비밀 촉매

그런데 네트워크 마케팅과 그 일이 무슨 관계가 있을까?

사실 네트워크 마케팅은 시티그룹 합병의 핵심에 있었다. 트레블러스 그룹 최대 보물 가운데 하나가 MLM 자회사 프리메리카였다. 이 회사는 방대한 그룹 전 계열사에 유통 채널 역할을 담당했다. 뮤추얼 펀드 상품에서 대출상품, 상해 보험에 이르기까지 각종 금융 상품을 보기 드문 추진력으로 판매하였다.

도날드슨 증권회사는 3월 보고서에서 MLM이 우수 대출상품의 50%를 판매했다고 놀라워했다. 또한 〈크로니클〉지는 " 기존 뮤추얼 펀드보다 신상품을 더 많이 판매하였다"고 칭찬했다.

## 방문 판매 은행원

간단히 말해 트레블러스 그룹은 '시너지 효과'를 본 것이다. 자사의 MLM 판매원은 금융서비스 상품을 전달하는 완벽한 다리 역할을 해냈다. 그리고 트레블러스는 수많은 자회사를 거느리고 있었기 때문에 MLM 판매원은 고객에 다양한 제품을 제공할 수 있었다. "즉, 시티코프와 트레블러스 그룹간 합병을 추진한 요인 중 하나는 합병을 통해 모든 계열사의 금융상품을 판매할 수 있다는 점이었습니다." 최고경영자의 얘기다.

세계에서 두 번째로 큰 은행과 손을 잡게 되었으므로, 이 회사의 판매원들이 곧 시티코프의 당좌 예금 상품을 판매하게 될 것으로 플루메리는 전망했다. "개인 금융분석가가 직접 고객의 집을 찾아가 고객의 재무분석도 해주고 재테크 설계도 도와줍니다. 이제는 이런 일도 은행업무의 일부가 됩니다. 집에 찾아와 서비스를 제공하는 은행원이 생기는 셈이죠." 플루메리가 한 얘기다.

페이스 팝콘은 전통적인 개념의 은행도 사라질 것으로 전망하고 있다. "한번 생각해 보세요. 내 이름과 신용 내역을 모두 파악하고 있는 나를 전담하는 개인 은행가가 있다는 걸요." 팝콘은 이렇게 희망에 가득 찬 글을 썼다. 네트워크 마케팅은 예상치 못한 방법으로 그 꿈을 실현시킬 것이다.

## 네트워크 마케팅 커미션 시스템

합병이 있기 오래 전에 월스트리트 전문가들은 MLM의 판매원을 주목했으며 그들을 격찬했다.

"수많은 MLM 판매원이 최대 경쟁력이 될 것으로 본다" "이 시스템은 비용이 매우 적게 들면서도, 판매원들은 체계적인 시스템에서 볼 수 있는 여러 가지 특성을 보여주고 있다.

판매원 보상은 네트워크 마케팅 커미션 시스템에 의해 보완, 강화되는데, 이 커미션 시스템은 신규 가입을 촉진하고 각 판매원이 자신의 판매조직을 구축할 수 있도록 한다."

MLM시스템은 계속해서 전세계로 확산되고 있다.

## 대중 민영화

MLM과 함께 제 4물결 혁명이 월스트리트에 상륙했던 것이다. 표면상, 트레블러스와 시티코프의 초대형 합병은 전통 대기업의 합병, 소형화가 아니라 대형화를 지향하는 움직임으로 보였다.

그러나 실상 시티그룹은 가차없는 대중 민영화의 길로 달려가고 있었다. 시티그룹은 1998년, 1만 400명을 해고하여 6% 인원을 감축했다. 그리고 시티그룹의 인원이 감축되는 동안 MLM 판매원은 오히려 증가하여 1999년 그 수가 13만 9000명에 이르렀다.

시티그룹은 감원 속에서 집단의 힘을 이용해 사업기회를 확대하였다. 네트워 마케팅 판매원은 기존 마케팅 담당자들이 지금까지 보지 못했던, 혹은 도저히 접근할 수 없었던 좁은 틈새 시장을 겨냥하여, 마치 거대한 새떼처럼 시장을 공략하였다. 세계 최대의 금융 대기업들도 기업의 힘만으로는 결코 하지 못한 일을 수많은 자영사업가들의 집단이 이루어낸 것이다.

## 차가운 냉대

"처음에는 냉정하게 거절당하는 경우가 많습니다." 그러나 다음에 예상 고객과 만날 때 판매원은 확실한 '데이터'로 무장하고 고객을 대하게 된다. 판매원들은 예상 고객이 소망하는 꿈의 집을 장만하고 아이들을 대학에 보내고, 또 안락한 노후생활을 하려면 현재 수입으로 얼마나 부족한지 예상고객의 재무계획상 허점을 지적해준다. "일단 그런 허점을 인식하게 되면 대부분의 사람들은 뭔가 조치를 취하고 싶어한다."

그러면 고객은 보험에 들거나 뮤추얼 펀드에 투자하거나 대출을 받으려 할 것이다. 금융 상품을 이용하지 않는 경우라면, 판매원으로 가입하여 해당 판매원의 다운라인이 될 수도 있다.

"가능성이 있어 보이는 사람에게는 추가 수입을 얻는 방법으로 MLM 사업을 한번 해보라고 제안하는 거죠." 타이론의 얘기다.

## 한번에 한 명씩

타이론은 이렇게 고객을 판매원으로 유치함으로써 시장에 깊숙이 침투할 수 있었다. 이러한 MLM 사업 방식은 친구, 이웃, 친척, 사업상 아는 사람 등 끝없는 개인 소개의 사슬을 타고서 한번에 한 명씩 지역사회 전체로 확산된다. 뿐만 아니라, 모든 서비스 상품을 사람들의 가정, 직장, 종교, 가족이라는 단단한 '누에고치' 속으로 바로 유통시킨다.

　MLM은 대부분의 보험업체들이 냉대하는 근로자층, 또는 저소득층의 가정에 다가서기 위해 입에서 입으로 전하는 마케팅 전략을 구사했다. 생명보험 업계 편집국장 에드워드 키난은 이렇게 말했다. "보험업계 사람들은 1년에 10만 달러도 못 버는 사람들에게는 보험을 팔기가 어렵다는 얘기를 많이 한다. 그런데 MLM은 우리가 지금까지 간과해 왔던 고객들을 상대로 엄청난 판매 실적을 올렸다."

# 제 12 장

# 맥도널드 효과

켈리 스미스(Meg Kelly Smith)의 삶은 한마디로 악몽이었다. 그 악몽은 어느 날 갑자기 예고도 없이 찾아왔다. 몇 달 전만 해도 멕은 세상에 부러울 것이 없었다. 미국에서 12번째로 큰 상호신용금고의 부사장으로서, 120억 달러 상당의 부동산 담보 대출 업무를 맡고 있었다. 멕의 남편, 제이 스미스(Jay Smith) 역시 성공한 사업가였다. 20년간, 남편은 샌프란시스코 북쪽에 있는 캘리포니아주 마린 카운티에서 보험 서비스 회사를 견실하게 운영해오고 있었다. 멕과 제이는 다섯 자리 월수입에 익숙해져 있었고 평생 그 정도 수입이 계속 들어오리라고 생각했다.

그러나 그런 기대는 냉혹한 현실에 부딪쳤다. 1980년대 말, 멕과 제이 모두 예상치 못한 장애를 만났다. 상호신용금고 업계 경기가 바닥을 쳤고, 캘리포니아주의 보험업계도 된서리를 맞았다. "회사가 흔들리기 시작했어요." 멕의 얘기다. 남편의 상황은 훨씬 더 나빴다.

남편 회사와 거래하던 보험회사와 월스트리트의 기업들이 대금 결제를 연기하기 시작했다. 300명이 넘는 직원들은 급여를 달라고 아우성치는데 수입은 모자랐다. 남편은 자산을 매각하기 시작했다.

"직원들이 남편을 위해 일하는 게 아니라 남편이 직원들을 위해 일했습니다. 자산은 청산했지만 남편에게 돌아오는 건 없었습니다. 20년이나 사업을 하고도 은퇴하지 못하게 될까봐 남편은 두려워했죠."

## E 신화

멕의 남편은 "E 신화(Entrepreneurial Myth)", 즉 창업 신화에 된서리를 맞았던 것이다. 소기업 창업 컨설턴트 마이클 거버에 따르면, 매년 수많은 사람들이 단순히 창업을 함으로써 기업의 격심한 경쟁에서 벗어날 수 있다는 착각에 빠진다는 것이다.

그러나 대개 자유의 꿈은 사막의 신기루만큼이나 잡기 어렵다. 그런 착각에서 깨어나기까지 몇 년이 걸리기도 한다. 그러나 진실을 깨닫게 될 때, 그 진실은 뼈아픈 고통으로 다가 올 것이다.

"어느 날 갑자기 자신이 처한 현실을 깨닫게 되는데, 창업으로 자유를 얻는 것이 아니라, 자기 회사 사장이라는 직장에 묶인 것이다. 그것도 세계 최악의 직장에 말이다."〈E 신화(E-Myth)〉에서 마이클 거버가 한 얘기다.

일반 직장과는 달리, 이 일자리는 휴가도 주지 않는다. 하루 종일 일주일 내내 사람을 완전히 탈진시킨다. 사람을 고용하는 것도 별도움이 되지 않는다. 완전히 믿고 맡길 경영자도 찾기 어렵다. 종업원들의 근무 태도를 늘 어깨너머로 감시하고, 사업이 혹시 잘못되지 않을까 조바심 치며 일일이 간섭하게 된다. 결국, 사업 때문에 자신의 인생, 가족, 마음의 평화, 건강을 희생했다는 사실을 깨닫게 될 뿐이다. 그 대가는 무엇인가? 수익의 대부분은 내 주머니에 들어오기보다는 종업원들에게 돌아갈 뿐이다.

## 턴키 해결책

그렇다면 기업의 격심한 근무에서 벗어날 길은 없는가? 거버에 따르면, 비밀을 아는 사람들에게는 탈출구가 있다. 그 비밀은 새로운 사업방식에 있는데, 대부분의 사람들은 아직 그 내용을 제대로 모르고 있다.

"지금 혁명이 진행되고 있습니다. 그건 바로 턴키 혁명이죠. 턴키 혁명은 미국 내에서의 일반적인 사업 방식뿐 아니라, 사업의 주체, 사업 방식, 그리고 사업의 성공 확률까지 바꿔놓고 있습니다."

새 차를 사서 후드를 열고 차를 손보는 사람은 없다. 그냥 열쇠를 돌리고 운전하면 된다. 그것이 바로 "턴키(turnkey)"라는 단어가 의미하는 바다. 비즈니스 세계에서의 "턴키"는 오류나 시행착오를 거치지 않도록 완벽하게 만들어진 사업 시스템을 말한다. 그냥 정해진 시스템을 따라 돈을 벌면 되는 것이다.

거버는 턴키 사업을 통해 자영사업가로서 자유를 얻는 사람들이 앞으로 더욱 늘어날 것이라고 예견한다. 즉, 거버가 말하는 "맥도널드 효과(McDonald's Effect)"가 사람들의 성공에 크게 기여할 것이라는 것이다.

## 자동화된 햄버거 가게

"맥도널드 효과"는 모리스 맥도널드와 리처드 맥도널드 형제의 이름을 따서 만든 말이다.

1948년, 형제는 패스트푸드를 판매하는 새로운 방법을 고안해냈다. 두 형제가 운영하는 캘리포니아주 햄버거 가게는 마치 자동차 조립라인처럼 움직였다.

맥도널드 형제의 가게는 메뉴를 최대한 단순화하여 버거와 셰이크, 감자 프라이 제품만 판매했다. 단순하고 표준화된 과정을 도입하여 손님이 주문한 음식을 순식간에 내놓자, 고객이 몰려들었다. 두 형제는 자신들의 이름을 따서 식당 이름을 맥도널드라 지었다.

1954년, 레이 크록(Ray Kroc)이라는 밀크 셰이크 기계 판매원이 맥도널드를 방문했다. 레이 크록은 그 식당에 깊은 인상을 받고 두 형제와 맥도널드 사업에 대해 프랜차이즈 계약을 맺었다. 그리고 크록은 맥도널드 프랜차이즈 가맹비로 950달러를 받기로 했다. 각 가맹점은 총 매출의 1.9%를 크록에게 지불하며, 그 금액의 1/4은 다시 맥도널드 형제에게 돌아가는 것으로 했다. 크록과 맥도널드 형제의 이 거래는 새로운 역사를 만들었다. 2016년 맥도널드 점포는 전세계 3만 5,000여 개가 넘었으며 전체 매출은 270억 달러에 이른다.

## 바보도 할 수 있다

맥도널드 식당 체인이 그토록 엄청난 성공을 거둔 것은 맥도널드 형제의 놀라운 천재성 덕분이라고 생각하는 사람도 있을 것이다. 그러나 그것은 잘못된 생각이다. 샌 베르나디노에 있던 최초의 맥도널드도 물론 성공적인 사업체였지만, 턴키 사업은 아니었다. 그것이 턴키 사업이 아니었다면 3만 5,000개 이상의 수많은 가맹점들이 그렇게 꾸준히 성공할 수는 없었을 것이다. 그것을 가능케 한 사람이 레이 크록이다. 맥도널드의 사업 개념을 프랜차이즈로 멋지게 포장해서, 거버가 말한 맥도널드 효과라는 멈추지 않는 힘을 창출해 낸 것은 바로 레이 크록 이였다.

맥도널드 형제와 프랜차이즈 계약을 한 후, 크록은 맥도널드에서 음식을 준비하고 내놓는 모든 과정을 단계별로 기억해 두었다. 그런 다음 시카고에서 시범 가게를 하나 시작해 그대로 따라할 수 있는지를 살펴보았다.

그것은 대단히 힘든 일이었다. 기계적인 모방으로는 맥도널드 형제의 성공을 그대로 복제할 수 없었다. 크록은 자신의 프랜차이즈 사업을 시장에 내놓기 전에, 누구라도 쉽게 이 사업을 할 수 있게 만들어야 했다. 크록은 생각할 수 있는 모든 문제점을 찾아서 해결하고, 문제가 생기면 대처할 백업 시스템을 제공해야 했다. 그 일을 다 마칠 때쯤, 레이 크록은 맥도널드 사업을 완전히 새롭게 재창조한 것이나 다름없었다. 정말 진 빠지는 일이었다.

그러나 크록이 그 모든 일들을 미리 고민하고 해결했기 때문에, 가맹점들은 새로운 사업구상을 하는 번거로움을 피할 수 있었다. 크록에게 950달러를 지불한 가맹점주는 그냥 운전석에 앉아 키만 돌리면 되었다.

## 지독한 완벽주의

크록은 병적으로 완벽주의였다. 그는 모든 세부사항까지 완벽을 요구했다. 처음으로 내놓은 맥도널드 프렌치 프라이가 눅눅하고 흐늘거리자, 크록은 전면적인 조사에 들어갔다. 결국, 그는 사막에서 불어오는 바람이 바깥 저장소에 보관해 둔 맥도널드 형제의 감자를 자연 건조시킨다는 사실을 알아냈다. 맥도널드의 프렌치 프라이가 바삭바삭한 이유가 거기 있었다. 그래서 크록은 식당 지하실에 실내 건조 시스템을 도입하여 전기 환풍기로 감자를 건조시켰다.

크록은 최초의 시범 점포에서 맥도널드 형제가 운영하는 방식의 세부사항까지 완벽하게 모방했다. 그 과정에서 크록은 마치 군대의 훈련 조교처럼 점포 관리자 에드 맥루키를 몰아쳤다.

"에드는 가끔씩 새벽에 간판에 불 켜는 걸 깜빡하곤 했는데 그럴 때면 난 정말 미친 듯이 화를 냈죠." 크록은 자신의 자서전 〈노력의 결실(Grinding It Out)〉에서 이렇게 회상하고 있다. "또 매장에 쓰레기가 떨어져 있는데, 에드는 주울 시간이 없어서 그랬다고 말하는 겁니다. 어떤 사람에게는 그런 사소한 일들이 별로 대수롭지 않겠지만, 내게는 엄청난 모욕입니다. 나는 미칠 듯이 화를 내면서 에드에게 그걸 줍게 했죠. 완벽이란 대단히 힘든 일입니다. 그리고 내가 맥도널드에서 원했던 건 바로 완벽이었지요. 다른 건 모두 부차적인 문제였습니다."

## 턴키 시스템의 확산

크록의 엄청난 집착은 종업원들을 짜증나게 했고 종업원들은 크록의 모진 말도 감내해야만 했다. 그러나 바로 그런 집착이 수천 개의 프랜차이즈 가맹점에 '성공이 보장된 사업'을 안겨주었다.

맥도널드 점주들은 가맹비와 매출액의 일부만 내면 입증된 사업 시스템, 인지도 있는 브랜드, 탄탄한 본사의 대대적인 광고 혜택까지 누릴 수 있다. 크록이 프랜차이즈의 기본 개념을 창안한 것은 아니지만, 그는 프랜차이즈의 구체적 방법론을 과학 수준으로 끌어올렸다. 국제 프랜차이즈 협회에 따르면, 프랜차이즈 업체들은 이제 미국 소매 매출의 50%를 차지하고 있다고 한다.

21세기가 밝아오면서 맥도널드 효과는 전통적인 프랜차이즈 사업 영역을 넘어서까지 영향을 미치고 있다. 턴키 시스템은 프랜차이즈 이외의 사업에서도 무제한적 복제성을 발휘하는 맥도널드 효과를 보여주었다. 가령, 네트워크 마케터들도 프랜차이즈 가맹점처럼 이미 입증된 턴키 시스템과 유명 브랜드의 이점을 누리고 있다. 그러나 복제 속도는 훨씬 더 빠르다. 기존의 링크 보상제도와 연계하는 전자상거래 웹사이트의 확산은 더더욱 빨리 이루어지고 있다.

턴키 혁명이 눈앞에 다가왔다. 턴키 혁명의 시기로 지금보다 더 적절한 때는 없다. 전통적인 직장이 사라지고 많은 사람들이 창업 신화에 사로잡혀 혼란을 겪는 지금, 턴키 시스템이야말로 가장 현실적인 대안을 제공한다.

## 탈출구

"대기업의 구조조정으로 전반적인 경제 구조가 완전히 다르게 재편되고 있습니다. 그렇다고 73억 세계 인구가 모두 거리에 나가 뭘 팔게 되지는 않을 것입니다. 앞으로 사람들에게 필요한 것은 기본적인 틀이 되는 사업 시스템입니다." 마이클 거버의 얘기다. 그는 프랜차이징, 네트워크 마케팅, 인터넷 링크 보상 제도 같은 턴키 사업이 과거 직장 중심의 경제에서 대중 민영화와 자영사업 중심의 미래 경제로 진입하는 과정에서 오는 과도기적 고통을 완화하는데 적절한 토대를 제공할 것이라고 말했다.

캘리포니아에 소재한 거버의 컨설팅 회사, E 신화 아카데미(E-Myth Academy)에서는 영세 사업주들이 크록처럼 사업과정을 간소화, 표준화하여 프랜차이즈 하거나 경영자들에게 판매 가능한 턴키 시스템으로 만드는 방법을 가르친다. 그러나 대부분의 사람들은 크록 같은 개척자가 되기보다는 프랜차이즈 가맹점주 쪽을 택하는 것이 현실이다. 처음부터 새로운 시스템을 만들어내기 보다는 이미 만들어진 턴키 시스템을 택하는 것이다.

멕과 제이가 사업에서 장애에 부딪쳤을 때, 두 사람이 선택한 것이 바로 턴키 시스템이다. 둘다 경험이 풍부한 고학력 경영자로, 새로운 회사를 설립해 열심히 운영하였다면 제2의 크록이 될 수도 있었을 것이다. 그러나 멕과 제이는 그런 무의미한 경쟁에 지쳐 버려 더 이상 세상과 맞서 싸우고 싶지 않았다. 그들이 간절히 바랬던 것은 탈출구였다. 턴키 혁명은 두 사람 모두에게 깜짝 놀랄 만한 탈출구를 제공해 주었다

# 제 13 장

# 사이버 비즈니스

"**7년** 동안 우리 부부는 얼굴 보는 날이 드물었습니다." 멕의 얘기다. 두 사람 다 바삐 돌아가는 직장에서 일했을 뿐 아니라, 남편은 샌디에고에 있는 회사까지 600마일을 통근했기 때문이다. 멕은 주말에만 집에 왔다. 회사가 위기에 처하자 오히려 잘됐다는 생각이 들었다. 이제 정신없이 바쁜 생활에서 탈피할 수 있는 완벽한 구실이 생긴 것이다. 부부는 과감한 모험을 했다. 제이는 회사를 매각하고 멕은 직장을 그만두었다. 그 다음에 어떻게 해야 할지 구체적인 생각은 없었다. 그러나 부부는 5가지만은 고수하기로 했다.

첫째, 부부가 파트너로서 같이 할 수 있는 사업을 찾는다.

둘째, 성장 가능성이 높은 업계에서 일한다.

셋째, 절대 고용인을 두지 않는다.

넷째, 많은 돈은 투자하지 않는다.

다섯째, 추가 수입을 확보한다.

"남은 돈까지 날리고 싶지는 않았어요. 남편과 난 5, 6년 정도는 열심히 일하면서, 땀흘린 만큼 대가가 돌아오는 그런 사업을 구축하고 싶었어요. 그리고 추가 수입이 나오는 사업을 원했습니다."

## 철저한 사전조사

멕과 제이는 오래지 않아 기존 사업 방식으로는 자신들의 계획을 실현할 희망이 거의 없다는 사실을 깨달았다.

추가 수입을 벌려면, 나뿐만 아니라 타인의 노력에 대해서도 수입을 올릴 수 있어야 했다.

그러려면 대규모 인원을 고용하거나(두 부부가 하지 않겠다고 다짐한 일이다), 기존 사업체를 매입해야 하는데, 이는 투자부담이 너무 큰 일이었다. "마지막 선택은 네트워크 마케팅이었습니다. 그 결론에 도달했을 때 별로 즐겁지는 않았습니다. 네트워크 마케팅에 대해 아는 게 별로 없었지만, 한가지 아는 게 있다면 별로 좋은 사업이 아니라는 거였죠." 멕의 얘기다.

다른 사람들처럼 멕과 제이도 언론에 비춰진 폭로성 르뽀 기사를 보고 MLM에 대해 나쁜 인식을 갖게 되었다. 그러나 이제 두 사람은 이 업계에 대해 객관적으로 알아봐야겠다는 생각이 들었다.

그들은 MLM에 대해 찾을 수 있는 모든 자료를 얻기 위해 법률도서관을 샅샅이 뒤졌다.

변호사에게 간청해서 폐업한 MLM 회사 리스트를 구한 다음, 정확한 폐업 이유를 분석했다.

"조사를 마칠 때쯤, 이 사업이 충분히 가능성이 있고 수학적으로 합당하다는 걸 알게 되었습니다. 관련 법률을 성실히 준수하는 회사, 내 마음에 드는 제품이나 서비스를 제공하는 회사를 선택한다면, 많은 사람들의 노력으로부터 추가수입을 올릴 가능성이 분명히 있었습니다."

멕의 얘기다.

## MLM 대장정

그 후, 두 사람은 6개월간 70여 개 이상의 MLM 회사들을 조사했다. 또한 전국을 다니며 수많은 기업의 본사도 방문했다. "좋은 사람들을 많이 만났지만, 대부분 사업은 전혀 모르는 사람들이라고 남편은 농담을 하곤 했죠." 판매는 잘 했지만, 그런 판매 신장세를 어떻게 관리해야 하는지 모르는 회사들이 너무나 많았다.

"그런 회사들은 성공이 곧 패인이 되지요. 회사에서 매출을 뒷받침해주지 않거든요. 또 재고 확충이나 제품 배달을 무리 없이 할 자본이 없었습니다. 매출도 제대로 파악을 못해요. 커미션 지불일쯤 되면 이미 망해있는 회사도 있고요."

## 복제성

멕과 제이는 사람들을 다운라인으로 가입시키는 일은 또 다른 문제였다. "우리처럼 일할 사람은 많지 않았습니다. 그래서 판매 조직을 크게 구축할 수가 없었죠." 둘의 사업은 턴키 시스템이 아니었던 것이다. 오로지 멕과 제이의 독특한 기술에 의존한 사업이었다. 멕과 제이에게는 대단한 세일즈 사업이었지만 다른 사람들에게 지렛대 효과를 가져다 줄 희망은 거의 없었다. 지렛대 효과야말로 대량 추가 수입을 올릴 수 있는 열쇠였는데 말이다.

멕과 제이에게 필요한 것은 "복제" 가능한 사업이었다. 사업 기술이 없는 사람들도 얼마든지 복제할 수 있는 그런 사업 말이다. 그러기 위해서는 사업이 단순해야 했다.

## 재고(再考)

"좀 놀랐지요." 멕의 얘기다. 1990년, 비행기를 타고 텍사스까지 날아간 멕과 제이는 그 회사가 사무실 하나에 책상 몇 개를 놓은, 직원 5명의 작은 회사라는 것을 알게 되었다. 판매원들이 쓰는 자료 물은 복사한 것을 또 복사해서 쓴 그런 것이었다. 그러나 멕과 제이는 왠지 관심이 생겼다. 뭔가 엉성하긴 했지만 그 사업은 복제성이 있어 보였던 것이다. 누구나 할 수 있는 일인 것 같았다.

멕과 제이는 그러나, 재고할 여지가 있다는 걸 알았다. 두 사람의 몸 속에 꿈틀거리는 기업가적 본능은 그 사업 컨셉을 가로채 직접 해보라고 말하고 있었다. 둘 다 은행, 보험회사, 월스트리트 중개업을 하면서 사무적인 업무에는 폭넓은 경험이 있었다.

"사무 처리라면 우리가 더 잘했을 겁니다." 멕이 말한다. "마음만 먹었다면 그 사업을 쉽게 모방할 수 있었을 겁니다."

그러나 정말 그렇게 하는 것이 좋은 일일까? 멕과 제이는 처음으로 기업 중역처럼 생각하지 않으려고 애썼다. 그리고 자신들의 목표를 상기했다. 더 이상 종업원은 두지 않겠다, 재정적인 모험은 하지 않겠다, 추가 수입이 있었으면 좋겠다. 그런데 턴키 사업 혁명의 낯선 세계에서, 이 작은 회사가 어쩌면 두 사람이 그렇게 찾아 헤매던 바로 그 사업일지도 모른다는 생각이 서서히 들기 시작했다.

## 간단히 하라

"우리는 네트워크 마케팅을 시작한 모든 이유를 검토하기 시작했어요. 이 사업의 최대 이점은 종업원이 없다는 거였습니다."

골치 아픈 사무실 운영은 모두 본사에게 맡기고 멕과 제이는 그저 다운라인 구축하는 일에만 관심을 쏟으면 되는 것이었다.

호화로운 사무실을 임대하거나 종업원을 고용할 필요 없이, 원하는 만큼 사업을 구축할 수 있다. 실제로 그들은 본사의 컴퓨터 속에 복잡한 커미션 관계로만 존재하는 수백만 달러의 가상 기업을 창출할 수 있다. 두 부부가 지금껏 꿈꾸던 일이었다.

멕과 제이는 1990년 여름 본격적으로 일을 시작했다.

"아는 사람들 명단을 작성해서 모집활동을 시작했습니다. 옛날과는 달랐어요. 기술이 특별히 뛰어나거나, 특별한 세일즈 기술을 갖춘 사람이 아니어도 상관없어요. 추가 수입을 벌고 싶은 사람들은 누구나 받았습니다. 그리고 우리는 소개를 많이 받을 수 있도록, 연고가 있는 사람들을 찾았지요." 멕의 얘기다.

그들의 다운라인은 급속도로 성장해갔다. 그해 말쯤 부부는 애틀랜타에 있는 회사 사업을 완전히 접고 턴키 시스템을 갖춘 MLM 회사 사업에 풀타임으로 매달렸다.

## 성공과 불행

내일 일은 누구도 모르는 법이다. 그 회사에서 엄청난 성공을 거둔 멕과 제이 부부는 1995년 예상치 못한 불행을 겪게 되었다. 95년 가을, 심장 질환을 앓고 있던 남편 제이가 공항에서 두부 손상으로 실신해 세상을 떴다. 멕은 비탄에 빠졌지만 파트너로서 같이 했던 그 5년 세월은 감사히 생각한다.

"이 사업을 시작하고 나서 둘이 같이 보낸 시간이 더 많았어요. 그 시간이 그렇게 짧을 줄은 꿈에도 몰랐지만요. 남편이 가고 나서 이 일이 우리에게 얼마나 소중했었나 깨달았어요."

남편과 함께 한 5년 동안에 거둔 성공으로 멕은 혼자가 되고 나서도 경제적 걱정은 할 필요가 없었다. 이제 나이 50인 그녀는 굳이 일할 필요가 없지만 아직도 사업을 하고 있다.

멕과 제이는 MLM 회사에 들어간지 5년만에 예전 회사에서 벌던 다섯 자리 월수입에 육박했다. 그러나 그 곳에서의 수입은 추가 수입이다. 일을 하든 안 하든 돈은 계속 들어왔다. "이 사업을 하면서 평생 돈걱정은 안 하게 되었어요. 아마 내 후손들까지 덕을 볼지도 몰라요." 멕의 얘기다.

## 여유로운 생활

멕의 회사는 역사상 가장 빨리 성장하는 회사가 되었다. 1996년 뉴욕 증권거래소에 상장했을 때, 연매출은 전년대비 200% 나 증가 하였으며 지금도 계속해서 성장을 하고 있다. 그 회사는 제 4물결 흐름에 발맞추어 끊임없이 제품 라인을 확대하고 있다.

멕은 턴키방식을 선택한 자신의 결정을 매우 다행스럽게 생각한다. 수많은 디스트리뷰터들은 감독을 하지 않아도 밤낮으로 일하며, 더불어 멕의 삶까지 풍요롭게 해주고 있다. 멕은 즐거운 마음으로 〈월스트리트 저널〉에 실린 합병 인수 기사를 읽는다. 소사리토에 있는 집에 편안히 앉아 금문교의 전경을 감상하며 신문을 펼쳐보는 여유는 더더욱 행복하다.

수십 억 달러 대기업, 회사를 운영하는 무거운 짐은 다른 누군가가 지고, 멕 자신은 세계 시장을 누비는 회사의 활약을 여유롭게 감상할 수 있다는 사실이 즐겁다. 가슴 깊은 곳에서 멕은 턴키 혁명을 완전히 받아들였다.

# 제 14 장

## 네트워크 마케팅의 기술경쟁력

제4물결 혁명의 중대한 추진체는 기술이다. 21세기가 밝아오면서, 네트워크 마케팅은 통신 분야의 발전으로 점차 힘을 얻어가고 있다. 평범한 네트워커들이 기업 중역들을 무색하게 할 만큼 최첨단 기술을 익숙하게 사용한다. 그들은 이제 경영자나 과학자들이 책에서나 읽었음직한 가상 공간에서 일을 한다.

네트워크 마케팅 사업을 본격적으로 하는 MLM 종사자들은 사업 구축 과정에서 수백, 혹은 수천 명의 세계인과 교류한다. 자신의 고객이나 예상고객, 그리고 동료들은 이웃 도시에 있을 수도 있고 저 멀리 일본에 있을 수도 있다. 네트워커들은 길에서 만난 이웃을 리크루팅할 때와 똑같은 방법으로 일본의 예상고객을 가입시킨다.

예상고객은 우편물, 웹사이트, 전자우편을 통해 사업 설명을 듣게 된다. 좀더 자세히 알고 싶으면 주문자 팩스 전송 서비스나 전자우편, 또는 자동 응답 서비스를 통해 정보를 얻을 수 있다.

전화나 전자우편으로 직접 연락을 취하고 나면, 네트워커는 자신의 가입자를 원격회의나 위성 TV 회의에 참여시킨다. 이런 자리를 통해, 회사 사장이 진행하는 리크루팅 랠리에 수천 명의 예상고객이 한꺼번에 참여할 수 있다.

네트워크 마케터는 휴대전화, 웹사이트, 팩스, 전자우편, 음성 방송 등을 이용해 자신의 다운라인을 효율적으로 관리한다.

## 인터 네트워킹

날카로운 관찰자들은 이미 수년 전에 네트워크 마케터들이 인터넷을 그들의 사업에 접목하고 있다는 사실을 알아차렸다. 미국의 기업들이 인터넷을 알맹이 없는 껍데기일 뿐이라며 무시할 때, MLM 디스트리뷰터들은 이미 웹사이트 홍보와 전자우편을 통해 다운라인을 구축하고 있었다.

존 포그는 MLM 관련 출판물 〈업라인〉과 〈네트워크 마케팅 라이프스타일의 창간 편집인이다. 존 포그는 "네트워크 마케터들은 인터넷을 사업에 성공적으로 활용하는 몇 안 되는 집단 중의 하나"라고 하면서 "인터넷을 통해서만 1500명, 2000명의 다운라인을 구축한 사람들도 있다고 말했다."

지금, 그런 현상은 더욱 두드러졌다. 페이스 팝콘은 이렇게 얘기한다.

"네트워크 마케터들은 항상 유리한 기회에 눈을 돌립니다. 앞으로 네트워크 마케팅 사업에서는 인터넷을 점점 더 많이 이용하게 될 겁니다. 코쿤족에게 가깝게 다가가기에는 네트워크 마케터들이 적격입니다. 수많은 코쿤족은 이제 인터넷 세상에 살고 있으며, 네트워크 마케터들은 그런 변화에 적절하게 대처하고 있습니다."

네트워크 마케팅의 사업 책임자 월터는 이렇게 말한다

"MLM은 곧 네트워킹이며, 네트워크를 구축하는데 인터넷보다 더 빠른 방법은 없을 것입니다. 우리는 인터넷을 사업에 적극 활용하여 지렛대 효과를 얻으려 합니다." 대부분의 네트워크 마케팅 회사들은 인터넷 사업접목을 이미 시작한 상태이다.

## 온라인 MLM

많은 네트워크 마케팅 회사들이 인터넷 세상에 소매점을 세웠다. 인터넷 사이트의 가상 공간 백화점에서 여러 회사의 수천 가지 제품과 서비스를 판매하는데, 이곳에서 주문을 하려는 고객은 자신에게 그 사이트를 소개해 준 디스트리뷰터의 번호를 입력한다. 고객이 실제로 제품을 구입하면 그 디스트리뷰터는 자동적으로 커미션을 받게 된다.

어떤 회사들은 웹사이트를 통해 제품만 판매하는 것이 아니라, 그런 사이트 접속에 필요한 웹 TV 장치까지 판매한다.

MLM.com 웹사이트 역시 고속 성장을 하고 있다. 이 사이트는 1997년 크레이그 웨너홀름과 그의 동업자들이 시작한 것이다. 이 사이트의 "토론마당"은 네트워크 마케팅에 관한 아이디어나 의견을 가진 사람들이 서로의 생각을 교환할 수 있는 만남의 장소를 제공한다. 방문자는 MLM 기업들의 새로운 정보를 얻을 수 있다.

사이트 개설 첫해, MLM.com은 광고 수입으로 이미 손익분기점을 넘었고, 매달 방문자수 10만을 기록하며 이익을 창출하기 시작했다.

웨너홀름은 네트워크 마케터들이 인터넷 거래에서 계속 주도적인 역할을 할 것으로 보고 있다. "1996년 MLM 종사자들은 웹 페이지를 주로 전자 브로셔로 활용했습니다. 이제는 모든 기업들이 대부분 전자상거래 기능을 이용하는 추세입니다. 인터넷은 이제 주문 및 가입 신청서를 처리하고, 데이터베이스에 고객 정보를 조회하며, 행사 공지까지 하는 '인터랙티브(interactive)' 도구가 되었습니다. 인터넷은 이제 모든 업계의 거대한 흐름이라 하겠습니다."

많은 기업들은 이미 웹사이트를 통해 디스트리뷰터들이 자신의 매출액과 다운라인 계보에 대한 최신정보를 열람할 수 있도록 하고 있다.

## 최후의 시험대

위성방송은 리더들의 삶의 질을 크게 향상시켰다. 매일 밤 끊임없이 걸려오는 전화에 시달리지 않고 이제는 평화롭게 저녁식사를 할 수 있게 되었다. 음성 사서함을 그때그때 확인하여 다운라인의 불평 사항을 처리해야 한다는 부담에서 해방되어 이제는 며칠간 여행을 떠날 수도 있게 되었다. 가입자 모집 활동도 훨씬 쉬워졌다. 마이클은 이제 잠재 가입자를 호텔 사업 설명회까지 끌고 올 필요 없이, 월요일 저녁에 집으로 초대해서 판매 행사 방송을 같이 보면 된다.

옛날에 마이클은 똑같은 판매 설명과 회사 소식을 목이 쉴 때까지 반복하면서 자신이 로봇 같다는 생각을 했다. 그러나 이제 그는 인간답게 살게 되었다. 마이클은 네트워크 마케터로서의 진정한 일, 즉 한번에 하나의 관계에 집중하며 네트워크를 구축하고 다운라인의 매출 향상을 지원하는 일에 관심을 쏟을 수 있다.

위성 프로그램은 겨우 시작일 뿐이다. 제 4물결 혁명이 진전되고 신기술이 발전되어 미래의 사업자들은 저렴한 가격에 프로그램을 이용할 수 있을 것이다. 케이블 방송과 고속DSL, 위성주파수를 이

용하는 가구들이 엄청나게 늘고 있으며 이러한 기술들을 이용한 새
로운 마케팅기술을 발전시켜 다운라인을 첨단 통신으로 무장하고
최대한의 인터랙티브(쌍방향) 효과와 더불어 폭발적인 매출신장을
경험하게 될 것이다.

# 제 15 장

# 제 4물결이란 무엇인가?

지금까지 제 4물결 혁명과 그 혁명이 미국 전체 기업에 미친 영향에 대해 많이 다루었다. 그러나 "제 4물결"은 정확히 무엇을 말하는가? 제 5장에서 우리는 네트워크 마케팅의 발전과정의 4단계를 다음과 같이 정의한 바 있다.

▶ 제 1물결 (1945-1979) – 암흑기

▶ 제 2물결 (1980-1989) – 형성기

▶ 제 3물결 (1990-1999) – 성장기

▶ 제 4물결 (2000년 이후) – 확산기

제 3 물결기까지 네트워크 마케팅은 성장과 번영을 누렸다. 그러나 늘 비주류의 성격을 벗어나지 못했다. 네트워크 마케터들은 일반 비즈니스 업계에서 설자리가 없었다. 그들의 존재는 금융 전문지나 월스트리트 분석가의 보고서에서도 거론되지 않았다. 기업이 사회나 경영대학원 심포지엄에서도 거론되지 않았다. 그들은 완전히 다른 세상에 있었다.

그러나 제 4물결 시대가 밝아오자, MLM은 고립된 세계에서 모습을 드러내어 이제는 합법적인 마케팅 방식으로 널리 인정받고 있다. MLM의 성공 사례들을 비즈니스 언론에서도 주목하고 있다. 사람들은 이제 MLM 사업을 틀에 박힌 기업 고용에 대한 현실적인 대안으로 보고 있다. 다시 말해, 네트워크 마케팅이 주류 경제에 합류한 것이다. 대중 민영화의 거대한 흐름에 합류하는 기업이 늘어나면서 MLM의 영향력은 월스트리트에서 중소도시에 이르기까지 비즈니스계 전체로 확산되고 있다.

## 제 4물결 방식

과거의 MLM 기업과는 달리 제 4물결 기업들은 일반 기업 경제와 긴밀히 교류 하면서 MLM 유통 고속도로를 통해 제품과 서비스를 판매하는 포천지 500대 기업에 핵심적인 서비스를 제공한다.

제 4물결 기업은 또한 기업 구조조정을 걱정하는 근로자들에게 진정한 고용의 기회를 제공한다. 제 4물결 기업은 풀타임으로 뛰는 사람들에게는 생활이 가능할 정도의 소득, 파트타임으로 하는 사람들에게는 적정한 추가 수입, 본격적으로 사업을 추진하는 야심가에게는 거의 무한한 소득기회를 제공한다.

과거에도 이런 것들을 약속한 MLM 기업들은 많았지만 그 약속을 지키지 못하는 경우가 너무 많았다. 제 4물결 기업들은 그 꿈을 실현시켜 주었다. 여기까지 오기 위해 MLM 기업들은 오랜 세월에 걸쳐 다섯 가지 면에서 발전을 거듭해왔다.

제 4물결 네트워크 마케팅 사업 전략의 5가지 특징을 다음과 같이 요약할 수 있겠다.

1. 정보화 / 2. 무한한 추진력 / 3. 턴키 시스템
4. 지속적인 커미션 / 5. 하이터치 요소

## 1. 정보화

제 4물결형 기업은 디스트리뷰터에게 첨단 통신 서비스를 제공한다. 판매원들은 음성 사서함과 전자우편을 통해 자신의 판매 활동을 관리한다. 회사는 웹사이트와 위성 TV를 통해 메시지를 가정으로 바로 보낸다. 디스트리뷰터는 주문자 팩스 전송 서비스와 인터넷 정보 검색을 통해 중요한 데이터를 마음대로 열람할 수 있다.

## 2. 무한한 추진력

과거 "MLM 떠돌이"들은 기하학적 성장주기에 돌입하기 직전에 있는 신규 회사의 성장 이익을 노리고 이 회사 저 회사를 옮겨 다니곤 했다. 물론 대부분의 회사는 그런 성장 단계에도 이르지 못했다. 그리고 그런 성장 단계에 진입한 회사들도 성장 추진력을 소모하고 나면 곧 추락하는 회사가 많았다. MLM 떠돌이들은 언제나 큰 건을 찾아 헤매는 도박꾼처럼 행동했다. 사업을 성장시키는 방법으로 결코 좋은 태도라고 할 수 없다.

반면, 제 4물결 회사는 기업이 존속하는 동안은 지속적인 성장 기회를 제공한다. 무엇보다도, 일반 디스트리뷰터들에게 외국시장을 개방하여 전세계의 수많은 소비자를 상대로 사업을 구축할 수 있도록 하는 것이다. 홍콩에서 다운라인을 구축하는 일이 미국 내의 바로 옆 주에 있는 다운라인을 구축하는 것만큼이나 쉽게 해주는 시스템이 마련되어 있다. 제 4물결 회사는 끊임없이 신제품을

소개하고 새로운 자회사와 브랜드를 도입하여 디스트리뷰터에게 항상 새로운 시장을 창출하여 지속적인 성장을 가능케 한다.

## 3. 턴키 시스템

턴키 시스템은 사업의 일부를 단순화 혹은 자동화하여 사람들이 보다 쉽게 사업을 운영할 수 있도록 하는 방법 혹은 과정을 말한다. 턴키 시스템은 제 4물결 회사의 핵심적인 요소이다. 가령, 드롭쉬핑 프로그램은 소매과정을 자동화해 준다. 재고를 쌓아두고 직접 주문을 받아 고객에게 제품을 배달할 필요 없이, 제 4물결 네트워커는 고객에게 PIN 번호만 주면 고객은 그 번호로 자신이 원하는 제품을 웹사이트나 번호를 통해 회사에 직접 주문한다. 리크루팅 비디오, 위성 방송, 자동 회신 기능을 갖춘 웹사이트 등을 통해 신규가입자 모집활동 역시 자동화할 수 있다. 많은 기업들은 'PFS 유니버시티' 같은 회사에서 운영하는 표준화된 프로그램을 제공하여 신규 디스트리뷰터 교육을 자동화하고 있다.

## 4. 지속적인 커미션

옛날 MLM 회사들은 최고 위치에 있는 리더들에게 높은 커미션을 지불했지만 하위 레벨의 디스트리뷰터에게는 커미션을 거의 지급하지 않는 경향이 있었다. 반면, 제 4물결 회사들은 보상 플랜을 적당히 조절하여 부업으로 하는 사람이나 전업으로 활동하는 사람 모두 어느 정도의 수입을 벌 수 있도록 한다. 열심히 일하고 매출 실적이 높은 사람들은 물론 커미션을 많이 받는다. 그리고, 제 4물결 회사는 수익의 상당 부분을 하위 레벨에도 돌아가도록 하고 있다.

## 5. 하이터치 요소

기술지원을 받기 위해 컴퓨터 회사에 전화를 걸었다가 이러 이러한 주소의 웹사이트를 찾아가면 고객의 문의사항에 대한 모든 대답이 나와있다는 녹음 메시지를 들은 적이 있는가? 그래서 막상 그 웹사이트에 들어갔는데 내 질문에 대해서 아무도 실질적인 안내를 제공하지 않는다면? 여기서 우리가 알아야 할 점은 "자동화"에는 한계가 있다는 것이다. 웹사이트 같은 인터랙티브 매체를 통해 일상적인 거래를 하는 사람이 늘어가면서 실제 인간이 거래 과정을 안내 해주고 문제 해결을 도와주기를 바라는 요구가 더욱 높아가고 있다.

미래학자 존 나이스빗은 이런 모순된 현상을 가리켜 "하이테크, 하이터치"라 하였다. 그는 기술 발전이 가속화될수록 인간의 따뜻한 관심에 대한 욕구도 따라서 높아질 것이라고 예견하였다. 네트워크 마케팅은 인간적인 관계를 통해 제품을 판매하므로 그러한 요구에 완벽하게 부응한다. 제 4물결 디스트리뷰터는 결코 기술 발전에 밀려날 걱정을 할 필요가 없을 것이다. 반면, 제 4물결 회사들은 살아 숨쉬는 디스트리뷰터가 제공하는 '하이터치' 요소로 '하이테크' 요소를 보완할 새로운 방법을 꾸준히 고안하고 있다.

### 상호 연결 상태

지금까지 제 4물결 네트워커를 "사이버 개척자"로, 21세기 자유 시장을 "사이버 프론티어"라 불렀다. 21세기 신경제는 고도의 전자 정보화 사회가 되고 있다. 그렇다고 제 4물결 혁명에 동참하기 위해 전문 해커가 될 필요는 없다.

"컴퓨터의 핵심은 결코 데이터 처리가 아니다." "데이터 처리는 수단에 불과하고 목적은 '상호 연결'에 있다. 팩스, 모뎀, 인터랙티브 TV, 인터넷 서비스 제공업체는 모두 수단이고 목적은 결합이다. 결합은 존재의 상태일 뿐 그 이상은 아니다. 진정한 목적은 사물이 서로 연결되었을 때, 결합된 상태에서 정보와 융합할 때 발생하는 상황이다."

## 블랙박스

디지털 상호결합은 제 4물결 혁명이 분출되어 나오는 존재의 상태이다. 그러나 상호결합성을 확보하기 위해 우리가 반드시 기술자가 될 필요는 없다.

요즘 시장에서 가장 잘 팔리는 개인용 컴퓨터를 예로 들어보자. 필요한 소프트웨어는 기계에 이미 내장되어 있고 모든 하드웨어는 하나의 구성품으로 만들어져 있다. 소비자는 그냥 포장을 벗기고 부팅해서 쓰면 되는 것이다. 컴퓨터는 블랙박스와 같다. 안에 들어 있는 내용은 복잡하지만 바깥에서 보면 단순한 장치이다.

제 4물결 혁명도 마찬가지다. 21세기 네트워크 마케터들은 제품 관리, 웹 호스팅, 커미션 처리, 환율 등 복잡한 내용은 이해할 필요가 없다. 회사에서 다 알아서 해 준다.

컴퓨터 사용자처럼 제 4물결 네트워커도 그냥 스위치만 누르고 일을 시작하면 된다. 필요한 기술은 "하이테크, 하이터치"뿐이다. 이 기술에는 사람들과 관계를 형성해서 관리하고, 사업기회를 평가하고 시장에서 유리한 고지를 점하는 능력이 포함된다. 지금부터는

이런 미묘한 기술을 연마하는 방법에 대해서 집중적으로 다루고자
한다.

# 제 3 부

# 제4물결을 향한 출발

# 제 16 장

![검은색과 회색 막대]

# 제 4물결 기업을 찾아라

적절한 네트워크 마케팅 회사를 찾는 일이 제 4물결 대장정의 첫 걸음이 될 것이다. 하지만 어떤 회사를 선택할 것인가? 힘든 선택이다. 수많은 회사들이 서로 당신의 관심을 끌려고 하지만, 그런 회사들 대부분은 신규회사이다. 신규회사들은 실패율이 높다. 〈인사이드 네트워크 마케팅〉저자 레오나드 클레멘츠는 기업 실적 리스트와 업계 간행물 조사 결과를 바탕으로, 96% 이상이 사업 첫해에 실패하는 것으로 추정한다. 네트워크 마케팅이든 다른 사업이든, 사업을 하는 과정에서 위험부담을 완전히 제거할 방법은 없다. 그러나 이 장에서 제시된 MLM 사업 평가 과정을 따르면 제대로 된 결정을 내릴 수 있을 것이다.

## 제 1 단계 – 유망한 제품이나 서비스를 선택하라

MLM 회사는 잘 팔리는 제품이나 서비스를 제공해야만 성공할 수 있다. 가격경쟁력이 있어야 하며, 다른 MLM 회사에서 찾기 어려운 제품이라면 더 좋다. 이렇게 자문해 보라. "나라면 이 정도 가격에 이 제품을 살까?" 도난 경보기 같은 일회성 제품보다는 건강 보조식품 같은 소비재가 낫지 않을까?

일단 고객이 첫 번째 제품을 쓰고 나서 2차 구매 가능성이 있어야 한다. "수평구매" 기회를 찾아라. 수평구매의 요지는 소비자가 굳이 필요성을 느끼지 못하는 특이한 새 로션이나 약 같은 것을 파는 것보다는 이미 사용하고 있는 제품이나 서비스 가운데서 브랜드만 바꾸라고 설득하기가 더 쉽다는 것이다.

## 제 2 단계 – 업계에 떠도는 소문을 확인하라

## 제 3 단계 – 업계 전문지를 살펴 보라

## 제 4 단계 – 언론의 평가를 확인해 보라

## 제 5 단계 – 불만 사항을 확인하라

몇몇 정부 기관이나 민간 단체에서는 MLM 기업에 대해 접수된 불만사항을 기록으로 보관하는데, 소비자 연맹, 소비자 보호원, 금융 감독원, 직접판매협회(DSA) 등이 그런 기관이다.

불만 사항을 평가할 때는 신중을 기하라. 접수된 불만사항은 나중에 해결되는 일시적 문제인 경우가 많기 때문이다. 불만사항 접수 건수보다는 문제의 해결여부를 보면 그 회사의 기업윤리를 더 잘 알 수 있다. 또 기관에 따라서는 불만사항과 단순문의를 구별하지 못하는 경우도 있다. 실제로는 정보를 요청하는 것인데도 모두 불만사항으로 기록하는 것이다. 해당 기관에서 이 두 가지를 구별해서 접수하는지 확인하라.

## 제 6 단계 - 재무상태를 확인하라

증권거래소에 상장된 기업을 목표로 하고 있다면 운이 좋은 셈이다. 상장기업들은 법률에 의해 자사의 재정상태를 상세히 공지할 의무가 있기 때문이다. 상장 기업의 경우, 연례보고서를 직접 요청할 수도 있다.

그러나 대부분의 네트워크 마케팅 기업들은 비상장 기업이며, 따라서 재무 정보를 공개할 의무가 없다. 이런 경우에는 약간의 탐정 놀이가 필요하다.

(한국은 금융감독원 감사보고서 공시를 통해 발표)

## 제 7 단계 - 소송 전력을 알아 보라

목표 회사와 그 회사의 주요 인물들이 송사에 연루된 적이 있는지 알아 보라. 있다면 판결 결과를 확인해 보라. 세금과 관련하여 주 또는 정부로부터 강제징수 전력이 있었는지도 알아 보라.

## 제 8 단계 - 목표 회사의 성장단계를 알아 보라

목표 회사의 역사는 얼마인가? 일부 네트워커들은 신규 회사를 선호하는데, 그것은 유망한 신규 회사가 성장기에 돌입하면 빨리 큰 돈을 벌 수 있기 때문이다. 적어도 이론상으로는 그렇다. 그러나 자신이 가입하는 회사의 성공을 누가 보장하는가?

창업 후 2년까지 버티는 회사는 극소수에 지나지 않는다. 살아남는 회사라 해도 크게 성공할지는 누구도 장담할 수 없다. 만에 하나, 자신이 선택한 신규 기업이 기하학적 성장단계에 돌입할 만큼 운이 좋은 경우라 해도, 문제는 거기서 끝나는 것이 아니다. 고속 성장기업의 경우, 정부당국의 조사를 피할 수 없다. 사실상 거의 모든 MLM 대기업들은 "정부규제기"를 거쳤다. 이 시기는 정부와 언론의 맹렬한 조사를 받는 기간이다. 운이 좋으면 언론공격과 정부규제의 시련을 버티고 살아 남지만, 대부분은 도산하고 만다.

즉, 신규기업에 들어가는 것은 거의 도박에 가깝다. 대기업에서는 많지 않더라도 안정적인 수입을 얻을 수 있다. 다른 업계의 우량기업들처럼 MLM 대기업들 역시 신규기업들보다는 성장이 더디다. 그러나 이미 정부와 언론 규제기를 거쳐서 살아 남았기 때문에 대기업은 보다 안전한 곳이라 하겠다.

## 제 9 단계 – 윤리적인 기업을 찾아라

회사에 가입하기 전에 먼저 정부개입의 가능성이 있는지 알아보아야 한다. 상대적으로 정부 규제를 받을 가능성이 높은 회사가 있다.

가령, 자사 제품이 기적의 치료제라고 주장하는 회사는 주의하라. 식품의약품청으로부터 원하지 않는 조사를 받을 위험이 있다. 또한, 빨리 쉽게 돈을 벌게 해준다고 약속하거나 디스트리뷰터에게 제품을 대량으로 구매하라고 하는 "프론트로딩"을 강요하는 회사도 문제가 될 수 있다. 이런 회사들은 피라미드 사기 혐의로 조사대상이 될 수 있는 것이다.

합법적인 MLM 회사라면 신규 가입자에게 부담스러울 정도의 구매는 강요하지 않을 것이다. 사라고 해도 대개 10달러에서 50달러 정도인 사업자 키트 정도일 것이다. 이런 키트에는 비디오, 테이프, 세일즈용 인쇄물, 디스트리뷰터 신청서, 제품 샘플 같은 것이 들어 있다. 또 합법적인 회사에서는 환불하고 싶은 제품에 대해 90% 환불을 보장한다.

이런 기업들은 신규 가입자에게 엄청난 수입을 보장한다는 식의 홍보는 삼가며, 열심히 노력하고 제품을 많이 판매하는 사람들에게만 성공이 돌아간다는 사실을 강조할 것이다.

사업자들이 소득에 대해 지나치게 자랑하는 그런 회사 역시 조심하라. 규제당국의 입장에서 그런 발언은, 가입자 누구나 큰 수입을 벌 수 있다고 고객을 현혹하려는 의도로 보일 수 있기 때문이다.

현명한 회사라면 디스트리뷰터들이 과장되게 자기 수입을 떠벌리고 다니지 않도록 사전에 주의를 시킬 것이다.

## 제 10 단계 - 제 4물결 기업 확인법

앞에서 언급한 9가지 단계는 자신이 목표로 한 회사가 합법적이고, 윤리적이고, 재정적으로 건실한 회사인지를 알아보기 위한 것이다. 그렇다면 내가 선택한 회사는 제 4물결 기업인가? 21세기 경제에서 번성할 만한 회사인가? 다음 사항들은 혁신적인 기업과 멸종위기에 놓인 기업을 구별하는데 도움이 될 것이다.

### 1. 정보화에 앞선 회사인가?

제 4물결 회사들은 디스트리뷰터에게 음성사서함이나 음성방송 서비스, 웹호스팅과 인터넷, 팩스, 전자우편으로 보는 뉴스레터 등 각종 정보통신 서비스를 할인 제공한다. 위성 TV 방송과 화상 회의까지 제공하는 회사도 있다.

## 2. 어떤 턴키 시스템을 제공하는가?

제 4물결 기업은 디스트리뷰터에게 다음과 같은 다양한 "노동절약 시스템"을 제공하여야 한다.

1) 우수한 판촉용 인쇄물.

2) 고객유치용 비디오와 오디오 카세트.

3) 고객유치와 교육을 위한 표준화된 교육 프로그램.

4) 팩스나 음성사서함, 전자우편, 웹사이트를 통한 다운라인 계보 확인, 그룹 매출량 및 주문확인, 회사 발표 정보 확인.

5) 고객 구매 습관 추적보고 시스템.

6) 지정된 번호나 전자상거래 웹사이트를 통해 고객주문 직접처리 (드롭쉬핑).

7) 주문수량에 관계없이 24시간 신용카드 주문 가능, 48시간 이내 배달 보장(추가 비용을 내면 당일 배달 가능) 시스템.

8) 다운라인의 질문에 직접 대답할 필요 없이, 디스트리뷰터의 문의 사항을 처리하는 직통 전화 시스템.

## 3. '하이터치' 요소가 있는가?

제품이나 서비스는 일대일 판매가 가능한 것이어야 한다. 가령, 제품 판매와 관련하여 상당히 긴 설명이나 사용 체험담이 필요한 제품이라면 제 4물결 유통 방식에 잘 부합한다.

## 4. 장기적 성장 전략이 있는가?

아무리 잘 팔리는 제품이라 해도 단일 제품이나 서비스로는 제 4물결 기업 발전을 무한하게 유지할 수 없다. 최소한, 제품다양화와 세계적 시장 확대를 통하여 무한한 발전을 유도할 기업 전략이 있어야 한다. 제 4물결 기업은 전 세계 고객에게 제품과 서비스를 이동시키는 세계적 유통 고속도로의 역할을 해야 한다.

5. 제 4물결형 보상플랜인가?

보상플랜은 커미션 지급 구조로서, 사업자의 수입 산정 방식이다. 제 4물결 회사는 부업이나 전업 사업자 모두에게 기회를 제공하는 균형 잡힌 보상플랜을 제시한다.

## 완벽한 회사를 찾아

앞에서 대략 설명한 제 4물결형 기업은 하나의 이상이다. 그 모든 이점을 동시에 다 제공하는 회사는 거의 없으며, 있다 해도 극히 드물 것이다. 모든 사항에서 완벽을 요한다면 어쩌면 실망할지도 모른다. 그러나 자신이 목표로 한 회사라면 적어도 제 4물결에 대한 비전을 가지고 있으며 제 4물결 방향으로 나아가고 있다는 증거를 보여 주어야 한다. 회사의 정보통신 현대화, 시장 및 제품라인 확대, 턴키 시스템 향상, 보상플랜 보강 등에 있어 현실적인 계획을 가지고 있어야 한다는 얘기다. 자신이 선택한 회사가 제 4물결 기준에 부합한다면, 그 회사와 더불어 21세기 성장을 확신할 수 있을 것이다.

# 17 장

# 제 4물결시대
## 7가지 성공 비결

제 4물결 혁명의 원동력은 턴키 시스템에 있다. 따라서 21 세기 MLM 기업들은 디스트리뷰터에게 영웅적인 기업가적 창의성을 요구하지 않는다. 필요한 것은 오직 턴키 시스템을 성실하게, 꾸준히 따르는 것이다. 그러기 위해서는 여기서 제시하는 "제 4물결 시대 7가지 성공 비결"이라는 간단한 원칙 몇 가지만 지키면 된다.

## 비결 1 - 절대 포기하지 마라

네트워크 마케팅의 성공담을 들어보면 한결같이 고난과 절망을 견뎌낸 이야기다. 제 4물결 혁명도 노력 없이는 이룰 수 없다. 턴키 시스템은 뛰어난 도구이지만 도구는 도구일 뿐이다. 도구를 쓰는 기술자가 열정을 갖고 노력해야만 성공할 수 있다. 그렇게 노력하면 사업은 성장하게 마련이다.

어쩌면 몇 년이 걸릴 수도 있다. 그러면서 후퇴도 하고 실망도 있을 것이다. 그러나 포기하지 않고 계속 가다보면 결국 목표에 도달하게 된다.

## 비결 2 - 지도자를 찾아라

네트워크 마케팅은 후원 원칙을 기초로 한다. 나를 가입시킨 사람, 즉 후원자가 내 교육과 관리를 책임진다. 그러나 내 후원자가 반드시 내 스승이 될 충분한 자격이 있는 것은 아니다.

때로는 후원자의 후원자, 그 후원자의 후원자 중에서 경험과 기술을 갖춘 업라인을 찾아보아야 한다.

부끄러워하지 마라. 적합한 사람을 찾을 때까지 계속 노력하라. 능력 있는 스승을 확보하는 것이 제 4물결 사업을 시작하는 첫 임무이다.


## 비결 3 - 턴키 시스템을 따라라

제 4물결 사업은 오래 전부터 구축되어 있는 턴키 시스템에 기초한다. 자신이 선택한 회사가 번성하고 있다는 사실은 그 시스템의 실효성이 시장에서 이미 입증되었음을 의미한다. 그 시스템을 충실히 이행하라. 자기 마음대로 바꾸려 하지 마라.

물론 업라인 중에는 다양한 사업 전략을 구사하는 사람이 있을 수도 있다. 자신의 스승이 가르쳐 주는 전략을 따라라.

스승과의 관계에서 최대한의 이익을 끌어내고 싶다면 그와 싸우지 말고 의심도 하지 마라. 성실한 학생이 되어라. 스승의 방식을 따르고 그 방식에 전문가가 되어라. 그러면 언젠가 자기만의 독특한 방법을 개발할 만큼 경험을 쌓고 성공하게 될 것이다. 그 때는 자신도 업라인 리더가 될 것이다. 그러나 가르치기 전에 먼저 배워야 한다.

## 비결 4 - 자기 이야기를 하라

세일즈맨은 늘 남에게 뭔가 이야기를 한다. 대부분의 경우, 세일즈맨은 자신이 판매하는 제품이나 서비스의 사용법과 장점 등 실질적인 이야기를 한다. 그러나 네트워크 마케터들은 좀 다르다. 그들은 자신에 대해 이야기한다. 자신의 삶, 목표, 꿈, 포부 같은 것에 대해 이야기한다. 자신의 이야기를 하는 동안 네트워크 마케터는 나와 같은 일을 하게끔 예상고객을 설득한다. 예상고객을 설득하여 나처럼 디스트리뷰터로 회사에 가입하게 하는 것이다. 개인의 이야기는 예상고객의 공감을 끌어내는데 대단히 중요하다.

이야기가 특별할 필요는 없다. 그냥 편안하게 있는 그대로 말하라. 그냥 별 뜻 없이 이 회사에 가입했다거나, 큰 모험을 하고 있다거나, 이 일이 어떻게 될지 모르지만 사업에 대한 믿음이 있으며 내 후원자가 사업 요령을 많이 가르쳐주고 있다고 말하면 된다. 그 다음은 후원자에게 넘기면 된다. 이렇게 이야기를 해 놓으면 후원자의 사업 설명이 수월해진다. 후원자의 지도를 신뢰하고 기꺼이 따르려는 사람이 있다는 것을 내 얘기를 통해 이미 확인했기 때문이다. 성공하면 할수록 당신의 이야기는 더욱더 향상될 것이다.

## 비결 5 - 단순화하라

네트워크 마케팅 사업의 열쇠는 복제성에 있다. 나나 내 후원자가 하는 것을 그대로 모방할 수 있다는 확신을 줌으로써 사람들을 자신의 다운라인으로 가입시켜라. 사업이 복잡하고 어려울수록 예상고객의 눈에 복제성이 없어 보이고 따라서 도전 확률도 떨어진다.

가령, 예상고객의 집에 가서 2, 3시간 정도 상세하게 사업 설명을 해 주어도 그 예상고객은 사업을 꺼려할 수 있다. 만나는 잠재 고객마다 그렇게 2, 3시간씩 들여서 사업 설명을 한다는 게 별로 쉬워보이지 않기 때문이다. 그러나 10분 짜리 리크루팅 비디오를 건네주면서 "생각해 보시고 이틀 후에 전화주세요"라고 하면 예상고객은 이 사업이 대단히 단순하며 한번 해볼 만하다는 결론을 내릴 것이다.

## 비결 6 - 옥석을 가려내라

사람들에게 사업에 가입하라고 매달리며 시간을 낭비하지 마라. 내키지 않는 예상고객은 가입시키는데 성공했다 해도 좋은 디스트리뷰터가 되지 못한다. 정말 필요한 사람들은 열의에 찬 사람, 일할 준비가 된 사람, 기꺼이 할 용의가 있는 사람, 지금 바로 시작할 수 있는 사람들이다. 이 범주에 해당되는 사람들이 많지는 않겠지만 분명히 있을 것이다. 그런 사람들을 찾을 때까지 계속 노력하라. 필터로 걸러내듯, 아닌 사람들은 가려내라. 그렇게 해서 남은 사람들은 모두 강력하고 건실한 다운라인이 될 것이다.

## 비결 7 - 다운라인을 후원하라

내가 처음 시작할 때 리더에게 의지했듯이 내 다운라인도 내게 의지하게 된다. 더 많은 교육과 후원을 제공할수록 가입자들은 더 높은 실적을 올릴 것이다. 네트워크 마케팅에서 말하는 리더십은 자신이 가입시킨 사람들이 회사에서 좋은 경험을 하고 또 돈을 벌도록 도와주는 것이다. 그러기 위해서는 다운라인의 후원활동을 도와주고 내가 리더에게 배운 것을 그대로 가르쳐 주면 된다.

## 믿을 수 없을 만큼 간단하다

앞서 언급한 7가지 원칙은 사업감각이 뛰어난 사람들이 보기에 너무 단순하고 고지식해 보일지도 모른다. 그러나 중요한 것은 이 원칙들이 효과가 있다는 사실이다. 앞으로 설명하겠지만, 제 4물결 시대 7가지 성공비결은 대단히 유연하고 탄력적이다. 이 원칙들은 네트워크 마케팅에서 마주치게 될 모든 사업적 상황에 적용된다.

각계각층의 수많은 사람들이 MLM에서 성공을 거두었다. 어떤 사람들은 자신의 재능, 교육, 사업 경험을 사업에 활용한다. 반면, 성공에 대한 갈망 외에는 아무 것도 투자할 게 없는 사람도 있다. 그러나 사업을 성공시킬 기회는 누구에게나 똑같이 주어진다. 네트워크 마케팅에서 성공은 재능이 있거나, 부자이거나 교육받은 사람들에게만 돌아가는 것이 아니라, 제 4물결 시대 7가지 성공비결을 바탕으로 사업을 구축하는 사람들에게 돌아간다.

# 제 4 부

# 절대 포기하지 마라

# 제 18 장

# 고통 속의 선택

제프 맥(Jeff Mack)은 MLM이라면 진저리가 났다. 제프에게 있어 MLM은 사기 수법에 지나지 않았다. 그는 14개월간 네트워크 마케팅 사업을 구축하는데 시간, 노력, 돈을 모두 쏟아 부었다. 그는 하루 24시간 누구보다도 열심히 일했지만 남은 것은 신용카드 빚 4만 달러가 전부였다.

"쳇바퀴 돌리는 다람쥐 같았죠. 보상 플랜에서 정한 할당량을 맞추려고 항상 제품을 많이 구입했습니다."

제프의 회사에서 최고치의 커미션을 받는 자격을 얻으려면 개인 그룹에서 매달 정해진 목표치 만큼의 제품을 구입해야만 했다.

제프는 대개 할당량의 60% 정도를 구입했고 그룹 내에서 나머지 금액의 제품을 구입했다. 그러나 다운라인이 이 할당량을 맞추지 못하는 달에는 제프가 그 차액을 감당해야만 했다.

이 제품들은 원래 소매 가격으로 일반 고객에게 판매해야 할 분량이었다. 제프는 매달 팔 수 있는 한도 이상을 사들이는 셈이었다. 집에는 제품이 쌓여가고 은행 계좌는 하루하루 줄어들었다.

## 회전문

이런 생활을 14개월 정도 한 후 제프는 완전히 파산을 했다. 네트워크 사업으로 크게 성공하리라고 생각했는데 결국 알거지가 된 것이다. "사업을 완전히 포기하고 건설업으로 다시 돌아갔습니다."

토목기사로 8시 출근해서 5시 퇴근하는 직장에서 제프는 승진 희망은 거의 없었지만 적어도 월급은 받았다. 매달 날아드는 신용카드 청구서를 보면서, 다시는 네트워크 마케팅 꾀임에 넘어가지 않으리라 결심했다. 매년 수많은 사람들처럼 제프도 MLM의 "회전문"을 통과했던 것이다.

〈MLM 인사이더(MLM Insider)〉의 편집장 로드 쿡(Rod Cook)은 네트워크 마케팅 사업을 시작하여 첫해를 버티는 사람은 25% 정도뿐이라고 추정한다. 나머지는 "된통 실패하고 쓰라린 기억만 갖고 떠난다"는 것이다. 경우에 따라서는 실패율을 더 높게 잡는 전문가도 있다.

## 고통스러운 결론

다른 사람들처럼 제프도 체념하고 그런 MLM 통계수치에 포함되었을지도 모른다. 평생 자신이 잃은 4만 달러를 안타까워하며 살았을지도 모른다. 시간이 지나면서 추가수입에 대한 꿈은 점점 퇴색하다가 마침내 사라졌을지도 모른디.

그러나 제프는 포기할 수 없었다. 그는 성공에 대한 불타는 열망이 솟구치는데, 직장 생활은 결코 그 열망을 잠재우지 못할 것 같았다. "당시 난 27살이었는데, 그 바닥에서 45, 50살이 된 사람들을 보면서 나도 그 길을 가고 있다는 걸 알았습니다. 나는 그게 정말 싫었습니다."

제프는 결심했다. 수많은 동료들처럼 중년이 되어서까지 돈걱정을 하며 살지는 않겠다고. 하지만 그 대안은 무엇일까? 이 문제를 고민하면 할수록 자꾸만 네트워크 마케팅 쪽으로 마음이 움직였다.

옛날에 내가 그 일을 제대로 했었던가? 4만 달러를 날린 것은 네트워크 마케팅 사업 자체에 결함이 있었기 때문일까? 아니면 나 자신이 어리석은 선택을 했기 때문일까?

제프는 이 문제를 집요하게 곱씹어보았다. 정말 내키지 않았지만, 제프는 결국 MLM이 해 볼만한 가치가 있다는 고통스런 결론에 도달했다.

## 두 번째 기회

전에 다니던 네트워크 마케팅 회사의 한 동료가 어느 날 제프에게 전화를 걸어서 충격적인 소식을 전했다. 그 회사의 최고 판매 리더에 속하는 토드 스미스(Todd Smith)가 다른 회사로 옮겨간다는 것이었다.

그 회사는 적어도, 2000년대 MLM 업계 기준에 비추어 봤을 때 보기 드문 인지도였다. 제프는 그런 브랜드를 보유한 회사에서 사업을 한다면 옛날 회사에서처럼 그렇게 힘들지는 않겠다는 생각이 들었다. 더 구미가 당기는 것은 토드 스미스처럼 크게 성공한 사람과 함께 일할 수 있다는 점이었다.

제프는 MLM 사업에 다시 한번 시간과 노력을 투자한다면 토드 스미스 같은 수완가가 자신을 리드해 주기를 바랐다.

## 유연한 보상플랜

또 한가지 마음을 끄는 것은 보상 플랜이었다. 그 회사는 새로운 형태의 "유연한" 방식을 시도하고 있었는데, 이 새로운 방식에는 네트워커들에게 부담이 되는 사재기와 월별 할당량, 페널티나 위약금이 없었다.

전에 있던 회사에서는 어느 정도의 커미션 수령 자격을 얻으려면 일정 목표액의 실적을 올려야 했다. 만약 두 달 동안 할당량을 달성하지 못하면 자격을 잃고 처음부터 다시 시작해야 했다.

반면, 새로운 회사의 보상 플랜에서는 매달 1000달러만 올리면 '커미션 수령 자격'이 될 수 있었다. 할당량 미달에 대한 위약금, 페널티도 없었다. 일단 일정 수준의 커미션 수준을 확보했으면 그 자격은 계속 유효했다.

제프는 이런 보상 플랜이라면 또다시 카드 빚을 지는 일은 없으리라고 판단했다. 이 보상 플랜이라면 자신이 가입시킨 사람들이 많은 돈과 시간을 투자하지 않고 부업으로 하기에도 쉬울 것 같았다.

## 어려운 결정

이처럼 명백한 이점에도 불구하고 제프는 힘든 결정에 직면했다. 친구들과 가족들은 제프가 예전에 네트워크 마케팅 사업에서 실패한 경험을 너무도 생생히 기억하고 있었다. 다시 이 사업을 시작한다면 그를 바보로 볼 것이 분명했다. 제프는 자신을 가문의 수치라 생각해왔다.

조부모님은 성실한 레바논 이민자로서 순전히 노력만으로 의류 사업을 일구어내셨다. 제프의 형제들도 그 분들의 엄격한 직업 윤리를 물려받아 모두들 학교생활에 뛰어났으며, 사회에 나가서는 돈 잘 버는 의사, 변호사, 사무직 전문가가 되었다.

그러나 제프는 달랐다. 그는 몽상가였다. 제프는 한번도 어떤 일을 꾸준하게 해 낸 적이 없었다. 성적이 나빠 대학에서 퇴학당한 후, 나중에 평점 2.0의 낮은 학점으로 겨우 졸업한 제프는 별 볼일 없는 일자리에 안주할 수밖에 없었다. 제프의 MLM 사업 실패는 그가 무슨 일을 해도 제대로 하지 못한다는 아버지의 확신을 더 깊게 해 주었을 뿐이다. "아버지에게 난 정말 실망스러운 자식이었습니다."

## 꿈을 훔치는 사람

마크 야넬(Mark Yarnell)은 MLM을 시작하는 사람에게 가장 힘든 과제 중의 하나는 친구와 가족들의 비판에 굴하지 않고 계속 노력하는 것이라고 말한다. 마크 야넬은 이처럼 좋은 의도에서 사업을 만류하는 사람들을 "꿈을 훔치는 사람"이라고 부른다.

많은 MLM 신참자들은 사랑하고 존경하는 사람들로부터의 압력을 못이기고 사업을 그만두고 만다. "이 사업에 대해 친척이나 친구들에게 얘기하면 대부분은 제정신이 아니라고 합니다."

이런 이유에서, MLM에서 성공하기 위한 필수 조건은 "뻔뻔함"이다. 네트워크 마케팅 사업 성공담은 한결같이, 더 이상 남의 생각은 개의치 않겠다고 결심하는 데서 시작된다.

때론, 순전히 너무 지치고 절망한 나머지 그런 단계에 이르는 사람도 많다. 제프의 경우가 바로 그랬다.

## 자의식의 장벽을 넘어

4만 달러 카드 빚에다 집세 낼 돈도 부족했던 제프는 27살의 나이에 부모님 집에 다시 들어갔다. "독립해서 살다가 그 나이에 다시 부모님 밑에 들어간다는 것은 정말 부끄러운 경험이지요." 그러나 그 일은 제프에게 정말 필요한 자극이었다.

자존심도 사라지고, 경제적으로 궁지에 몰린 제프는 자의식을 초월했다. 오직 이 사업에 성공해야겠다는 생각밖에 없었다. 제프에게는 그 한 가지 생각만이 남았다. 생존에 대한 절박함, 자유와 존엄을 되찾아야겠다는 욕구를 대신할 것은 아무 것도 없었다. 결국, 네트워크 마케팅 사업을 통해 제프는 이 모든 것들을 다 얻게 된다.

# 제 19 장

# 성공을 가장하지 마라

"**성**공할 때까지는 성공을 가장하라." 옛날 회사에 다닐 때 제프의 업라인이 충고해 준 말이다. 그 말은 예상 고객에게 성공한 사람으로 보이기 위해 값비싼 옷과 소지품에 돈을 투자하라는 얘기였다. 그 업라인의 논리는 "성공을 가장"함으로써 많은 잠재고객을 끌어들이게 되고 따라서 곧 사업을 성공시킬 수 있다는 것이었다. 안타깝게도, 제프는 이 충고를 곧이곧대로 따랐다.

"고급 옷을 사 입고 비싼 식당에서 예상고객을 대접했죠. 휴대폰을 사서 3자 통화를 하고 기회가 있을 때마다 고객유치를 위해 노력했습니다. 첫 달 휴대폰 요금으로 1800달러가 나왔는데, 그 달 내 커미션은 450달러였지요." 제프는 MLM에서 충분한 수입을 벌기도 전에 다니던 직장을 너무 일찍 그만두고 사업을 풀타임으로 시작했던 것이다. 모래성이 무너지는 건 순전히 시간문제였다.

제프의 사치스러운 생활은 고작 몇 달밖에 가지 못했다. 제프는 성공을 가장하는 것과 정말 성공하는 것은 완전히 다르다는 사실을 뼈저린 경험을 통해 배웠다.

## 야망을 불태우며

새로운 회사의 토드 스미스 밑에서는 사정이 달랐다. 제프의 새로운 스승은 지독한 방법으로 사업을 가르쳤다. "토드는 지출을 영리하게 해야 한다고 가르쳤습니다. 그리고 돈에 투자하듯이 시간을 관리하라고 했죠. 최대한 이익이 되도록 말이죠."

제프가 처한 여건에서는 스파르타식이 될 수밖에 없었다. 큰 빚을 지고 부모님 집에 얹혀 살게 된 제프는 최대한 절약해서 사업을 시작해야 했다. 차고에 사무실을 차리고 대학 때 쓰던 책상을 가져와 자신의 물침대 머리 쪽에 붙어 있는 판자를 떼서 책상 위에 놓았다. 그런 다음 침실 천장에서 전화선을 끌어왔다. 커미션 내역이나 예상고객 정보 같은 서류는 유일한 파일 캐비닛에 보관했다.

"차고 겸 사무실에는 녹슨 냉장고와 차가 두 대 있었습니다. 거긴 항상 기름 냄새가 났죠."

## 집중적 사업 구축

제프는 집중적인 가입자 모집활동에 착수했다. 제프가 다녔던 전 회사는 그가 새로운 회사에 들어가고 바로 파산해 버렸다. 그래서 제프는 돈도 못 받게 되었다. 대신 제프는 모집 활동을 할 시간이 많아졌다. 그는 아침 7시 30분부터 자정까지 사무실 책상을 지켰고 종일 두 번밖에 쉬지 않았다. "사업은 빨리 성장했습니다. 내 친구들이 콘서트에 가고 농구를 즐기는 시간에 난 희생을 했죠. 이 사업에 성공하는데 필요한 일은 무엇이든 할 작정이었습니다. 많은 사람들은 내가 미쳤다고 생각했죠. 그러나 난 그들이 틀렸다는 걸 증명해 보이고 싶었습니다. 그게 가장 큰 동기였습니다."

부모님의 차고에서 판매 전화를 하기란 힘들고 외로운 일이었다. 도처에 제프의 기를 꺾는 일들이었다. 그러나 그는 동기부여 테이프를 들으면서 사기를 유지했다.

짐 론(Jim Rohn)의 "자기 인생의 주인이 되라(Take Charge of Your Life)"라는 테이프를 들으면서 제프는 자신의 성공에 중요한 역할을 한 교훈을 얻게 되었다. 짐 론은 자기보다 실적이 높은 판매원을 따라잡을 수 있는 쉬운 방법이 있다고 했다. 가령, 그 사람이 나보다 10배 더 실적이 높으면 지금보다 10배 더 많은 사람을 만나면 된다는 것이었다. 이 원칙이 제프의 전략에 기본 모토가 되었다.

## 연고 시장

제프는 친구, 가족, 동료들의 리스트를 작성했다. 친구나 가족 등 자신과 개인적 관계가 있는 예상고객들이 자신의 "연고시장"을 형성한다. 완전히 모르는 사람들보다는 연고시장에 속한 사람들을 가입시키는 것이 더 쉽다는 것이 네트워크 마케팅 사업에서의 통념이다.

그러나 연고시장을 공략하는 일이 항상 쉬운 것은 아니었다. 제프의 연고시장은 특히 저항이 심했다. 제프를 아는 사람들은 과거에 그가 MLM 사업에서 실패하는 것을 보았고 그를 실패자로 생각했다. 설상가상으로 제프의 친구들은 옛날의 제프처럼 무책임한 사람들이 대부분이었기 때문에 예상고객으로서 별로 좋지 못했다. "한가한 시간에는 체육관에서 운동하고 밤이면 놀러나 다니는 친구들이었죠. 그 친구들은 미래에 대해서 생각하지 않았어요. 그들에게 미래는 금요일 밤이 전부였죠."

## 무연고 시장

제프의 연고시장을 형성하는 예상고객 리스트에 오른 160명 가운데 회원에 가입하기로 한 사람은 5명뿐이었다. 실망스러운 결과가 아닐 수 없었다. 그러나 짐 론의 충고를 기억하고 제프는 두 배로 노력했다. 그는 무연고 시장, 즉 개인의 영향권 밖에 있는 예상고객으로 눈을 돌렸다.

많은 MLM 교육 담당자들은 초보자에게 무연고 시장은 피하라고 경고한다. 모르는 사람들은 원하지 않는 판매 설명을 듣게될 때, 대단히 잔인해 질 수 있기 때문이다.

"낯선 사람에게 전화를 거는 것은 실적을 떨어뜨리는 가장 빠른 길이다." 네트워크 마케팅 컨설팅 회사의 회장 힐튼 존슨(Hilton Johnson)의 충고다. "낯선 사람에게 전화를 걸면 즉각적으로 거절당하고 모욕을 당한다. 그런 전화를 매일 거는 것은 감옥에서 몸풀기를 하는 것과 같다."

존슨의 충고는 대부분의 사람들에게는 맞는 얘기다. 그러나 제프는 경우가 달랐다. 거절과 모욕은 그에게 아무 것도 아니었다. 수치와 실패는 모든 감정을 고갈시켜, 제프에게 남은 것은 성공하겠다는 불타는 욕망밖에 없었다.

## 전화 고객 유치

제프의 전술 가운데 하나는 전화번호부에서 번호를 보고 곧장 전화를 거는 것이었다. 그는 특히 회계 회사를 주요 공략 대상으로 삼았다. 회계 회사는 자기 회사에 소속된 공인 회계사를 실명으로 광고하는 일이 많았기 때문이다. "하루에 6시간에서 8시간 정도 그런 전화를 했습니다. 15분 정도만 시간을 내어 만나 달라고 하거나 오디오 테이프를 들어보라고 설득했죠." 그런 전화는 거절당할 확률이 대단히 높다. 그러나 회사의 이름은 예상고객에게 심리적으로 파고들 여지를 주었다.

"저는 OO회사에서 일하고 있습니다." 제프는 이렇게 얘기를 시작했다. "신설 부서에서 이 지역 영업망을 확대하고 있습니다. 혹시 OO회사에 대해 들어보셨습니까?" 그러면 대부분 그렇다고 대답했다. 그 즉시 제프는 3가지 이점을 얻게 된다.

첫째, 제프는 예상 고객으로부터 긍정적인 반응을 얻어냈다.

둘째, 제프는 유명한 브랜드와 자신을 연결시켜 고객의 신뢰를 얻어냈다.

셋째, 제프는 인식도 높고 수익성 높은 기업을 언급함으로써 사업 설명의 발판을 마련한 셈이다. 그렇다 하더라도 실제로 가입시키는 작업은 힘든 일이었다. 제프는 이런 식으로 250번 전화를 걸어 1명 정도를 가입시켰다.

## 준연고 시장

제프의 판매 전화가 모두 무연고 시장을 대상으로 한 것은 아니었다. 대부분 신규 모집활동은 존슨이 말하는 소위 "준연고" 시장에서 이뤄졌다. 이 시장은 전에 한두 번 얘기한 적이 있는 사람들, 예전 예상고객에게 소개받은 사람, 또는 자신의 판매 자료를 본적이 있는 사람들이 포함된다.

제프는 이 시장을 창출하기 위해 무연고 시장을 이용하는 법을 배웠다. 예상고객이 단호하게 거절할 때도 항상 소개해 줄 사람을 물어 보았다.

"새로운 사업에 관심이 있는 분을 찾고 있는데요. 혹시 아시는 분 중에 자기 사업을 하는데 관심을 가질 만한 분이 계실까요?"

그러면 이름과 전화번호를 주는 경우가 많았다. 이들은 제프에게 준연고 시장이 되었다. 그 사람들에게 전화를 해서 친구나 동료로 부터 소개를 받았다고 말할 수 있기 때문에 제프는 보다 유리한 출발을 할 수 있었다.

## 종별 광고

많은 네트워커들은 종별 광고에서 높은 성공률을 보인다. 그런 광고를 통해 많은 "준연고 예상고객", 즉 내 사업에 관심을 갖고 먼저 전화를 걸어오는 사람들을 많이 창출할 수 있다.

제프는 파산상태였기 때문에 종별광고는 아주 드물게, 그러나 영리하게 활용했다. 그는 비용을 아끼기 위해 글자 수를 최소한으로 했고, 광고 형태에 따른 응답률 변화에 세심한 관심을 기울였다.

제프는 경험상 가장 효과적인 광고는 사업 광고보다는 고용란 광고라는 사실을 알았다. 제프가 내보낸 광고는 다음과 같다.

"기업에 염증을 느끼는 진취적 경영자 급구. 회사 신규지사 확장 중인 사업 전문가임. 이력서 팩스전송 바람".

전화를 걸어오는 사람들에게 제프는 그 일이 월급을 받는 직장이 아니라 사업기회를 제시하는 것이라고 미리 얘기해 주었다. 응답자 중 10% 정도는 그 사업이 MLM이라는 걸 알고 화를 냈다. 하지만 대다수는 적어도 제프의 얘기를 들어주었다. 제프는 광고 응답자 가운데 1%에서 5% 정도 리크루팅에 성공했다.

## 개인관찰 프로스펙팅(접촉.탐사)

제프는 "개인관찰 프로스펙팅"도 했다. 그는 지역 상공회의소 모임 등 사업에 관심 있는 사람들을 만날 가능성이 높은 장소를 찾아다녔다. 거기서 그는 괜찮아 보이는 예상고객을 찾으면 대화를 나누고, 가능성이 있어 보이면 명함을 주고 받았다. 그러나 제프는 첫 만남에서 사업 얘기는 하지 않는 것을 원칙으로 했다.

"신뢰구축이 목표입니다. 무연고 시장에서는 신뢰가 가장 중요한 요소라는 걸 배웠습니다. 사람들이 날 좋아하면 결국 내 이야기에 귀를 기울이게 마련이죠." 개인관찰 프로스펙팅은 제프의 가장 성공적인 전략으로 입증되었다. 제프는 이런 식으로 만난 사람들 중 10% 정도를 가입시켰다.

## 끈기의 힘

제프는 힘들게 사업을 구축해 나갔다. 많은 네트워커들은 편안한 연고시장이나 인터넷, DM을 통한 프로스펙팅을 선호한다. 그러나 절박한 상황은 제프 자신이 미처 깨닫지 못한 대담성을 심어주었다. 평생 처음으로 그는 엄청난 도전에 직면했고 물러서지 않았다. "사람들이 날 다르게 보기 시작했어요."

전국을 여행하며 교육 세미나도 하고 사업 설명회도 하면서 제프는 청중들에게 종종 이런 요구를 한다.

"금방 사업을 그만두거나, 6개월 이내에 회사를 바꾼 네트워크 마케터를 경험한 적이 있는 사람은 손을 들어보십시오."

그러면 50%에서 90% 정도가 손을 든다. 이들의 경험은 MLM이 많은 사람들의 마음속에 어떤 이미지로 자리잡았는지를 잘 보여주는 것이다. 그 이미지는 다름 아닌 실패자와 포기자들이 넘치는 업계라는 것이었다.

"사람들에게 내가 어떤 일을 하는지 이야기를 하면, 나도 다른 네트워커와 별로 다르지 않을 거라고 생각했죠. 실패할 거라고요."

그러나 1, 2년이 지나도 제프가 사업을 계속 하는 것을 보고 많은 사람들이 그를 새로운 눈으로 보기 시작했다. "첫해가 지나면서 돈을 벌기 시작했습니다. 자신감이 넘쳤죠. 많은 사람들이 결코 하지 못한 뭔가를 해 냈다는 걸 깨달았거든요. 그건 바로, 절대 포기하지 않는 겁니다."

## 성장의 시작

제프의 태도 변화를 누구보다 먼저 눈치챈 사람은 아버지였다. "네가 도대체 무슨 일을 하는지 모르겠다." 처음 몇 달 동안 차고에 차린 사무실에서 진땀 빼는 제프를 보고 아버지가 그렇게 말씀하셨다. "하지만 네가 죽도록 열심히 한다는 건 알겠구나. 그게 무슨 일이든 이런 식으로 하면 곧 성공할게다."

아버지의 말씀은 옳았다. 사업 첫 해에 제프는 4만 8000달러를 벌었다. 엔지니어 시절에 벌던 3만 달러보다 많은 돈이었다. 그 다음 해부터는 기하학적 성장이 시작되었다. "내 조직에 속한 사람들이 스스로 사업을 구축하기 시작하더군요. 빈틈없고 재능 있는 사람들, 시간을 투자해서 자기 그룹을 성장시키는 사람들이 내 다운라인에 생긴 거죠." 2년째, 다운라인의 성장과 함께 제프의 수입도 10만 달러로 늘었다. 그리고 사업 7년째, 제프는 커미션과 오버라이드 수입으로 83만 3000달러를 벌어들였다.

## 멋진 세상

아버지 차고에서 고군분투하던 시절, 제프는 리사라는 여자와 사귀기 시작했다. "데이트할 때면 리사가 돈을 내야 했습니다. 내가 저녁을 살 때 가는 곳은 햄버거 가게였죠." 은행에서 일하던 리사는 사업에 대해 현실적인 생각을 갖고 있었다.

리사는 제프의 MLM 사업을 미친 짓으로 생각했다. "그래도 리사는 내 일에 협조적이었습니다. 하루는 리사를 앉혀 놓고 이렇게 말했죠. '날 믿는다면, 참을 수 있을 것이고 또 언젠가는 잘 했다고 생각하게 될 거야.'"

제프와 리사는 사업 3년째 되던 해에 결혼을 했다. 지금 그들은 개인소유 해변이 있는 호숫가 대저택에서 살고 있다. 차고에는 캐딜락, 할리 데이비슨 오토바이가 있다. MLM 사업을 시작할 당시 제프는 한번도 해외 여행을 한 적이 없었다. 그러나 이제는 사업차 혹은 여가를 즐기러 홍콩과 호주 같은 이국적인 도시를 자주 드나든다.

추가 수입은 제프에게 상상도 하지 못했던 자유를 가져다주었다. 최근 하와이 여행에서 돌아온 제프는 며칠 더 쉬면서 할리 오토바이로 캘리포니아 해변의 드라이브를 즐겼다.

## 최후의 승자

제프에게 "성공할 때까지 성공을 가장하던" 시절은 이미 오래 전에 지나갔다. 그는 강한 끈기만이 네트워크 마케팅에서 유일하고 또 확실한 비결이라는 사실을 배웠다.

"어느 한 순간, 내가 정말로 성공을 원한다는 걸 깨달았습니다.

남 앞에 성공한 척 과시하고, 친한 척 사람들과 어울리지만 실상은 빈 껍데기뿐인 사람들을 많이 봤습니다. 난 그렇게 되고 싶지 않았습니다. 그래서 끝까지 노력해서 꼭 성공하겠다고 결심했죠."

제프는 자신이 첫 번째 회사에서 실패한 뒤 포기하지 않은 것을 정말 감사히 여긴다. "이 사업에서 대부분의 사람들이 실패하는 이유는 쉽게 낙담하고 포기하기 때문입니다. 이 게임의 90%는 결과가 나타날 때까지 버티는 겁니다."

# 제 5 부

# 지도자를 찾으라

# 제 20 장

## 역할 모델

덴슨 테일러(Denson Taylor)의 인생은 꽤 괜찮았다. 네트워크 마케팅 사업을 시작하고 겨우 3년만에 그는 백만장자가 되어 있었다. 덴슨은 사업차 출장 갈 일이 있으면 전용 운전사가 모는 리무진을 타고 공항에 간다. 편하게 외출할 때는 컨버터블 벤츠, 비엠더블유, 링컨 네비게이터 스포츠카 중에서 맘에 드는 차를 골라 아이들과 함께 드라이브를 즐긴다. 보통 사람이라면 덴슨의 6자리 월수입으로 충분히 만족할 것이다. 그러나 덴슨은 수입을 월 백만 달러 이상으로 늘이는 꿈을 가지고 있을 뿐만 아니라 그 꿈을 실현할 구체적인 계획도 가지고 있다.

덴슨은 어떻게 해서 그렇게 짧은 시간에 그렇게 많은 것을 이룰 수 있었을까? 자신이 사업 천재가 아니라는 점은 덴슨 자신이 누구보다 먼저 인정할 것이다. 사업 천재가 아닐뿐더러 성장 배경에 특별한 이점이 있는 경우도 아니었다.

대학 중퇴자인 그는 테네시주 멤피스의 노동계급 흑인가정에서 태어났다. 아버지는 창고에서 지게차를 운전했다. 덴슨의 부모님은 그가 연금을 넉넉히 받을 수 있는 안정적인 직장에 정착하는 걸로 만족하셨을 것이다.

그러나 덴슨의 야심은 더 높았고 그 야심을 조직적으로 실현하는 감각 또한 뛰어났다. 덴슨은 자신이 성공하게 된 것은 올바른 선생을 만나 그의 지도를 그대로 따랐기 때문이라고 생각한다.

## 결심

덴슨의 첫 번째 역할 모델은 물론 부모님이었다. 부모님은 강한 도덕관념과 열심히 노력하면 된다는 생각으로 아이 셋을 키운 엄한 분이셨다.

"부모님은 내가 다른 사람, 특히 연장자를 무시하는 걸 용납하지 않으셨습니다. 일요일에는 반드시 교회에 갔구요. 저녁 식사 시간에는 배가 고프든 안고프든 모두 식탁에 앉아야 했지요. 학교에서 C를 받아오면 6주 동안 벌을 받았습니다."

덴슨의 부모님은 아이들에게 편안한 가정을 만들어 주셨지만 그 대가는 컸다. 덴슨은 이미 어린 나이에 아버지가 얼마나 격무에 시달리는지 알고 있었다.

"아버지는 평생을 그 회사에 몸 바쳐 일하면서 20년 동안 하루도 결근하지 않으셨어요. 금요일에는 기분이 좋으셨죠. 토요일에는 쉬니까요. 하지만 일요일 저녁이면 다음날 일하러 가야한다는 생각에 다시 기분이 다운되곤 하셨어요."

어느 날 덴슨의 아버지는 가족들을 모아놓고 당신이 다니던 공장이 일부를 제외하고 문을 닫는다고 하셨다. 실직을 하게 된 것이다. 회사는 나중에 아버지에게 창고 일을 주었지만 예전 봉급의 절반밖에 되지 않았다.

"아버지는 그 일을 받아들였습니다. 다른 선택이 없다고 생각하신 거죠. 그때 난 결심했습니다. 내 사업을 해야겠다고! 기업의 손에 좌지우지되고 싶지 않았습니다."

## 스승에 대한 교훈

덴슨은 스승에 대한 중요한 교훈을 얻었다. 아무리 스승이 훌륭하고, 또 그가 주는 교훈이 아무리 중요하다고 해도, 학생이 선생을 벗어나야 하는 시점이 찾아오게 마련이다.

각각의 스승에게서 얻을 수 있는 것을 얻어라. 그런 다음에는 계속 전진하라. 계속 성장하고 싶다면 성장의 각 단계에서 자신을 인도해 줄 새로운 스승을 찾아야 한다.

덴슨은 아버지로부터 노력, 일관성, 자존심을 배웠다. 그러나 아버님 자신이 한번도 사업을 한 적이 없었기 때문에 사업가가 되는 법은 가르칠 수가 없었다.

대학 강사들 역시 스승으로서 한계가 있다는 것을 알게 되는데는 그리 오래 걸리지 않았다. 고등학교에서 미적분을 배운 수학귀신 덴슨은 멤피스 주립대학에서 경영학 과정을 선택했다. 그러나 강의를 들으면서 그의 열정은 사라져갔다.

"시간낭비라는 생각이 들었습니다. 내 목표는 백만장자가 되는 것이었고, 대학 강사들이 어떤지 알게 되었습니다. 앉아서 강의 듣기가 힘들었습니다."

부모님은 깜짝 놀랐지만 덴슨은 학교를 중퇴하고 부동산 중개인이 되겠다고 선언했다.

"의료보험도, 안정적인 월급도 못 받을 거라고 경고하셨죠. 하지만 난 그런 건 원치 않았습니다. 난 부자가 되고 싶었습니다."

## 성공을 모방한다

어릴 때부터 덴슨은 부자에 대한 환상이 있었다. 잘사는 사촌 집을 방문할 때면 그들의 멋진 집, 상류층 이웃들, 번쩍거리는 캐딜락 자가용들을 유심히 눈여겨보았다.

"난 몽상가였습니다. 부자가 된다는 생각이 항상 내 마음 한 구석에 자리하고 있었어요." 덴슨은 본능적으로, 부자가 되려면 부자들과 어울려야 한다는 것을 알았다.

그는 상류층을 상대로 하는 부동산 중개업체에 들어갔다. 거기서 덴슨은 부자가 되는 방법을 터득할 수 있을 것이라 생각했다. 일단 입사하자 덴슨은 스승과 역할 모델을 찾기 시작했다.

"내가 하고 싶은 일을 이미 하고 있는 사람들과 어울렸습니다."

회사에서 12주 교육 과정을 제시했을 때 덴슨은 기꺼이 받아들였다. "많은 사람들은 그 수업이 진부하다고 생각했습니다. 별로 관심도 없었고 과제물도 해오지 않았습니다. 하지만, 난 매주 열심히 과제를 냈습니다. 무엇을 가르치든 제대로 할 때까지 연습했지요."

덴슨은 세일즈 원고를 무슨 성서라도 되는 양 암기했다. 테이프에 녹음된 강사의 목소리의 억양 변화까지 따라할 정도로 테이프를 듣고 또 들었다.

"나중에는 그 테이프에 나오는 사람처럼 말하게 되더군요." 덴슨의 노력은 결실을 맺었다. 7개월이 채 못되어 그는 사무실에서 4번째 우수 중개인으로 연간 6자리 커미션을 벌게 되었다.

## 성공의 다음 단계

덴슨은 거기서 만족하지 않았다. 집을 구하러 온 고객에게 호화

주택가의 집을 보여줄 때면, 자신도 그런 집을 갖고 싶다는 욕심을 느끼곤 했다. "고급 주택가를 지나면서 이런 생각을 하는 겁니다. 언젠가는 나도 이런 집 하나는 장만해야지." 그러나 그 꿈은 여전히 닿지 않는 꿈이었다. 덴슨에게는 부양해야 할 아내와 자식이 있었고 청구서는 계속 쌓여갔다. 덴슨의 커미션은 괜찮은 편이었지만 아직 안심할 수 없었다. 어느 달에는 5만 달러를 벌다가 다음 달에는 만 2000달러로 뚝 떨어지는 식이었다. "하고 싶은 거 하고 살려면 매달 5만 달러는 벌어야 한다고 아내에게 말하곤 했습니다."

그러던 어느 날 덴슨은 집을 팔아서 일년에 40만 달러 정도를 버는 동료 중개업자인 친구한테서 전화를 받았다. 그 친구는 어떤 모임에 덴슨을 초대했는데, 알고 보니 네트워크 마케팅의 사업 설명회였다. 덴슨은 MLM에 좋지 않은 기억이 있었다. 어머니는 2년 정도 MLM 향수회사에서 파트타임으로 일했지만 한번도 제대로 된 돈을 벌지 못했다. 덴슨 자신도 21살 시절 스킨 크림 판매 회사에 잠시 일한 적이 있었다. 하지만, 이 쪽 사업을 제대로 이해하지 못했고 성공하지도 못했다.

## 싹트는 신념

다른 사람이라면 과거의 기억 때문에 MLM은 가망 없는 사업이라고 결론을 내렸을 것이다. 그러나 덴슨은 그 친구를 역할 모델로 삼았다.

왜! 이 사람은 40만 달러 부동산 사업을 버리고 MLM 사업을 하게 되었을까? 덴슨은 호기심이 일었다. 그때까지만 해도 덴슨의 성공 전략은 성공한 사람을 그대로 따라하는 정도였다.

이 친구는 덴슨보다 4배는 더 성공한 사람이었다. 만약 MLM을 적극적으로 해본다면 이 친구가 좋은 본보기가 될지도 모른다는 생각이 들었다. "괜찮을 것 같았습니다. 그 회사나 사업에 대해 전혀 몰랐지만 바로 중개업을 그만두고 사업을 시작했습니다."

## 업라인을 찾아

이번에도 덴슨은 역할 모델을 찾아서 성실하게 그를 따랐다. 그러나 새로운 선생님 역시 한계가 있다는 것을 알았다. 덴슨의 후원자는 덴슨 만큼이나 초보자였던 것이다. 남보다 앞서기 위해서는 보다 경험이 풍부한 스승을 찾아야 했고 그러기 위해서는 자신의 직속 후원자를 넘어서 업라인 가운데 기꺼이 내게 시간을 투자할 리더를 찾아야 했다.

회사는 사람들에게 사업설명회에 예상고객을 초대하는 것을 장려했다. 사업 설명회는 호텔 회의실에서 개최하는 미팅으로, 많은 사람을 상대로 한꺼번에 사업 설명회를 할 수 있으며 이런 미팅을 위해 회사에서는 플립 차트와 발표 원고를 준비해 주는데 지시에 따라 원고를 그대로 읽기만 하면 되는 것이었다.

그러나 덴슨과 덴슨의 후원자는 정말 효과적인 발표를 위해서는 누군가의 도움이 필요하다는 것을 알고 업라인을 찾아보기로 했다. 사방으로 수소문을 하여 마침내 미팅에서 강연해 줄 업라인 리더를 찾았다.

첫 설명회에서 참석한 30명 중 7명이 그 자리에서 회원에 가입하는 성과를 올렸다. 결과가 너무 좋아서 덴슨은 그 리더에게 두 번째 미팅에도 와달라고 부탁했다.

## 여기서 조금, 저기서 조금

스승이라는 단어를 생각할 때 많은 사람들은 오랜 기간에 걸친 가까운 개인적 관계를 연상한다. 그러나 비즈니스에서 그런 관계는 아주 드물다. 대부분의 네트워커들은 여기서 조금, 저기서 조금, 다양한 선생님으로부터 가르침을 구해야 한다.

덴슨은 지금까지, 자상하게 일일이 가르쳐주는 스승은 한번도 만난 적이 없었다. 그러나 덴슨은 항상 상위 그룹 사람들과 보조를 맞추려고 노력했다. 뉴스레터, 테이프, 책, 컨벤션 등 리더들의 얘기는 항상 귀 기울여 들었다. 덴슨이 군중 속에 있으면 결코 알아보지 못할 그런 사람들에게서 소중한 교훈을 얻기도 했다.

## 단순하게 하라

덴슨의 스승 가운데 하나는 폴 오버슨(Paul Orberson)으로 그는 최고 판매 리더였다. 폴 오버슨의 테이프와 교육을 통해 덴슨은 "단순화" 원칙을 배웠다.

사업의 신참자들은 예상고객에게 온갖 정보를 제공하고 싶어한다. 그러나 폴 오버슨은 그런 지루한 잔소리는 시간낭비라고 했다. 사람들이 MLM을 하는 이유는 한 가지. 즉, 돈을 버는 것이다. 그들이 가장 알고 싶어하는 것은 돈을 버는 방법이다.

"경제적 독립과 시간적 자유. 이 두 가지에 초점을 두어야 합니다. 사람들이 알아야 할 것은 사업을 운영하는 방법, 수당 체계, 다른 사람들이 돈을 벌도록 도와주는 방법이죠." 설명이 단순할수록 복제성도 높아진다. 즉, 신규가입자들이 예상고객에게 사업얘기를 하기가 훨씬 쉬워진다는 얘기다. 덴슨은 신규 가입자들에게 사업을 단순화시켜 설명하였다. 한번에 한 단계에만 집중하게 했다.

"신규 가입자에게 첫 2주만에 1200달러를 벌게 해 준다고 말합니다. 신규 가입자는 3명을 가입시켜서 각각 8명의 고객을 유치하도록 도와주기만 하면 되는 것입니다."

## 사업 설명회

사업을 단순화하는 또 다른 방법은 예상고객을 사업 설명회에 데려오는 것이다. 예상 고객의 집에서 두 시간씩 개인적으로 사업 설명을 하다가는 잘못된 인상만 주기 쉽다. 집집마다 방문하여 몇 시간씩 투자해야 하는 피곤한 사업이라는 인식을 심어줄 것이다.

그러나 45분 짜리 사업 설명회에 예상고객을 초대해서 1시간 이내에 완전히 다른 인상을 줄 수가 있다. 예상 고객은 정해진 그날 미팅에 사람들을 초대하기만 하면 자신도 쉽게 다운라인을 구축할 수 있다는 생각을 갖게 될 것이다.

첫 미팅의 성공에 고무된 덴슨은 매일 밤 사업설명회를 열기 시작했다. 성공률은 들쭉날쭉했다. 어떤 날은 참석자가 120명이나 되었지만 미팅 장소가 텅 비는 날도 있었다.

한번은 미팅 장소에 단 2명만 나타난 적도 있었다. 한 명은 덴슨의 다운라인이었고 다른 한 명은 그 사람이 데려온 유일한 게스트였다. 덴슨은 단 한 명의 방문자를 위해서 사업 설명회를 성실하게 진행했다.

## 턴키방식의 필요성

덴슨은 사업 설명회 효과가 있다는 것을 알았다. 사업은 꾸준히 성장했다. 하지만 그 성공의 공식에서 뭔가 빠진 게 있다는 느낌을 떨쳐버릴 수가 없었다. 덴슨이 지금껏 여러 스승으로부터 배운 교훈은 한결같이 사업이 단순해야 한다는 것이었다. 그러나 매주 미팅에 참석하는 일은 정신적, 심리적, 육체적으로 사람을 고갈시키는 괴로운 일과였다.

덴슨은 매주 참석하는 고정 고객을 지루하지 않게 하려고 타지역의 깜짝 게스트를 찾아 항상 바삐 뛰어다녔다. 또 미팅이 있을 때마다 몇 명이나 참석할까, 마지막 순간까지 마음 졸여야 했다. 이런 정신적 부담과 혼란은 회사의 턴키 문화와는 뭔가 맞지 않는 것 같았다. 분명히 좀 더 나은 방법이 있을 거라고 덴슨은 생각했다.

덴슨이 옳았다. 지금까지 덴슨은 항상 새로운 스승을 찾음으로써 곤경을 헤쳐왔다. 이번에도 그랬다. 최고 위치에 있는 사람 중 하나가 이미 그런 문제에 대한 해결책을 구상하고 있었다. 그가 제시한 해결책은 덴슨의 어릴 적 꿈을 실현시켜줄 열쇠가 되었다.

# 제 21 장

# 턴키 사업설명회

스티브 스미스는 13장에서 설명했듯이, 1989년 텍사스의 석유재벌 케니 트라우트와 손잡고 MLM 사업에 착수했다. 케니와 달리 스티브는 경험이 풍부한 네트워크 마케터였다. MLM의 잠재력을 잘 알고 있었던 스티브는 케니를 설득하여 혁신적인 방법으로 상품을 판매하자고 제안했다. 스티브는 케니가 일단 자신의 계획을 수락하면 스티브 자신은 편한 자리를 맡으리라 기대했었다. 그러나 케니는 예상치 못한 이야기를 건넸다.

"스티브, 당신 덕분에 이 사업이 절대 실패하지 않는다는 확신이 들었습니다. 그러니 당신도 이 사업으로 돈을 벌도록 하시오."

스티브는 한 대 얻어맞은 기분이었다. 케니의 말은 스티브가 이제 커미션 수입으로 살아가야 한다는 뜻이었다. 스티브는 완전히 파산상태였고 부양가족까지 있었다. 그러나 스티브는 케니의 제안을 받아들였다.

스티브는 전국을 돌며 사업설명회도 열고, 처음부터 혼자 힘으로 다운라인을 구축하였다. 현재 그는 엄청난 부자가 되었다.

그러나 그는 평범한 네트워커로 시작한 자신의 뿌리를 결코 잊지 않았다. 스티브는 한번에 한 명씩 사업을 구축해 나가는 것이 어떤 의미인지 잘 알고 있었다. 그런 스티브가 1998년 봄 사업 설명회에서 "새로운 방식의 시스템"을 들고 나오자 거기에는 남다른 권위가 느껴졌다.

## SWAT 팀

스티브는 크게 성공한 리더들을 철저히 연구하고 그들이 사업 설명회에서 사용했던 최상의 전략들을 수집했다. 그는 이러한 테크닉을 결합하여 SWAT, 즉 스티브 주간행동대(Smith's Weekly Action Team)라는 턴키 시스템을 만들었다. 43쪽 분량의 SWAT 매뉴얼에는 사업 설명회를 통해 사업을 성장시키는 과정이 자세히 설명되어 있었다. 사소한 세부사항까지 빠짐없이 다루었다.

1998년 봄, SWAT 시스템에 대해 처음 들었을 때, 텐슨은 너무나 반가웠다. 자신이 절실히 필요로 하던 실전용 지침서였던 것이다. 그러나 회의적인 시각으로 보는 사업자도 많았다. 그들은 마음에 드는 부분은 채택하고 이해하지 못하는 부분은 버리는 식으로 그 매뉴얼을 이용했다. 가령, 스티브는 설명회의 각 부분에 맞는 배경음악으로 어떤 곡을 써야 할지 명시해 두었는데, 많은 사업자들은 자기가 원하는 음악을 골라서 썼다.

"이 부분은 하고 저 부분 하지 말자, 이런 식으로 하는 리더들이 많았습니다. 지침서에서 시키는 대로 하지 않았죠. 그리고는 사업에 즉각적인 변화가 보이지 않으면 다시 옛날 방식대로 돌아갔습니다."

## 성실한 학생

덴슨은 12주 과정의 부동산 교육을 처음부터 다시 시작하는 기분이었다. 덴슨은 모든 과제를 성실히 제출하고 강사가 가르친 대로 교육과정을 따름으로써 중개업자로 성공을 거둔 바가 있어 네트워크 마케팅에서도 같은 태도로 임하리라 결심했다.

"스티브만큼 성공한 사람이 이런 프로그램을 만들었으니, 내용은 의심하지 말고 그저 성실한 학생이 되기로 했지요."

그리고 몇 주 동안 덴슨은 SWAT 개념을 중심으로 자신의 사업을 개조해 나갔다. 그는 스티브를 모델로 삼은 것이다. 디스트리뷰터 교육 미팅 자리에서 몇 분씩 얘기하는 것 외에는 스티브와 개인적으로 만나 얘기할 기회는 얼마 되지 않았다. 그러나 스티브의 SWAT 매뉴얼은 너무 많이 읽어 너덜너덜해질 정도였다. 덴슨은 스티브의 방식을 그대로 따라 사업 설명회를 개최하였다.

## 분명한 목표

스티브의 SWAT 개념의 핵심에는 미묘하지만 중대한 시각 차이가 있었다. 덴슨은 사업 설명회 모임을 다운라인을 위한 일종의 격려성 회합 정도로 보았다.

덴슨은 처음 초대받아 오는 예상고객 뿐 아니라 고정 고객에게도 행사가 재미있어야 한다고 생각했다. 그래서 사업 설명을 늘 신선하게 하고 사람들에게 열의를 불어넣기 위해서 외부 연사를 모셔오는데 엄청난 노력을 쏟았던 것이다.

그러나 스티브는 목표를 낮춰 잡고 있었다. 스티브는 설명회의 목적은 단 하나, 신규 가입자를 유치하는 목적밖에 없었다.

모든 것이 그 목표를 중심으로 돌아갔다. 따라서 이미 가입한 고정 고객을 위해서 그 모임을 재미있게 만들 필요는 없었다. 그들은 청중이 아니라 팀의 일부였다.

덴슨은 이제 더 이상 새로운 연사를 찾고 새로운 설명 방식을 고안하느라 녹초가 될 필요가 없었다. 덴슨 자신도 매주 연사가 될 수 있었다. 처음 온 게스트들은 결코 그 차이를 눈치채지 못했다.

## 열의

고정 고객을 팀의 일부로 생각하게 되자, 설명회 주최자는 고정 고객의 적극적인 지원을 통해 지렛대 효과를 얻게 되었다.

모든 디스트리뷰터는 예상고객을 위해 공들여 마련한 연극 무대의 연기자가 되었다. 그들이 맡은 역할은 모임의 열의를 계속 유지하는 것이었다. 똑같은 농담을 50번 들었다 해도 큰 소리로 웃어주고, 적절한 순간에 미소짓고, 고개를 끄덕이고, 손뼉치고 환호하라는 지시를 받았다.

스티브는 설명회 주최자에게 마치 스포츠 행사나 부흥회 집회처럼 즐거운 분위기를 만들라고 했다.

"설명회가 진행되는 동안 손뼉 치고 환호하는 것이 프로답지 못하다는 사람도 있었습니다. 하지만, 우리 설명회는 전통적인 미국 기업에서 하는 것과는 다릅니다. 많은 기업에서 일하던 사람들이 파산을 했습니다. 우리는 좀 다르게 하고 싶었어요. 우리는 사업 설명회를 신나고 재미있는 분위기로 이끌도록 가르칩니다. 딱딱하게 그냥 앉아 있을 필요가 없어요."

사업 설명회를 '흥미있고 재미있게' 하라는 것이다.

## 음악의 힘

스티브의 새로운 방식에서 가장 강력한 것은 설명회의 중요한 대목에서 음악을 사용한다는 아이디어일 것이다. 스티브는 곡명 리스트와 노래를 사용하는 구체적인 방법을 인터넷에 게시하였다. 덴슨은 그 리스트에 있는 곡의 CD를 모두 샀다. "음악을 도입한 첫날 우리는 즉각 엄청난 결과를 보았습니다. 더 신나는 분위기에 더 많은 사람들이 참여했죠."

스티브가 추천한 곡들 대부분은 NBA 농구 경기장에서 흔히 듣는 신나는 댄스곡으로 강한 비트에 힘이 넘치는 곡들이었다. 연사가 연단에 성큼성큼 걸어나오면 덴슨은 "YMCA"같은 흘러간 히트곡이나 테크노트로닉(Technotronic)의 "펌프 업 더 잼(Pump Up the Jam)" 같은 곡을 틀었다. 미팅을 시작할 때는 마이클 버퍼(Michael Buffer)의 "이제 한번 흔들어볼까(Let's Get Ready to Rumble)"와 언리미티드(Unlimited)의 "준비하세요(Get Ready for This)"를 내보냈다. 또 특정 곡은 특별한 목적에 이용되었다. 굉장히 보수적인 발표자가 무대에 오를 때 라이트 새드 프레드(Right Said Fred)의 "너무 섹시해(Too Sexy)"를 틀면 그냥 뒤집어 집니다. 사람들이 너무 좋아해요. 지루해 하는 사람이 아무도 없습니다."

## 피나는 훈련

그런 재미와 고조된 분위기 뒤에는 엄격한 형식과 철저한 교육이 있다. 미팅 에티켓은 엄격히 준수해야 한다. 지정된 SWAT 팀 리더들은 미팅 30분전까지 출석해야 하고 게스트를 포함한 모든 참석자는 반드시 명찰을 달아야 한다. 미팅은 정확히 월요일 저녁 7시에 시작하며 45분 이상 끌어서는 안 된다. 신규 가입자를 등록시킬 때 필요한 서류는 잊지 말고 지참하여야 한다. "그 자리에서 사람들을 가입시킬 생각으로 오는 거죠." 덴슨의 얘기다.

좌석 배치 역시 엄격히 규정되어 있다. 앞줄을 먼저 채워서 발표자가 빈자리를 보면서 얘기하지 않도록 하기 위해서다. 미팅이 진행되는 동안에는 자리를 지켜야 하며 어떠한 상황에서도 게스트와 함께 그 장소를 떠나서는 안 된다. 게스트와 어떤 얘기를 하든 분위기가 고조된 미팅 장소에서 한다면 더욱 효과적일 것이다.

## 미팅의 형식

미팅의 형식은 언제나 똑같다. 첫째, 아나운서가 2, 3분 정도 소개말로 미팅을 시작한다. 그런 다음 사업 발표가 시작된다. 20분 정도 소요되며 사전에 작성된 원고에 따라 진행된다. 단조로움을 피하기 위해 연사 2명이 발표하며 각각 10분 정도 연설한다. 발표할 때, CD롬 영사기로 대형 스크린에 그래픽을 내보낸다. 디스트리뷰터들이 일대일 판매 설명시 랩탑 컴퓨터에서 사용하는 것과 같은 CD롬이다.

발표가 끝나면 미팅을 주최한 리더가 나와서 몇 분 정도 덴슨을 소개하며, 덴슨이 미팅을 마무리하게 된다. 이 때, 리더들은 의자를 여러 개의 원형으로 배치하는데, 각 원형은 덴슨의 다운라인의 각 하부 모임이다. 이렇게 그룹별 간담회가 시작된다. 간담회는 집중적인 그룹별 토론으로, 예상고객의 질문에 대답하고 그들을 가입시키는 것이 목적이다. 간담회가 진행되는 동안 덴슨은 방안을 돌아다니며 악수도 하고 신규 가입자에게 격려의 말도 해 준다.

## 성공의 표본

스티브의 SWAT 방식에서 MLM 전통을 깬 한 가지가 있는데, 그것은 디스트리뷰터의 체험담 발표가 없다는 것이다. 기존의 사업 기회 미팅에서는 일반 디스트리뷰터가 연단에 올라 몇 분 정도 자신의 사업 경험을 이야기한다. 때로는 한번에 10명 이상이 발표를 할 때도 있다. 스티브는 이런 관행을 완전히 없앴다. 시간을 너무 잡아먹을 뿐 아니라 설명회의 질을 떨어뜨리기 때문이다. 개인 체험을 얘기하는 사람은 발표가 서투르거나 감정적인 경우가 많다. 발표하는 사람 중에는 별별 사람들이 다 있으며, 대개는 네트워킹 사업에서 크게 성공하지 못한 경우도 많다.

"스티브는 사업 설명회에서는 성공의 표본을 무대에 올려야 한다고 말합니다." 덴슨의 얘기다. 그래서 덴슨은 주간 설명회 중간에 자신의 그룹을 소집하여 모의 설명회를 개최하고, 돌아가면서 발표를 한다. 여기서 가장 잘 한 사람을 투표로 뽑아 실제 설명회에서 발표를 하게 하는 것이다.

## 기강 유지

기강은 저절로 유지되는 것이 아니다. 계속 강화해 주어야 한다. 어느 미팅에서 덴슨은 기대했던 참석자의 절반 수준인 200명밖에 오지 않은 것을 보고 바로 자기 그룹에 음성 메일을 보냈다. 덴슨은 그들을 강력하게 비난했다. "우리 그룹 사람들은 사업을 진지하게 생각하고 있는 줄 알았는데, 이제 보니 내 생각이 틀린 것 같군요.

경제적 독립에 대해 별로 열의가 없다면 새로 그룹을 만들어야 할 것 같습니다."

그러자 즉각 반응이 왔다. "다음 미팅에는 다 참석했더군요." 덴슨은 설명회 참석을 강요할 수는 없다고 충고한다. 그러나 무관심에 대한 경제적인 결과가 따를 것이라고 경고할 수는 있다. 자신의 리더. 즉, 덴슨의 후원을 받지 못하면 네트워킹 사업에서 성공할 가능성도 사라지는 것이다. 그 정도만 해도 규정을 준수하도록 하는 데는 충분한 협박이 될 수 있다.

덴슨의 기강 잡는 비결은 사람들에게 팀으로 일할 필요성을 인식시키는 것이다. "나는 그룹 사람들에게 이렇게 말합니다. '여러분 혼자서는 열의를 이끌어 낼 수 없습니다. 나 혼자서도 할 수 없는 일입니다. 매주 신나는 설명회를 만드는 유일한 길은 우리 모두 함께 노력하는 것뿐입니다.'"

## 복제가능성

설명회에 참석한 예상고객은 사업의 복제성에 대해 강력한 인상을 받게 된다. 각 초대손님은 그 설명회가 신규 모집활동에 얼마나 효과적인지 직접 확인할 수 있다. 또 예상고객을 초대한 후원자는 자리를 함께하면서 나머지 일을 체계적으로 다 알아서 진행해주는 것을 보고 후원자 역할도 쉽다는 것을 느낄 수 있다.

사업 경험을 쌓고 다운라인을 구축해 가면서 많은 사람들은 자발적으로 설명회를 주최하게 될 것이다. 물론 설명회 주최가 의무사항은 아니다.

어떤 사람은 계속 파트타임으로 사업을 할 것이다. 파트타임으로 하는 사람들은 주중에는 리크루팅을 하고 월요일 밤 45분 모임에 예상고객을 데려 오기만 하면 된다. 적극적으로 사업에 투자할 시간이 없는 사람들에게 SWAT 방식은 효과적인 사업 구축의 인프라를 제공한다.

## 즉각적인 결과

덴슨이 SWAT 방식으로 전환하자 즉각적인 효과가 나타났다. 예전에는 설명회 참석자가 1에서 120명 정도였다. SWAT 형식을 채택하고 나서는 참석자가 300에서 400명 수준으로 뛰었고 각 참석자가 데려온 게스트의 수도 70에서 200명 정도로 크게 늘었다.

덴슨의 커미션 또한 마구 치솟았다. "수입이 매달 2만 달러씩 뛰더군요. 갑자기 그렇게 되었어요. 그 수입이 다 어디서 나왔는지 모르겠더군요." 현재 덴슨의 수입은 한 달에 8만 달러에서 10만 달러 정도이다. "스티브는 이제 SWAT 방식이 MLM 사업에 어떤 역할을 하는지 보여주는 훌륭한 본보기로 내 사업을 예로 들고 있습니다."

## 21세기의 사업 설명회

호텔에서의 대규모 회합은 이제 MLM의 낡은 유물로 보는 네트워커들이 많다. 신기술의 발전으로 자기 집 거실에 손님 몇 명만 초대해서 비공식적인 사업 설명회를 개최하기가 훨씬 쉬워졌다.

친구와 아는 사람들을 초대해서 위성이나 웹 TV로 판매 랠리를 보여 주거나, 회사에서 후원하는 원격회의를 스피커폰으로 들려줄 수도 있다. 그렇게 하는 편이 눈오는 어두운 밤 예상고객을 호텔로 나오게 하는 것보다는 훨씬 더 매력적인 방법일 것이다.

그러나 덴슨은 네트워크 마케팅 사업에서는 활기찬 사업 설명회를 위한 장소가 항상 있어야 한다고 생각한다. "참가자에게 사업에 대한 열기를 잃지 않게 하기 위해서죠. 새로 들어온 사람이 첫 주에 1400달러를 벌었다면 나는 내 그룹 사람들에게 그 사람을 보여주고 싶을 겁니다." 덴슨은 회사가 인터넷으로 비디오 방송을 내보내기로 한 계획에 적극적인 지지를 보내지만, 이 새로운 기술은 사업의 보조장치일 뿐, SWAT 방식을 대체할 것으로는 보지 않는다. "그 방송을 이용해서 월요일 밤 사업 설명회 모습을 타지역 그룹에 보낼 계획입니다."

## 신념의 문제

덴슨은 21세기에 활기찬 사업 설명회가 효과를 거두기 위해서는 스티브의 SWAT 시스템 같은 턴키방식으로 접근해야 한다고 생각한다. 미리 잘 만들어진 형식, 준비된 연설 원고, CD롬 사업설명, 엄격한 규칙 등은 설명회 과정을 표준화하고 결점을 제거하는데 도움을 준다. 덴슨의 경험에서 보듯이 각 단계마다 성실하게 따라하면 SWAT 시스템은 분명히 효과를 거둘 것이다.

"빵 굽는 일과 비슷합니다." 덴슨은 이렇게 설명한다. "재료를 섞기 전에 밀가루 맛을 봤는데 맛이 맘에 안 든다고 해서 밀가루를 뺄 수는 없습니다. 그게 주재료니까요." 마찬가지로 네트워크 마케터는 지도자가 제시하는 전체적인 성공 비결에서 어느 한 부분이 가장 핵심적인 성공 요소인지 판단할 수 없다.

제 4물결 시대의 네트워커가 된다는 것은 신념과 용기를 가지고 지도자와 지도자의 방식을 믿고 실제 시장에서 그 방식을 그대로 적용한다는 것을 의미한다. 덴슨은 그런 신념을 보여 주었고, 그 이후로 죽 그 보상을 거둬들이고 있다.

# 제 6부

# 시스템 개발에 주력하라

# 제 22 장

# 시스템을 찾아

**존** 발렌티(John Valenty)는 두려웠다. 존은 열심히 일하면 성공은 보장된다고 배우며 자랐지만 이제는 확신이 없다. 존은 밤낮으로 있는 힘을 다해 일하고 있었다. 그런데도 매달 더 깊은 빚의 구렁덩이로 빠져드는 것만 같았다. 23살의 어린 나이에 어쩌다 보니 빚이 10만 달러로 불어나 있었다.

"수입에 비해 씀씀이가 컸습니다. 사업이 아무리 성장해도 수입은 충분치가 않았어요."

친구들과 변호사들은 존에게 파산 선고를 하라고 다그쳤다. 그러나 그런 행동은 존의 성격에 맞지 않는 일이었다. "내가 한 일에 대해서는 책임을 져야 한다고 생각합니다. 내게 빚은 타협할 수 있는 대상이 아니었습니다. 누가 내게 10만 달러 빚을 지고 못 갚겠다고 하면 난 끝장일 겁니다. 그게 대기업이라 해도 다른 누군가에게 그런 짓을 할 수는 없죠."

존은 자신의 노력에 대해 몇 배의 결과를 가져다 줄 사업 방식이 필요하다는 것을 깨달았다. 그렇게 해야만 자신의 삶을 되찾을 만한 추가 수입을 구축할 수 있었다. "내게 맞는 일이 분명히 있다는 건 알았죠. 그 일을 찾아내는 게 문제였습니다."

## E 신화의 희생자

제 12장에서 우리는 마이클 거버의 E 신화—독자적인 창업을 통해 경제적 자유를 얻으리라는 착각—에 대해 다루었다. 사실 대부분의 영세 사업주들은 정반대 현상을 경험한다. 자기 사업을 운영한다는 것은 기업체에 들어가 일하는 것보다 더 힘들고, 더 많은 것을 요구한다. 존 발렌티의 경우가 바로 그랬다.

존은 고등학교를 중퇴하고 자동차 수리 사업을 전업으로 하게 되었다. 몇 년만에 존은 트럭 여러 대를 가지고 샌디에고 지역을 돌아다니며 현장 수리를 하여 매달 3만 달러의 매출을 올리게 되었다. 그러나 실수입은 적었고 존의 씀씀이는 헤펐다. 21살쯤 되자 존은 빚더미에 앉았고 빠져나갈 구멍을 찾기 위해 발버둥쳤다.

전에 정보 광고란에서 본 적이 있는 종별 광고도 한동안 해 보았다. 하지만 그 일도 엄청난 돈과 시간을 투자해야 하는 일이었다. "세일즈에서 내가 싫어하는 건 오직 자신의 노력이 들어가야 결과가 나온다는 겁니다. 나는 복제성이 있는 일, 다른 사람들의 노력에서 이익을 얻는 일에 해답이 있다고 생각했죠."


## 제 3물결

하지만 그렇게 복제성 있는 사업은 무엇일까? 부모님이 MLM사업을 했기 때문에 존은 네트워크 마케팅에 대해 알고는 있었으나 한번도 진지하게 관심을 둔 적이 없었고 구체적인 내용에 대해서는 거의 아는 바가 없었다.

존은 신문에 난 상당수의 종별 광고가 MLM 사업기회를 홍보하는 내용이라는 사실을 알게 되었고 자세히 알아볼 만한 일인지도 모른다는 생각이 들었다.

"새로운 일을 시작할 때면 나는 먼저 서점에 가서 관련 서적을 찾아봅니다." 그 때 존이 발견한 책은 〈제 3물결 : 네트워크 마케팅 새시대〉였다.

"그 책을 읽으면서 마치 번개에 맞은 듯 했습니다. 네트워크 마케팅은 내게 필요한 일이었고 내가 지금껏 준비해온 일이었습니다. 리더십, 복제성, 다른 사람들의 노력을 이용하는 것. 마치 나를 위해 준비된 사업 같았습니다."


## 턴키 비전

〈제 3물결〉에서 특별히 존의 관심을 끌었던 것은 새로운 형태의 MLM 기업에 대한 설명이었다. 그것은 네트워킹 사업의 많은 측면을 자동화하는 턴키 시스템에 관한 것이었다. 존은 자동조종장치로 관리되는 다운라인, 첨단 시스템과 표준화된 과정으로 사실상 저절로 돌아가는 그런 사업을 꿈꾸었다. 하지만 그런 미래적인 기업이 존재하기나 할까? 한번 찾아보기로 했다.

맨 처음 전화를 걸어 본 회사는 실망스러웠다. 존은 한 MLM 사업 광고를 보고 전화를 했지만 전화 받은 여자는 존보다 더 아는 게 없어 보였다. "자동차 불빛에 놀란 사슴 같더군요. 너무 겁을 내고 불안해하는 게, 얘기하고 싶어하지 않는 기색이 역력했습니다." 존은 사업에 대해 그녀가 대답할 수 없는 질문을 연발했고, 상대방은 더욱 불안해했다.

## 시스템을 따라라

막다른 길에 부딪친 것 같았다. 자기가 하는 사업에 대해 아주 기본적인 질문에도 대답하지 못한다면 이 여자가 어떻게 나를 후원하고 교육할 수 있을까 싶었다. 네트워크 마케팅에 대한 실망스러운 첫인상이었다. 그러나 존은 성공적인 사업 시스템이라면 모든 우발적 상황에 대한 대응책이 있을 것이라는 생각이 들었다. MLM이 실제 세계에서 정말 효과적인 사업이라면 재난이나 장애를 만났을 때 취해야 할 조치와 절차가 분명히 있을 것이다. 이런 상황에는 어떤 조치를 취하는 것이 좋을까?

존은 자신이 아는 유일한 MLM 시스템, 〈제 3물결〉에서 설명한 방식에 생각이 미쳤다. 그 책에서 바로 이런 문제를 다루었다는 생각이 떠올랐다. 하지만 뭐라고 했던가? "네트워크 마케팅을 처음 시작하는 사람은 대개 자기 회사를 제대로 설명하지 못한다." 존은 책에서 읽었던 내용이 생각났다. "이럴 때는 어떻게 해야 하는가? 업라인을 찾아라. 즉, 상위 레벨에 있는 성공한 사람 중에서 내 리더가 되어줄 사람을 찾아야 한다. 그런 다음 그 사람을 새로운 예상 고객을 유치하는 도구로 이용하라."

## 후원자를 찾아라

바로 그거라고 생각했다. 전화를 받은 그 여자에게는 업라인을 찾아보라고 말해준 사람이 없었던 것이다. 경험도 없고 사업에 대해 제대로 설명할 능력도 없는 그녀에게 최상의 행동은 존의 관심을 자신의 후원자로 돌리는 것이었다. 그런 사실을 알았다면 그 여자는 아마 이렇게 대답했을 것이다. "사실 전 이제 막 사업을 시작했어요. 하지만, 이 사업에서 아주 성공한 사람을 알고 있는데 그 사람이 선생님을 도와 줄 수 있을 겁니다. 지금 바로 전화를 연결시켜 드리죠." 만약 후원자와 바로 통화가 연결되었다면 그녀는 3자 통화로 후원자와 내가 하는 얘기를 들으며 배울 수 있었을 것이다. 그것이 바로 제 3물결 시대의 신규모집 방법인 것이다.

존도 그런 걸 아는데 그녀는 왜 모를까? 존은 자신이 책 한 권을 읽었다는 것으로 그 여자보다 이 사업을 더 깊이 이해하고 있다는 사실에 놀라지 않을 수 없었다. 존은 후원자를 직접 알아보기로 했다. 그 여자에게 후원자가 있냐고 물어보니 그렇다고 했다.

내친김에 후원자 이름까지 슬쩍 물어 보았더니 테리라고 했다. 좀 더 구슬려서 존은 테리의 전화번호까지 알아냈다. 존은 책에 나온 방식을 따랐고 그렇게 MLM의 첫 번째 관문을 통과했다.

## 정보원을 찾아서

"테리는 대단히 열정적인 사람이었습니다. 〈제 3물결〉에서 본 그런 후원자였습니다. 자신을 위해서는 아무 것도 하지 않는 테레사 수녀 같은 타입이었죠. 그는 항상 다른 사람을 위해 노력했어요." 테리는 늘 연락이 가능했으며, 질문에 대답도 해 주고 예상고객과 3자 통화도 해주면서 사업상 코치를 해주었다. 그러나 테리에게도 한계가 있었다. "테리는 실전 경험이 많았고 많은 질문에 대답해 줄 수 있었습니다. 하지만 〈제 3물결〉을 읽었다는 이유 하나로 이 사업에 대해 내가 더 많이 아는 부분이 있었습니다."

존의 예전 사업경험도 도움이 되었다. 테리가 가르쳐 준 신규 모집 방식은 DM을 이용하는 것이었다. 테리는 기존 네트워커들처럼 연고 시장이나 무연고 시장을 공략하지 말고 브로커에게 우편 수취자 리스트를 구입해서 사업기회를 홍보하는 카세트 테이프를 보내보라고 했다. 그럴 듯 했다. 존은 예전 사업에서도 DM을 많이 해보았다. 하지만, 이 부분에 있어 테리의 지식은 한계가 있다는 사실을 알았다.

회사에서 테리보다 3레벨 높은 업라인으로 찰스라는 디스트리뷰터가 있었는데, 그는 우편주문 방식의 대가로 유명했다. 테리가 가르쳐 준 것은 바로 찰스의 방식이었다. "테리는 우편주문 방식이 대단히 심오하고 독창적이라고 생각했죠. 하지만, 사업정보 패키지와 후속관리 키트를 발송하는 건 다른 사업에서도 해본 일이었어요." 존은 다른 업라인을 찾아볼 때가 왔다고 생각했다. "어쩌면 찰스가 존이 찾던 턴키 시스템을 알고 있지 않을까?. 어쩌면 DM을 이용한 신규 모집 방법이 다운라인을 확대하는 열쇠가 되지도 않을까?"

# 제 23 장

# 제대로 된 회사를 찾아

"DM으로 사업을 구축하는 사람들은 고급 우편물을 만들고, 시험하고, 제작하는데 수천 달러를 투자한다." 라고 톰 쉬라이터(Tom Schreiter)가 말한다. "일을 크게 벌이려면 돈이 드는 법이다."

DM 발송을 이용한 네트워크 마케팅 사업에 대한 톰의 조언은 대단히 간단하다. "하지 마라!"는 것이다. 전단, 우표, 오디오 테이프, 수신자 반송용 봉투, 예상고객 리스트의 브로커 수수료 등 비용을 모두 합하면 5만 명에게 우편물을 발송하는데 2만 달러는 족히 먹힌다고 톰은 경고한다. DM(직접우편) 전문가들은 발송한 우편물 중에서 보통 2% 정도의 응답률을 기대하지만, 그나마도 보장이 없다고 한다. 톰은 이렇게 말한다. "DM의 평균 응답률 같은 것은 없다. 왜? 주문 자체가 없으니까."

## 위험이 큰 만큼 보상도 크다

앞에서 언급한 이유로 톰은 MLM 가입자들에게 고전적인 일대일 고객유치 방법을 고수하라고 충고한다. 일리 있는 얘기다. 위험부담을 고려해 보지도 않고 DM에 뛰어들어서는 안 된다. DM 방법은

173

많은 돈이 든다. 우편물을 발송했는데 반응이 없으면 알거지가 될 수도 있다.

그럼에도 불구하고, 위험 부담을 기꺼이 감수하려는 사람들에게 그 보상은 엄청날 수도 있다. 효과적인 DM 턴키 시스템은 자신의 복제 능력을 몇 배 이상 배가시킨다. 지리적 거리에 상관없이 수많은 사람들에게 직접 다가설 수도 있으며 또한 사람들과 직접 대면해서 사업 설명을 하거나, 낯선 사람에게 무작정 전화해서 설득하는 과정에서 느끼는 심리적 피로와 고통을 완전히 덜어줄 수 있다. DM은 엄청난 이익을 낳는 시스템을 통해 사업자의 위험 부담을 줄여준다. 존은 이 방법을 적극적으로 이용해 보기로 했다.

## DM으로 연고시장을 공략하라

찰스는 DM이라면 모르는 게 없었으며 그의 방식은 효과가 있었다. 그의 지도하에 존은 오디오 테이프 DM을 보내는 방식만으로 재빨리 다운라인을 구축할 수 있었다. "많은 사람들이 이 방법을 비웃었습니다. 사람들은 '연고 시장을 공략해라. 후원하는 법을 배워라. 기존 방식으로 사업을 구축해라'라고 충고했죠.'"

그러나 존은 DM이 성공적이면 연고 시장은 자연히 확보된다는 사실을 알게 되었다. 친구나 가족들은 사업이 잘 되면 말하지 않아도 알아차릴 것이다. 그리고 사업을 하면서 주변 사람들을 못살게 굴지 않았다는 사실로 인해, 내 사업은 더욱 근사해 보일 것이다.

"사람들에게 이렇게 말하죠. '친구나 가족들한테 이야기할 필요 없어요. DM으로 다 해결됩니다.'" 존은 이렇게 얘기함으로써, 일대일 모집 활동을 해야하는 사업이라고 생각했다면 결코 네트워크 마케팅 사업에 참여하지 않았을 많은 사람들을 자신의 사업에 가입시킬 수 있었다.

## 적당한 시장을 찾아라

그러나 존은 회사에 문제가 있었다. 그 회사는 채식주의자, 히피 전력이 있는 사람들, 건강 염려증이 있는 사람 등 대단히 좁은 틈새 시장을 대상으로 해조(海藻) 캡슐 같은 자연건강 제품을 판매했다.

"아주 특이한 부류에 속하는 사람들이었죠. 그 사람들과 잘 섞일 수가 없었습니다. 같이 식사를 하거나 연고 시장을 구축하고 싶은 마음이 드는 사람들이 아니었습니다." 존은 이 한정된 시장에서는 자신의 사업을 키우기 힘들겠다는 생각이 들었다. "내가 원했던 만큼의 복제성이 없었습니다."

존은 또한 회사 내에 퍼져있는 반자본주의 분위기가 마땅치 않았다. 동료 디스트리뷰터 상당수는 수입이 적은 것보다 그런 회사 분위기가 더 걱정된다고 분명히 말했다. 개인의 금전적인 목표에 대해 너무 노골적으로 말하지 말라는 것이 회사 불문율처럼 되어 있었다.

그러나 존은 자신의 야심에 대해 숨김이 없었다. 이 사업을 하는 것은 돈을 벌기 위해서지 다른 이유는 없었다. 매일 밤 침대에 누워 펜과 노트, 계산기를 들고 등비수열에 근거해서 수치를 내어 보았다. "난 등비수열의 그 엄청난 숫자에 매료되었지요. 그렇게 큰돈을 번다는 게 정말 가능한 일인지 직접 확인해봐야 했던 거죠. 정말 매일 밤 계산기를 두들겨 봤어요. 좌절할 때마다 그 숫자에서 희망을 얻었습니다."

## 알맹이와 껍데기

존은 DM이 효과가 있다는 건 알았지만 자신의 전략을 제대로 펼칠 무대가 없었다. 확신을 주는 제품, 야심을 키워주는 그런 기업을 찾기만 한다면 사업은 정말 날개를 단 듯 성장할 것 같았다.

첫 번째 회사에 들어간지 석 달만에 다른 회사를 찾아다니기 시작했다. 제대로 된 회사를 찾는다는 건 힘든 작업이었다. 존은 많은 회사들이 사업의 알맹이보다는 껍데기를 과장 홍보한다는 사실을 알았다.

한 사업 설명회에서 존은 전문 연사들의 화려한 모습에 깜짝 놀랐다. "한번도 그런 걸 본적이 없었죠. 마법에 걸린 것 같았습니다. 완전히 넋이 나갔죠."

자칭 MLM으로 성공한 사람들이 존을 가입시키려고 그를 둘러쌌다. 하지만 존은 그들이 가짜라는 걸 곧 알아보았다. "3000달러 짜리 양복을 입고 있었는데, 차는 1200달러 볼보나 도요다를 몰더군요. 돈은 못 벌고 있었던 거죠. 그 사업이 진짜이길 바랬기 때문에 너무 실망이 컸습니다."

## 타협하지 않는다

존은 실망을 감추려 하지 않았다. "당신들 정말 웃기는 사람들이군요. 이만 가보겠습니다." 그 허세가들에게 그렇게 쏘아주었다. 당연히 화를 내리라 예상했지만, 한 사람이 존의 말에 오히려 동의하는 듯 했다. 그는 체념한 듯 두 손을 들어올리며 이렇게 말했다.

"그래요. 나도 나갑니다. 사람들이 외면하고 그냥 가버리는 건 이제 더 이상 못 참겠네요. 늘 이런 식이죠."

존은 그 친구와 같이 설명회장을 떠났다.

"어떤 사업을 찾고 계십니까?" 밖에서 그 친구가 물었다. 존은 잠시 생각했다. "〈제 3물결〉이라는 책을 읽었죠. 저자인 리처드 포가 말한 대로 운영되는 그런 회사를 찾고 있었습니다." 〈제 3물결〉에 대해 한번도 들어본 적이 없었던 그는 존의 추천으로 그 책을 샀다.

약 3주 후, 존의 집을 찾아온 그는 호기심을 자극하는 제목의 테이프를 하나 주었다. "나는 세일즈가 싫다. 리크루팅도 싫다. 하지만 네트워크 마케팅 사업으로 부자가 되고 싶다"는 제목이었다.

그 테이프는 영양제품 회사의 한 판매원이 만든 것이었다. 그 친구는 자기 회사야말로 다운라인을 구축할 수 있는, 바로 존이 찾고 있던 회사라고 했다. 그 테이프를 듣고 이리 저리 보면서도 존은 별로 확신이 들지 않았다. 그러나 제목은 분명 관심을 끌었다. 턴키방식, 유지비가 적게 드는 사업을 약속하는 것이 존의 비전과 맞아떨어지는 듯 했다. 존은 생각했다.

"어쩌면 정말 한번 알아볼 만한 회사인지도 모르지."

# 제 24 장

# 다운라인 자동후원

존이 들어간 두 번째 회사의 제이슨 보레이코와 B. K. 보레이코는 실수를 하면서 일을 배워나갔다. 두 형제는 네트워크 마케팅 환경에서 자라났다. 부모님이 MLM 디스트리뷰터였다. 보레이코 형제는 MLM의 성공은 디스트리뷰터 후원에 달려있다는 사실을 잘 알고 있었다. 그래서 그들은 첨단기술에 적극 투자하여 회사를 21세기 자동화 시대에 걸맞는 사업 모델로 바꿔 놓았다.

디스트리뷰터들은 전화나 웹사이트를 통해 24시간 회사 컴퓨터 시스템에 접속할 수 있도록 했다. 자동화된 창고에서는 주문내용을 빠르고 확실하게 처리한다.

## 속이 꽉 찬 회사

존이 두 번째 회사에 들어갔을 때, 21세기 인프라의 상당부분은 아직 개발 단계에 있었다. 그러나 존은 이 고속성장 기업이 미래의 흐름에 딱 맞는 기업임을 한눈에 알아보았다. "너무 편하게 느껴졌습니다. 그 회사는 내가 찾던 제 3물결 회사였습니다. 제품을 사재기할 필요가 없었습니다. 또한 주문한 제품은 회사에서 직접 배달되었습니다."

그러나 존은 업라인에 대해서는 확신이 가지 않았다. "나는 세일즈가 싫다. 리크루팅도 싫다. 하지만 네트워크 마케팅 사업으로 부자가 되고 싶다"라는 테이프를 제작한 그 사람을 첫 미팅에서 만났을 때, 존은 어쩐지 그 밥(Bob)이라는 친구가 너무 말을 잘하고 또 너무 능숙하다는 인상을 받았다.

"사업 설명회에서 그 사람이 말하는 걸 처음 봤을 때, 난 김이 빠졌어요. 그 사람의 얘기는 완벽하게 잘 다듬어졌더군요. 사람들이 어떤 이의를 제기해도 빈틈없이 응수했죠."

존은 번지르르한 말솜씨는 신뢰하지 않았다. 그는 화려한 거품보다는 속이 꽉 찬 알맹이를 원했다. "돈을 얼마나 버냐고 그 자리에서 대놓고 물어봤죠."

밥은 이제 막 사업을 시작하는 참이었다. 그 달에 3500달러를 벌었고 지난달에는 고작 2000달러를 벌었다. 그러나 밥은 작년 소득 신고서를 꺼내 보였다. 거기에는 예전의 MLM 회사에서의 소득이 90만 달러로 나와 있었다. 존은 이건 거품이 아니라 속 찬 알맹이라는 사실을 깨달았다. 그리고 존은 바로 자존심을 꺾었다.

"난 그렇게 돈을 많이 버는 사람을 한번도 만나보지 못했습니다. 그래서 이렇게 말했죠. '밥, 방법을 가르쳐 주십시오. 정말 절박합니다. 하라는 대로 하겠습니다."

## 테이프 20개

존의 새로운 업라인, 밥이 제시한 방법은 아주 간단했다. "이 테이프 20개를 가지고 가서 만나는 사람들 20명에게 나누어 주세요. 그리고 그 사람들 모두가 반응이 없다면 아마 당신도 그만 둬야 할 겁니다. 이 일이 안 맞는지도 모르니까요."

테이프 20개로 20명을 가입시킨다는 건 도무지 터무니없는 일로 생각되었다. 하지만 존은 이미 밥의 방식을 따르기로 결심한 터였다. "테이프 20개를 모두 나눠주고, 그 후로도 계속 사람들을 관리하면서 테이프를 꼭 들어보게 했습니다." 그러나 가입한 사람은 4명뿐이었다. "비참한 실패자 같은 기분이었습니다." 하지만 놀랍게도 밥은 아주 잘했다고 존을 칭찬했다. 밥이 존에게 내 준 다음 과제는 테이프 20개를 또 나눠주라는 것이었다! 밥은 말했다. 그 정도 성공률이면 앞으로 엄청난 다운라인을 구축하게 될 것이라고…

## 일보 전진, 이보 후퇴

존은 밥이 제시한 방식이 놀랄 만큼 복제성이 높다는 사실을 알게 되었다. 내 사업에 가입하라고 사람들을 설득하면서 시간, 에너지, 자신감을 낭비할 필요 없이 그냥 테이프만 주면 되는 일이었다.

관심이 있는 사람은 알아서 가입했다. 그러면 가입한 사람에게 또 테이프 20개를 주고 그 과정을 되풀이하라고 한다. 제품 주문 관리는 회사에서 처리했다. 월 급여액을 실제로 받기까지는 자기 고객이 제품을 얼마나 주문했는지도 몰랐다.

너무 쉬운 일인 것 같았지만 여기에도 함정은 있었다. 존의 커미션은 고통스러울 만큼 더디게 성장했다. "첫 급여는 187달러였습니다. 그런데 전화요금은 500달러가 나왔더군요." 존은 DM을 이용해서 성장 속도를 가속화시키려 했다. 한번에 테이프 100개씩 여러 차례를 발송해서 약 2% 정도 응답이 있었다.

"그 2% 중에서 절반 정도는 성사시켰습니다." 즉, 100개의 우편물을 보내고 한 명을 가입시켰다. 그러나 가입자가 첫 회에 주문하는 평균 제품 주문량은 고작 56.85달러 정도였다.

## 다운라인 구축과 함께 커미션도 오른다

희망이 없어 보였다. 어느 날 밤, 존은 계산기를 들고 앉았다. 존은 네트워크 마케팅의 성공은 자신이 직접 가입시킨 사람 수가 아니라 그 사람들이 얼마나 많은 사람들을 가입시키느냐에 달려있다는 것을 알고 있었다. 진짜 수입은 조직의 하위 레벨에서 나온다.

즉, 사람들의 수가 점점 많아지고 커미션 비율이 높아지고 기하학적 성장이 가속화될 때 나오는 수입이 진정한 네트워크 마케팅 수입인 것이다.

"등비수열로 계산을 해 보았습니다. 그리고 더 많은 사람들에게 더 많은 테이프를 나눠주게 하는 것이 방법이라고 생각했죠."

존은 자기가 했던 것처럼 똑같이(우편물 1000통을 보내 그 중 10명에서 20명 정도를 가입시키며) 사업을 구축할 한두 명만 확보해서, 그들이 또 자기처럼 할 한두 명만 가입시키도록 도와주면 된다는 것을 알았다. 자기 조직 내에서 그런 식으로 계속 복제가 일어난다면 기하학적 성장 원리에 의해 존은 부자가 될 것이다.

## 웰컴 키트(welcome kit)

한가지 작은 아이디어가 존의 사업 성장에 중대한 역할을 했다. 예전에 DM을 보내본 경험을 바탕으로 존은 자신의 우편물에 응답한 사람에게 보낼 "웰컴 키트"를 만들었다. 대부분의 응답자들은 사업 구축에는 거의 혹은 전혀 관심이 없었다. 그들은 제품을 도매로 구입하기 위해 디스트리뷰터로 가입했다. 그러나 존은 이런 도매 구매자들이 잠재적인 미래 사업자 기반이라고 생각했다.

존은 그들의 사업적 야심을 일깨워 주기 위한 키트를 고안했다. 그 키트에는 인사 편지, 사업자 명함, 사업을 설명하는 자료물 등이 들어 있었다.

키트에서 무엇보다도 중요한 것은 건강 제품의 이점을 설명한 4개에서 6개 정도의 테이프, 그리고 소중한 사람들에게 그 테이프를 나눠주라는 내용의 편지였다. "10명에 한 명 정도는 성공했습니다. 그 정도면 복제성이 충분하죠."


## 저충격 프로스펙팅

이 새로운 방식은 "저충격 프로스펙팅" 즉, 최소한의 노력으로 리크루팅한다는 제 3물결 개념에 완벽하게 부합했다. 존이 처음 웰컴 키트를 이용하기 시작했을 때, 그는 이 저충격 개념을 최대한 활용했다. "디스트리뷰터 사업에 대해서는 일체 언급하지 않았습니다. 사업 얘기는 그 키트가 다 알아서 하게 했죠."

요즘 존은 키트를 보내기 전에, 예상 고객에게 대략적인 사업 설명을 해 준다. "직접 물어 보는 게 효과적이라는 걸 알았습니다." 예상고객과의 첫 대화가 끝날 때쯤 존은 이렇게 물어본다. "부수입을 벌어볼 생각이 있습니까? 내가 하고 있는 사업이 있는데, 사람이 좀 필요해서요."

그 자리에서 거절한다 해도 키트가 있다. 하지만 존은 미리 약간의 사업 설명을 하는 것이 성공률을 높인다는 것을 알았다.

## 부적격자는 포기한다

　다운라인 부적격자를 탈락시키는 것은 많은 네트워커들이 사용하는 강력한 프로스펙팅 전략이다. 그렇게 하면 다운라인으로 가입하라고 매달리며 시간을 낭비하지 않게 된다. 예상고객에게서 조금이라도 사업에 대한 저항감이 느껴지면 그 즉시 포기하라. 정중하게 대화를 마무리하고 다음 예상고객으로 넘어가라. 시간과 노력을 절약시켜 줄 뿐 아니라, 문제의 소지가 있는 사람을 처음부터 제외시킬 수 있다. 으르고 달래서 겨우 사업에 가입시켜 놓아도 나중에 불평만 늘어놓거나 결국에는 그만 둘 확률이 높다.

　존은 이 전략을 우연히 알게 되었다. 빚에 시달리고 네트워킹 사업을 본 궤도에 올려놓으려고 악전고투하던 존은 여전히 일은 많이 하면서도 소득은 지지부진했다. 그런 절망적인 상황 때문에 존은 전화 고객 유치에 특히 노력을 집중했다. "사람이 궁지에 몰리니까 물불 안 가리게 되더라구요. 막 밀어 부쳤죠. 사정이 급했으니까요. 예상 고객을 구슬려 가입시키는 식이 아니라, '할 지, 안 할지 지금 결정하시죠' 이런 식이었죠." 이제 존 자신은 그런 적극성을 조금은 상실했지만, 그는 이제 다른 사람에게서 그런 적극성을 찾는다.

　"이 일이 절실히 필요한 사람을 찾습니다. 그런 사람들은 자기 목표를 이루기 위해서는 무슨 일이든 하거든요. 나는 능력은 있지만 사업에 미지근한 사람보다는 아무 것도 모르지만 열의에 넘치는 사람을 선택 합니다."

## 풀타임으로 하다

존이 웰컴 키트를 도입한 지 겨우 두 달만에 기하학적 성장의 놀라운 결과가 나타나기 시작했다. 존은 겨우 8명에게 자신의 방식을 따라서 사업을 구축하도록 했을 뿐인데 그것으로도 충분했던 것이다. 그 달에 존은 총매출 2만 5000달러에서 커미션 수입으로 2087달러를 벌었다.

"갑자기 수입이 눈덩이처럼 불어났죠. 하지만 뭔가 제대로 하고 있다는 감은 확실히 왔습니다." 석 달째 접어들자 존의 매출은 4배로 뛰어 10만 달러에 이르렀고 수입은 8200달러에 달했다. 그 때 존은 자동차 수리 사업을 그만 두고 MLM에 풀타임으로 뛰어 들 결심을 했다. "단골 손님을 다 포기하고 트럭까지 팔아 치웠습니다. 그런 나를 보고 사람들은 내가 후원사업을 한다는 걸 분명히 알게 되었죠. 한 달에 3만 달러 수입이 나오는 사업을 때려치우는 걸 봤으니까요." 현재 존은 최고의 디스트리뷰터로서 1년에 커미션 수입만 100만 달러가 넘는다.

## 제 4물결 시대 개척자

존의 엄청난 성공은 정해진 "시스템"을 따랐던 결과이다. 일단 유효한 방법을 터득한 그는 결과가 나올 때까지 끈질기게 매달렸다. 제 3물결 비전에 충실했던 존은 제 4물결의 개척자가 되었다.

4년이 지난 후, 존은 완벽한 턴키 시스템을 찾아 노력한 결과, 테이프 방식보다 훨씬 더 큰 성공을 이룰 수 있었다.

## 꿈을 이루다

이제 존과 아내 셸린은 꿈에 그리던 삶을 살고 있다. 그러나 존은 지금의 꿈같은 삶을 얻기 위해 얼마나 노력했는지 결코 잊지 않을 것이다. "내 평생 가장 외로운 시간이었습니다." 존은 초창기 시절을 생각하며 이렇게 얘기한다. "모든 사람이 다 예상 고객으로 보였습니다. 난 모두를 이용했죠. 친구가 없었습니다. 어머니, 할머니, 가장 친한 친구에게까지 돈을 빌렸습니다. 판매용 자료물을 구하려고 말입니다." 이제 그런 시절은 다 지나갔다. "그 사람들 다 백만 장자로 만들어 주었습니다. 그래서 이젠 밤에도 편한 잠을 잡니다."

존은 자신의 다운라인에 들어온 사람들이 자기처럼 그렇게 힘들게 일하지 않고도 성공할 수 있었으면 한다. 그래서 그는 프로스펙팅 방법을 개선하고 단순화시킬 방법을 끊임없이 연구한다. 존의 시스템은 끝없이 뻗어 나아가는 다운라인들의 꿈에 생명을 불어넣었다. 그러나 기막힌 소프트웨어만 있다고 일이 저절로 되는 것은 아니다.

네트워크 마케팅 사업초창기에 배운 교훈은 그가 1, 2%의 응답률을 노리고 테이프를 발송하던 시절에 그랬던 것처럼 인터넷 시대에도 여전히 적용된다. 그 교훈은 이렇다. "효과가 있는 방법을 찾아서 끝까지 노력하라."

# 제 7 부

# 자신의 이야기를 하라

# 제 25 장

## 이야기의 힘

오리건 주 칼린 기븐스(Kalyn Gibbens)는 MLM으로 성공했다. 2500명의 다운라인을 두고 매달 2500에서 3000달러의 커미션을 버는 칼린은 다른 사람들보다 자신이 유능하다는 사실을 알고 있었다. 그런데 왜 그만두고 싶을까? 칼린 자신도 잘 몰랐다. 한가지 분명한 사실은 최근 몇 달 동안 사업에 심각한 문제가 생겼다. 다운라인들의 활동이 눈에 띄게 부진해진 것이다. 시간이 지나도 거의 성장이 없었다.

"1년 반 동안 수입이 오르지 않았어요. 완전히 정체 상태였습니다. 도무지 진전이 없었어요. 이게 어쩌면 나한테 맞는 회사가 아닐지도 모른다는 생각이 들기 시작했습니다." 칼린은 후원자에게 이 문제를 상의해 보았다. 칼린의 얘기를 다 듣고 난 후원자는 이렇게 말했다. "이 회사를 나가서 돈을 더 빨리 버는 회사로 가도 됩니다. 그렇다고 칼린이 돈을 더 많이 벌게 된다는 의미는 아니죠. 어떤 회사에 들어가든 사람이 바뀌는 건 아니니까요."

### 회의(懷疑)의 순간

칼린은 후원자의 말에 크게 충격을 받았다. 칼린은 언제나 MLM 사업을 일종의 성격 테스트로 생각했다. 18살 이후로 칼린은 성공을 찾아 네트워크 마케팅 업계의 이 회사 저 회사를 전전했다. 사기로 드러난 회사도 있었고, 엄청난 할당량 때문에 빈털터리가 되기도 했다. 그러나 24년 동안 포기만은 하지 않았다. 칼린은 생각했다. '이제 내가 약해지는 것일까? 성공을 눈앞에 두고 용기를 잃기 시작한 것일까?'

"내가 얼마나 의욕이 있고, 이 일을 얼마나 진지하게 생각하는지, 끝까지 할 수 있을지 의심이 들기 시작했습니다." 칼린의 성격상, 최소한 계속한다는 결정에 도달했다. 후원자의 말이 옳다면 칼린이 강해질수록 사업을 더 잘하게 될 것이다. 칼린은 다시 한번 이 회사에 승부를 걸어보기로 했다. 나중에 알게되지만, 계속하기로 한 결정은 칼린이 내린 결정 가운데 가장 훌륭한 것이었다.

## 이야기꾼

칼린은 이야기를 잘했다. 칼린은 이런저런 MLM 경험을 이야기하면서 예상고객과 신뢰를 구축해서 자신의 사업에 가입시켰다.

"자기 이야기를 하는 것이 가장 강력한 리크루팅 도구죠."

이야기는 가장 쉽게 이용할 수 있는 도구이기도 하다. 이야기를 하는 것은 먹거나 숨쉬는 것만큼 자연스럽다. 칼린은 대개 몇 개의 짧은 문장으로 이야기를 한다. 그것은 경제적 자유를 찾아 평생을 노력한 여자에 관한 이야기다. 여자는 예술기, 모델, 할리우드의 메이크업 아티스트 등 수많은 직업을 전전했다. 또, 로스앤젤레스에서 모델 에이전시를 경영하는 등 이런 저런 사업에도 손을 대 보았다. 그러나 칼린이 원하는 것, 즉 추가 수입을 가져다 준 것은 네트워크 마케팅 사업뿐이었다. 그리고 칼린의 MLM 사업에 필요한 제품, 보상플랜, 후원을 제공해 준 회사는 지금 회사 뿐이었다.

## 건강 염려증

칼린과 남편 더글러스는 건강에 대단히 신경을 많이 쓰는 부부였다. 두 부부는 채식주의에 심취하여 유기식품을 먹었고 집에서는 천연 세척제와 자연성분의 개인용품만 썼다. 지금의 회사에서 일하기 전에 칼린은 약초 건강보조제품을 판매하는 회사의 판매원이었다. 그 회사가 자연의학을 중시하는 것이 칼린의 마음에 꼭 들었던 것이다. 그래서 친구가 지금의 회사에 들어오라고 했을 때 칼린은 별로 관심이 없었다. 다니고 있는 회사에 완벽하게 만족하고 있었기 때문이다.

그러나 친구는 집요했다. 칼린이 사업에 관심이 없다고 하니까 제품은 어떠냐고 물었다. "가족들이 집에서 매일 쓰는 개인용품에 유해물질이 있을지도 모른다는 거, 알고 있어?" 그 말에 칼린은 화를 냈다. "아니, 그런 거 없어. 샴푸랑 얼굴에 쓰는 제품 모두 건강식품 전문점에서 사거든." 그럴 줄 알았다는 듯 미소를 지으며 친구는 인체에 유해한 화학물질 리스트를 건네주었다. 그리고 집에 있는 제품 라벨에 표시된 성분과 한번 대조해 보라고 했다.

## 양방향 가입자 유치

칼린은 친구가 하라는 대로 했다. 샴푸, 스킨크림, 개인용품 대부분이 최소한 해로운 물질 몇 가지를 함유하고 있다는 사실을 알고 칼린은 충격을 받았다. "500달러 정도 되는 제품을 다 내다 버렸어요. 건강식품 전문점에서 산 물건인데 그 성분이 안전하지 않다는

데 정말 격분했지요." 그런데 지금의 회사는 제품에 독성과 자극성 물질이 없음을 보장하고 있었다.

"사업 설명을 할 때면 항상 제품을 홍보합니다. 그리고 제품 설명을 할 때면 늘 사업 기회를 홍보하죠." 사업과 제품, 어느 한 쪽은 예상고객의 관심을 더 자극할 것이고, 예상고객이 어느 쪽에 관심을 가질지는 아무도 알 수 없는 일이다. 칼린의 경우, 제품이 먼저 마음을 사로잡았다. 다니던 회사를 포기하고 지금의 회사 사업을 시작한 칼린은 천연 스킨제품, 헤어스프레이, 화장품, 건강 보조식품 등 제품에 매혹되었다.

## 이야기의 힘

처음에, 칼린은 양다리를 걸치려고 했었다. 지금의 회사 제품을 사용하고 판매하면서 다른 회사의 신규 가입자를 모집했다. 그러나 칼린은 시간이 지나면서 지금의 회사가 자신의 사업에 큰 위력이 있다는 것을 알았다. 칼린은 자신의 집에서 사용한 개인 용품 및 욕실이 유독성 물질로 가득하다는 것을 알게된 자신의 경험을 얘기할때면 예상고객들은 그녀의 이야기에 관심을 집중했던 것이다.

하지만 칼린은 그들에게 유해물질 리스트를 건네주고 제품을 판매한 뒤에는 별로 신경을 쓰지 않았다. 제품은 쉽게 팔리지만 사업은 어떨까?

칼린은 남편과 함께 어느 날 본사를 방문하고는 사람들의 진실성에 감명을 받았다. 보상플랜도 마음에 들었다. "집에 돌아와 지금의 회사 사업에 풀타임으로 일하기로 결정했습니다. 그리고 결코 뒤돌아보지 않았어요."

## 재고(再考)

그러나 3년 후 사업이 정체되기 시작하자 칼린은 회의가 생겼다. 후원자에게 답답한 마음을 털어놓고 난 뒤, 칼린은 후원자가 해 준 말을 며칠동안 곰곰이 생각해 보았다. '어떤 회사에 들어가든 사람이 바뀌는 건 아니니까요.' 그렇다면 회사가 아니라 나 자신에게 문제가 있다는 뜻인가?

칼린은 어느 날 또 다른 디스트리뷰터와도 이 문제를 상의해 보았다. "아직 사업기반이 남아 있을 때, 네트워크 마케팅에서 성공하고 싶어요!" 그러나 그건 힘든 일이었다. 칼린은 사업에 필요한 복제성을 확보하지 못한 것 같았다. 사람들을 가입시키는 것까지는 쉬웠지만 그들이 다운라인을 구축하도록 후원하는 일은 힘들었다. 칼린은 내키지 않는 사람들을 억지로 내몰고 있다는 느낌이 들었다.

## 목마른 말

"말을 물가에 끌고 올 수는 있어도 억지로 물을 먹일 수는 없지." 칼린의 친구가 말했다. 이 말 한마디에 칼린은 깨닫는 바가 있었다. '그거야! 그게 문제였어. 내게 필요한 건 목마른 말이야!'

다운라인이 더 잘하도록 동기를 부여하고 고무하는 것 뿐만 아니라, 일을 할 동기가 이미 확고한 사람, 네트워크 마케팅에 성공한 경험이 있는 사람들을 다운라인으로 가입시켜야 한다는 사실을 깨달았다. 칼린은 리더급 인물을 몇 명 더 확보한다면 조직의 성장에 힘을 불어넣을 것이라는 결론을 내렸다.

"저 밖에는 목마른 말들이 있다는 사실을 깨닫게 된 거죠." 문제는 그들을 어떻게 끌어들이느냐는 것이었다. 이 문제에 있어 칼린은 과거에 좋은 효과를 보았던, 단순하지만 매우 효과적인 방법을 이용했다.

# 제 26 장

# 커다란 전환점

칼린은 오래 전부터 목표 설정의 위력을 굳게 믿어왔다. 수년 전, 그녀는 스포츠 팀이나 기업 중역들이 흔히 사용하는 시각화 기법을 성공적으로 이용하여 지금의 남편을 만났다. 칼린의 실험적 방법은 너무 성공적이어서 나중에 〈똑똑하게 결혼하기〉라는 책을 쓰기도 했다.

32살 때 칼린은 결혼을 결심했다. 칼린은 마치 사업을 하듯이 결혼이라는 목표에 임했다. 우선, 칼린은 자신이 남편에게 원하는 모든 조건을 리스트로 작성하고, 상상 속에서 그런 남자를 그려보기 시작했다. 다음으로, 모든 사람들에게 자신의 목표를 얘기하기 시작했다.

자신이 원하는 것을 사람들에게 밝히면서 칼린의 행동에 큰 변화가 생겼다. 자의식이 사라지고 결혼이라는 한 가지 목적이 칼린 인생의 중심이 되었다.

주위 사람들 역시 칼린을 새로운 눈으로 보기 시작했다. 친구와 동료들은 적당한 남편 후보라고 생각되는 남자들을 소개시켜 주면서 '칼린 시집 보내기 운동' 에 적극 동참했다.

## 기도의 힘

더 큰 힘을 달라는 기원으로 보든, 단순히 정신력을 집중하는 테크닉으로 보든, 기도가 효과가 있다는 사실에 대해서는 의심할 여지가 없었다. 칼린은 자신의 목표 달성을 위해 기도를 했다. 일반적으로 알고 있는 기도뿐만 아니라, 자신의 목표 달성에 집중력과 힘을 실어주는 특별한 의식까지 동원하였다.

예전에 칼린은 한 사업 동료로부터 아메리칸 원주민이 하는 의식에 대해 들은 적이 있었다. 종이에다 기도의 내용을 적은 다음 그 종이를 태우고 연기를 사방에 날리는 것이었다. 칼린은 동료에게서 들은 대로, 하루에 세 번 3일 연달아 기도 내용을 큰 소리로 읽고 세 번째 되는 날 그 종이를 태웠다. 놀랍게도 바로 그 다음날 칼린은 지금의 남편인 더글러스를 만났다. 처음에 칼린은 그 만남과 의식을 연결시키지 못했다. 두 사람이 처음 만나고 몇 달 동안은 데이트도 하지 않은 채 지냈다. 나중에 일기를 들춰보고서야 칼린은 두 사람의 첫 만남이 우연이 아니라는 생각이 들었다.

## 보물지도

칼린이 남편을 만나게 된 것을 어떻게 해석할지는 독자가 판단할 일이다. 그러나 그 일은 기도, 시각화, 목표 설정이 목표를 달성하는 강력한 도구라는 칼린의 믿음을 더욱 강하게 했다. 칼린은 같은 방법을 네트워크 마케팅 사업에도 적용했다. 자신의 다운라인에 "목마른 말"이 필요하다고 판단하고 일주일이 채 못되어서 그녀는 예전의 열정이 살아나는 것을 느꼈다. "다시 목표를 세우기 시작했어요. 아주 큰 목표였죠."

칼린이 목표를 세우는 데 사용한 방법 중에는 "보물지도"라고 하는 시각화 방법이 있었다. 칼린은 잡지를 보면서 자신의 가장 강렬한 욕망을 자극하는 이미지를 오려서 한 곳에 붙여 놓았다.

칼린의 보물지도에는 큰 집, 새 차, 백만 달러 짜리 수표, 아이들을 위한 디즈니랜드 여행 등 수많은 사진이 들어있었다. 칼린은 그것을 벽에 붙여놓고 매일 쳐다보았다. 그렇게 보물지도를 만드는 행위 자체는 자신의 목표를 마음속에서 구체화하는데 도움을 주었다. 그리고 오래되지 않아 칼린의 새로운 목표는 그녀의 사업에서 예상치 못한 결실을 맺었다.

## 기회를 맞을 준비

기회는 끊임없이 찾아온다. 그러나 그 기회를 알아볼 만큼 현명한 사람은 소수에 불과하고, 그 기회를 자기 것으로 이용할 준비가 된 사람은 더욱 적다. "찾아온 기회를 이용할 준비가 되어 있지 않은 사람은 아무 것도 얻지 못한다. 좋은 기회는 그 기회를 이용할 준비가 된 사람에게 준비된 만큼의 결과를 가져다준다." 동기부여 전문가 오리슨 스웨트 마든이 한 얘기다.

칼린의 성공에는 행운을 바라는 기도 이상의 인내와 노력이 있었다. 몇 년 동안 끈기 있게 다운라인 구축의 기본을 배우지 않았다면 행운도 아무 소용이 없었을 것이다. 칼린이 습득한 기술 가운데에는 어떠한 프로스펙팅 상황에도 부합하는 적절한 이야기를 하는 능력이 있었다. 얼마 안가 칼린이 그 기술을 최대한으로 이용할 기회가 찾아왔다. 수년 동안에 걸친 부지런한 노력과 끈기 덕분에 칼린은 기회를 맞을 준비가 된 것이다.

## 온라인 프로스펙팅

사업을 하면서 칼린은 아메리카 온라인(America Online)의 MLM 대화실을 이용한 온라인 프로스펙팅 전략을 개발했다. 대화실에서는 비슷한 관심을 가진 사람들끼리 모여서 실시간으로 메시지를 주고받을 수 있다. 칼린은 대화실에서 알게 된 새로운 예상고객을 '친구 리스트(Buddy List)'에 등록하였다. 이는 '친구'가 접속하면 바로 알려주는 아메리칸 온라인 서비스로, 일단 등록된 '친구'가 온라인 상태면 그 쪽에 메시지(Instant Message)를 보낼 수 있다. 그 사람의 스크린에 내가 보내는 메시지 상자가 뜨며, 그 쪽에서도 내게 실시간으로 응답할 수 있다. 자신이 원하는 만큼 얼마든지 이런 대화를 계속할 수 있다.

"계속 메시지를 보내는 거죠. 내 웹사이트에 가 본 적이 있는지, 내가 보낸 메일을 체크해 봤는지, 이것저것 물어봅니다." 힘든 부분은 이런 온라인 상의 관계를 전화를 주고받는 보다 개인적인 관계로 발전시키는 것이다. "일단 상대방 전화번호를 알고 나면, 3자 통화나 회의 통화 등 기존의 MLM 방법을 모두 동원할 수 있습니다."

## 내부 정보

"남들이 모르는 걸 아는 것이 사업 비결이다." 억만장자 선박왕 아리스토틀 오나시스가 한 얘기다. 주요 경쟁사 중 한 회사에 관한 내부 정보를 우연히 알게 되면서 칼린은 기회를 맞이하게 된다.

그 회사는 젊어지는 효과가 있는 것으로 알려진 성장호르몬 제품으로 엄청난 성공을 거둔 회사였다. 칼린은 MLM 기업들이 대체건강 제품을 도입하여 나중에 일반 시장에서까지 인기몰이를 하여 큰 성공을 거둔 경우를 전에도 본 적이 있었다.

"그 회사 제품이 그 해 가장 잘 팔리는 MLM 제품으로, 올해의 콜로이드 미네랄 제품이었죠." 2000년 1월, 칼린의 회사는 그 제품의 절반 가격에 성장호르몬 제품을 경쟁상품으로 내놓았다. 온라인 대화실을 통해 칼린은 경쟁사의 실적이 높은 디스트리뷰터들을 가입시키려고 노력했다. "효능이 좋은 강력한 신상품이 나올 예정이었고, 어느 모로 보나 우리 제품이 괜찮았죠. 하지만 날 믿어주지 않더군요."

## 단호한 공격

우연한 기회에 칼린은 내부 소식통으로부터 경쟁사가 파산 직전이라는 사실을 알게 되었다. 자세하고 정확하고 절대적으로 믿을 수 있는 정보였다. 칼린은 정확한 파산 발표 날짜까지 알고 있었다. "목요일 밤이었죠. 그 회사가 그 다음날 문을 닫을 거라는 사실도 알고 있었습니다."

칼린은 단호하게 움직였다. 인터넷에 경쟁사 디스트리뷰터들이 만든 웹사이트를 찾아냈다. 12개는 전화번호가 있었다. 다음날 아침, 칼린은 12명 모두에게 전화를 했다. 그들은 이미 나쁜 소식을 알고 있었고, 대부분은 화가 나고 침울한 상태였다. 그러나 칼린은 단호한 공격으로 그들의 방어벽을 뚫어 버렸다.

## 적절한 시기에 적절한 이야기로 공략한다

이야기를 잘하는 비결은 주어진 상황에서 상대방에게 어느 선까지 얘기할 것인지, 어떤 부분을 얘기할 것인지 아는데 있다. 칼린은 그 12명의 예상고객이 지금 MLM이 얼마나 멋진 사업인지 그런 얘기를 듣고 싶은 심정이 아니라는 사실을 잘 알고 있었다. 그 사람들 모두 성공한 네트워커들이었고, 이 업계에 대해 잘 알고 있었다. 또 그들 대부분은 회사가 넘어가는 그런 순간에 MLM에 대해 별로 기분이 좋지 않은 상태였다.

"그 쪽 회사에 대해 들었습니다. 어떠세요?" 칼린은 그 12명 중 한 여자와 전화로 얘기를 나누었다.

"기분이 정말 더럽네요." 그 여자는 뱉어내듯 자신의 심정을 표현했다. "완전히 배신당한 기분이에요."

"그 기분 잘 압니다. 회사로부터 배신당하는 게 어떤 기분인지 알아요. 경험이 있거든요." 칼린은 그 정도밖에 말하지 않았지만 그 정도로 충분했다. 동정과 희망을 동시에 전달한 것이다. 예상고객이 처한 곤경에 대한 동정심과 함께, 칼린처럼 위기로부터 다시 회생할 수 있다는 희망을 보여준 것이다. "괜찮은 일이 있는데요." 칼린은 말했다. 이야기는 그 정도로 충분했다. 그 여자는 칼린의 사업에 대해 들어보기로 했고 곧 다운라인으로 가입했다.

## 즉각적인 신뢰구축

칼린은 그 날 아침 연락을 취한 모든 예상고객에게 거의 같은 전략을 사용했다. 이 방법은 즉각적이 신뢰를 구축해주었다. 하지만 더 중요한 것은 칼린이 이 업계에 한동안 몸담았고 내막을 잘 알고 있는 사람이라는 믿음을 주었다는 것이다. "요즘 사람들은 자기 후원자를 그리 쉽게 선택하지 않아요. 직접 경험해 본 후원자를 원하지요. 우린 분명 그 일을 해 본 사람들이구요."

옛날에는 나한테 사업을 소개해 준 사람은 누구나 나를 후원할 권리가 있는 것으로 생각했다. 그러나 요즘 사람들은 회사를 선택하는 것만큼 후원자 선택도 까다롭다.

온라인 게시판에다 후원자를 찾는다는 글을 올렸던 한 남자가 있었다. "온라인 상에서 상대를 가리지 않고 자기 사업에 유능한 사람을 끌어들이려 하다 보니 서로 대단히 불편해졌지요. 그 문제를 놓고 대토론을 하고 나서 예상고객들에게 더 이상 그런 글을 올리지 말라고 요청했습니다."

## 파레토의 법칙(Pareto's Law)

네트워크 마케팅 다운라인들은 파레토의 법칙에 따라 움직인다. 20%의 사람들이 80%의 몫을 한다. 그 20%는 사업을 진지하게 구축하는 사람들, 리더들, 즉 자신의 노력을 복제하고 자기가 하는 일을 기꺼이 복제할 의향이 있는 사람들을 찾기 위해 필요한 모든 일을 기꺼이 하려는 사람들이다.

사업을 성공시키기 위해서는 리더가 될만한 인물을 가입시켜야 한다. 그래서 대어를 낚을 때는 "옥석 가리기"의 원칙을 잠시 보류하라고 칼린은 충고한다.

칼린은 대부분의 예상고객에게는 시간을 낭비하지 않는다. 관심이 없어 보이면 정중하면서도 단호하게 대화를 중단하고 다른 고객으로 옮겨간다. 그러나 칼린은 리더가 될 가능성이 있는 사람들에게는 전술을 달리한다. 다른 회사의 비중 있는 네트워커는 기다릴 만한 가치가 있다. 그가 거느리고 있는 다운라인 전체를 한번에 자기 조직으로 끌어올 수 있는 기회인 것이다. 그런 경우라면 칼린은 노력을 아끼지 않는다. 몇 달 심지어 몇 년이라도 그 사람이 마음을 바꾸기를 기다리며 끊임없이 정보를 구한다. "이 게임에서는 끈기가 90%입니다."

## 대어 낚기

파산한 그 회사 출신의 예상고객 중 한 명이 관심이 있는 듯 했다. 그러나 그는 칼린의 프론트라인으로 들어오려고 하지 않았다. 그는 자기 업라인과 너무 좋은 관계를 유지하고 있어서 그를 들어오게 하는 유일한 방법은 그의 후원자가 먼저 들어온 다음 그를 따라 들어오는 것이었다. 그렇게 하면 그는 칼린의 회사에서도 같은 후원자를 갖게 되는 것이다. 보기 드문 요구였다. 그러나 상황은 더욱 이상하게 흘러갔다. 칼린이 그 사람의 후원자에게 연락하자 그역시 자기 업라인에 대해 같은 요청을 했다. 칼린은 그 조직의 5개 레벨까지 올라가면서 접촉을 시도했는데 각 레벨마다 똑같은 얘기를 들었다. "팀 전체가 현재와 같은 위치에서 같이 일하기를 원했습니다." 칼린은 너무나 놀라웠다.

다운라인의 그런 충성심은 최고 위치에 있는 리더의 강력한 리더십을 반증해 주는 것이었다. 그 리더에 관해서 칼린은 뜻밖에 굉장한 사실을 알게 되었다. 그는 성공한 사업가로서 바로 몇 주 전에 자신의 건설업체를 팔고 네트워크 마케팅 사업에 풀다임으로 뛰어든 상태였다. 회사의 갑작스런 파산은 그에게 엄청난 타격이었다.

그러나 그는 회사의 파산 소식을 바로 알지 못했다. 회사가 파산했을 때, 그는 콜로라도주 아스펜에서 스키 여행 중이었던 것이다. 며칠동안 아무도 그에게 연락을 할 수가 없었다. 그러나 칼린이 그의 휴대폰으로 연락을 취했을 때쯤에는 그의 다운라인이 칼린이 있는 회사로 같이 옮기자고 간청하는 메시지를 이미 남겨 둔 상태였다. "난 선택의 여지가 없어요. 내 다운라인들이 다 옮기자는군요. 내 사회보장조직입니다. 당신의 회사에 가입하겠습니다." 그가 칼린에게 한 얘기다.

## 인내의 고통

핵심 인물을 집중 공략함으로써 칼린의 조직과 수입은 눈에 띄게 성장하기 시작했다. "프론트라인으로 내가 직접 가입시킨 사람은 5명뿐입니다. 나머지는 모두 그 사람들이 데리고 왔어요. 정말 눈덩이처럼 불어나기 시작했어요." 3주 후, 수백 명이 들어오고 예전 수입의 3배 이상을 벌어들이면서 칼린 조직에 5개의 새로운 레그가 생겼다. "이게 바로 사람들이 간절히 바라는 결과입니다. 이것이 바로 네트워크 마케팅이 약속하는 결실이지만 좀처럼 실현되지 않는 것이죠. 그건 자신을 정말 부자로 만들어 줄 사람들을 찾을 때까지 참고 견디지 못하기 때문입니다."

칼린은 끈기 있게 모집활동을 계속하면 성공은 필연적으로 따라온다고 믿는다. 자신을 최고의 자리에 올려줄 진정한 대어를 발견하기까지 2000명의 사람들을 가입시켜야 할 수도 있고, 운이 좋으면 50명으로도 대어를 낚을 수도 있다. "사람마다 그 수는 다릅니다. 그런 성공을 얻기까지 얼마나 노력해야 할지는 아무도 모르는 일입니다. 그게 고통스러운 부분이지요." 그러나 오랜 시간 끈기 있는 노력을 통해 준비를 마친 네트워커들은 기회가 왔을 때 그 기회를 자기 것으로 만들 것이다.

## 칼린의 이야기

이제 칼린은 예상고객에게 들려줄 더 좋은 얘깃거리가 생겼다. 그것은 '이야기 전략'을 구사하여 기우는 사업을 회생시키고, 또 그렇게 해서 마침내 '대어'가 될 사람들을 만나 성공한 여자에 관한 이야기다. 칼린의 성공은 기존 레그 뿐 아니라 새로 생긴 레그에게까지 다운라인 전체에 퍼져나갔다. 그녀의 '이야기가 갖는 힘'은 칼린 조직에 활기를 불어넣어 주었다.

칼린은 자신의 보물지도에 붙여놓은 목표들을 이제 상당 부분 성취해가고 있다. 디즈니랜드 여행은 기정사실이다. 칼린과 남편 더글러스는 회사에서 무료 자동차를 보너스로 받게 되었다. 그리고 부부는 새 집을 보러 다니고 있다.

"이전에도 잘 지냈습니다. 풀타임 네트워커로 4년 반 정도 일하면서 생긴 수입으로 생활은 충분히 했어요. 하지만 그렇게 큰돈은 아니었죠."

이제 칼린에게는 새로운 미개척지가 펼쳐져 있다. MLM의 꿈이 내게도 일어나고 있다는 사실을 그녀는 알고 있다.

칼린의 조직은 계속 빠르게 성장하고 있으며, 이 성장이 어디까지 갈지는 칼린도 알 수 없다. 굳이 추측해 볼 필요도 없을 것이다. 칼린은 그저 매일 자신의 이야기를 계속 하면서 다음 행운을 기다릴 것이다.

# 제 8 부

# 사업을 단순화 하라

# 제 27 장

# 일대일 리크루팅

"기술 발전과 더불어, '제 3 물결 매니아' 현상이 네트워크 마케팅 업계를 휩쓸고 있다." MLM 컨설팅회사 사장 척 허커비가 한 얘기다. "갑자기 사업 설명회는 사라지고 모두가 턴키방식의 제 3물결 리크루팅 시스템을 원하고 있다." 허커비는 그 과정에서 사람들이 네트워크 마케팅의 강점, 즉 일대일 방식을 잊어버리고 있는 것 같다고 지적한다.

허커비는 그 자신 역시 누구 못지 않게 제 3물결 혁명의 열렬한 옹호자이지만 거기에는 부정적인 면도 있다고 본다. "옛날에 비해 수백배 더 효율적으로 일하게 되었지만, 그에 비례해서 신규 디스트리뷰터들과의 개인적인 접촉이 훨씬 더 줄어들었다."

허커비는 옛날 네트워커는 신규 디스트리뷰터를 모집하는데 평균 20시간에 200달러를 썼지만, 제 3물결 네트워커는 5시간에 50달러면 가능하게 되었다고 지적한다. 옛날에 신규 가입자를 유치할 때는 일도 많이 하고 비용도 많이 썼을 뿐 아니라 가입자에게 더 많은 시간을 들였다.

"옛날에는 힘든 일이 많았습니다. 제품 사재기, 디스트리뷰터에게 물건 배달하기, 자기 보너스에서 디스트리뷰터에게 해당 금액

지불하기 등 모두 직접 처리해야 했지요. 신규 가입자를 모집하는 유일한 길은 대개 큰 호텔이나 집에서 개최하는 사업설명회 자리였습니다. 디스트리뷰터들과 개인적 접촉을 많이 요하는 과정이었죠."

## 네트워크 결속제

제 3물결 매니아가 MLM을 "관계가 사라진 비즈니스"로 변질시킨다고 허커비는 경고하고 있다. 이는 여러 면에서 네트워크 마케팅을 해칠 수 있다. 사람들이 전자우편, 웹 페이지, 주문자 팩스 전송 서비스 등 자동화된 프로스펙팅 기법을 사용하면서, "만 명의 다운라인이 있어도 한번 주문하고 다시는 연락하지 않는 경우가 생기게 되는데, 그것은 추가 수입을 구축하는 게 아니다"라고 허커비는 지적한다.

허커비에 따르면, 네트워크 마케팅 사업은 사람들과 매일 일대일로 접촉하면서 사업을 단순하게 할 때 최상의 결과를 낳는다. 허커비는 "네트워크를 오랫동안 유지시켜 주는 유일한 결속제는 우정과 충성 그리고 관계"라고 말한다. 그래서 그는 제 4물결 시대에는 인터넷 등 진보적 기술을 충분히 활용하는 가운데, 과거의 일대일 네트워킹을 구사해야할 것으로 전망했다.

## 막대와 돌

"아인슈타인은 세계 제 3차 대전은 핵무기로 싸우겠지만 제 4차 대전은 막대와 돌로 싸울 것이라고 했습니다." 최근 필자가 허커비에게 들은 얘기다. "이는 MLM에도 적용됩니다. 제 4물결 시대에 우리는 과거 막대와 돌의 시대로 돌아가게 될 겁니다. 과거의 방식으로 고객을 찾아 나서야 할 것입니다."

나도 같은 생각이다. 아무리 턴키 시스템이라 해도 인간의 노동을 완전히 대체할 수는 없다. 턴키 시스템은 반복적 노동을 자동화하고 디스트리뷰터에게 시간적 여유를 준다. 그러나 강력한 다운라인을 구축하고 싶다면 일대일 판매와 다운라인 교육 등 생산적인 노동에 시간을 재투입해야 한다. "절약된 시간과 돈의 일부를 '관계'에 재투자하라." 허커비의 충고다.

## 정보 과부하

이런 전망은 대부분 〈제 3물결〉에서 이미 언급한 것이다.

〈제 3물결〉에는 "제 4물결을 넘어서"라는 부분이 있다. 거기서 필자는 인간적인 접촉을 주도하는 네트워커들이 다가오는 '인터랙티브' 시장에서 필수 불가결한 존재가 될 것이라고 예견한 바 있다. 〈제 3물결〉은 인터넷이 크게 부각되기 이전인 1993년과 1994년에 씌어진 것이다. 그러나 미국의 기업들은 인터랙티브 TV 등장으로 이미 "정보 고속도로"에 대해 시끄럽게 떠들고 있었다.

"제 4물결을 넘어서"에서 필자는 맥캔 에릭슨(McCann-Erickson), 광고회사의 마케팅 책임자였던 웨인 맥일바인(Wayne McIlvaine)의 말을 인용했었다.

맥캔은 네트워크 마케팅의 충실한 옹호자가 되었으며, 맥일바인은 은퇴 후, 제너럴 푸드, 캠벨스 스프, 필립 모리스, 나비스코 등 대기업에 마케팅 자문을 맡았다.

"네트워크 마케팅은 미래의 물결입니다. 대기업들은 이제 광고를 내보낼 TV 방송사가 4개가 아니라 100개로 늘어나는 현실을 수용해야 하는 상황입니다. 방송 광고를 내보낼 때, 30초, 60초가 아니라 하루 6시간의 광고 시간을 살 수 있는 시대가 왔습니다. 거기에 네트워크 마케팅의 엄청난 사업기회가 놓여 있습니다. 네트워크 마케터의 도움 없이 그 많은 정보를 얻기란 힘들 테니까요."

## '인터랙티브'의 역작용

맥일바인이 말하고자 하는 것은 인터랙티브(쌍방향) 미디어를 통해 광고되는 엄청난 수의 제품과 서비스는 구매자에게 혼란만 안겨줄 뿐이라는 것이다. 소비자는 정보 과부하에 시달리고 선택의 폭이 넓을수록 좋은 선택을 하기가 어렵다.

공급자 쪽에서 보면, 인터랙티브 미디어를 통해 제품을 판매하는 기업들은 소비자의 관심을 사로잡기가 더욱 어려워질 것이다. 소비자들은 광고와 정보의 홍수 속에 길을 잃게 될 것이고 여기에 바로 21세기 마케팅의 모순이 있는 것이다.

21세기를 살아가는 우리들에게는 디지털 세상의 어지러운 유혹을 헤치고 좋은 정보를 얻도록 도와주며 가장 유리한 거래를 하도록 안내해 줄 사람이 그 어느 때보다 절실히 필요하다.

맥일바인이 TV 방송국 100개를 얘기했지만 이제 인터넷에는 수백만 개의 웹사이트가 우리를 유혹하고 있다. 이런 현상은 해가 갈수록 더욱 두드러질 것이다.

## 기본으로 돌아간다

제 4물결 시대 네트워크 마케터들은 정보를 찾는 고객이 디지털 황야를 잘 헤쳐갈 수 있도록 안내하는 가이드 역할을 할 것이며 네트워커들이 턴키 시스템을 통해 절약한 시간은 자기 사업에 재투자될 것이다. 네트워커들은 고객과 신규 가입자와의 지속적인 관계 구축에 더 많은 시간을 투자할 것이다.

다음 장에서 살펴보겠지만, 기술 발전을 적극적으로 도입한 MLM 기업들은 이미 신종 네트워커들을 배출하고 있다. 여러 면에서 그들은 MLM의 기본으로 되돌아가고 있다. 즉, 고객과 신규 가입자들과 일대일로 접촉하면서 디지털 사회의 사람들이 갈망하는 '휴먼 터치'를 제공하고 있는 것이다. 허커비는 이렇게 예견한다.

"사람들은 결국 인간적인 관계를 원하게 될 겁니다. 신뢰할 수 있고, 자신의 사업 기술을 개발하는 데 개인적 지도를 구할 수 있는 관계, 자신이 좋아하고 존경하는 사람과 한 조직에서 일할 수 있는 그런 관계 말입니다."

# 제 28장

# 휴먼 터치

**99년** 9월, 전자상거래 웹사이트의 출범으로 네트워크 마케팅 기업들은 오랫동안 자사 디스트리뷰터들이 제 4물결 시스템을 이용할 수 있도록 하는데 엄청난 재원을 투자해왔다. 그러나 그 모든 외면적 발전과 변화도 네트워킹 사업의 기본만은 변화시키지 못했다. 일대일 상호작용은 네트워크 마케팅 디스트리뷰터의 상징적 핵심요소로 남아있다. 첨단기술의 열기 속에서도 다운라인을 구축하고 유지하는 것은 다름 아닌 '휴먼터치'이다. 조와 도리스 부부는 제 4물결 시대 네트워크 마케팅을 움직이는 일대일 접근법의 표본이 되었다. 쇼 부부는 사업을 단순하게 한다. 친구를 사귀고 그들이 사업에서 성공하도록 돕는 것이다. 60대에 은퇴한 두 부부는 자식을 키우던 일생 동안의 경험을 관계 구축과 유지에 활용한다. 여섯 아이를 키울 때의 그 자상한 관심으로 예상고객을 가입시키고 교육한다.

첨단 시스템이 두 사람의 사업에 기초가 될지는 모르지만, 따뜻한 미소와 배려하는 태도가 더 중요한 사업 도구라고 두 사람은 생각한다. 수백만의 다른 네트워커들처럼 그들 역시 디지털 시장에 '휴먼 터치'를 더한 것이다.

## 진실하게 하라

퇴직 교사인 조 쇼는 아무런 세일즈 경험 없이 이 사업을 시작했다. 그러나 곧, 진실하게 하면 소매사업을 성공적으로 운영할 수 있다는 것을 알게 되었다.

"그 지역 구석구석을 다니고 있었기 때문에 고속도로 중간 중간에 있는 회사를 찾아보면 되겠다고 생각했지요."

조는 지나치는 길에 있는 회사에 들리기 시작했다. 소유주나 관리자에게 자신을 소개한 후에 이렇게 말했다. "저는 MLM 제품을 판매하고 있습니다. 좋은 회사인데다 제품도 좋고 환불도 가능하거든요." 반응은 제각각 이었다. 어떤 사람은 조가 자신을 MLM 사업에 가입시키려 한다고 생각했다. 그러면 조는 "가입시키려고 온 게 아닙니다"라며 상대방을 안심시켰다. "제품 때문에 온 겁니다. 한 달에 두 번 정도 들리지요. 필요한 제품이 있을 때, 제가 들리면 저한테 말씀해주시면 고맙겠습니다."

## 부담을 주지 않는다

부담을 주지 않는 것이 조의 방식이다. 그는 예상 고객에게 절대 부담을 주지 않는다. 떠나기 전, 조는 예상고객에게 다음 번에 다시 들러도 되겠느냐고 공손하게 물어본다. 대부분은 긍정적인 답변을 한다. 그러면 예상고객의 이름, 전화번호를 받고 카탈로그와 샘플을 무료로 주고 간다.

"이 제품은 냄새를 없애줍니다. 양파냄새, 마늘냄새, 가솔린, 디젤 연료 냄새를 한번에 가시게 하지요."

청소 및 유지관리는 모든 중소업체에 공통적으로 해당되는 업무이다. 대부분의 경우, 예상고객은 조가 다시 찾아오기 전 2주의 기간 동안 그 샘플을 사용하게 된다. "그렇게 해서 내가 다시 찾아갈 때는 뭔가 할 얘기가 생기는 거죠."

## 친근한 얼굴

조는 꼭 팔아야겠다는 압박감을 느끼지도 않고 예상고객에게 부담을 주지도 않는다. 정기적으로 계속 찾아가면 언젠가는 예상고객이 뭔가 필요한 순간에 자신이 찾아가게 될 것이라고 믿는다.

"대부분의 판매원은 처음 가서 바로 판매를 성사시키고 싶어합니다. 하지만 대부분의 구매자는 5번까지는 사지 않습니다. 그래서 난 관계를 쌓는데 주력하는 겁니다."

조는 예상고객의 생활의 한 부분이 되려고 한다. 2주마다 한번씩 정확하게 나타남으로써 예상고객의 마음속에 정확하고 믿을만한 사람이라는 인식을 심어주는 것이다.

"관계는 점차 단단해져서 마침내 나를 믿을 수 있는 정도가 되었을 때 드디어 물건을 사기 시작하지요. 그러면 나는 2주마다 나타나서 필요한 물건을 대주는 친근한 얼굴이 되는 거죠."

## 개인 회계관리자

엄밀히 따져 고객이 제품을 주문하는데 조는 없어도 된다. 일단, 카탈로그가 있으면 전화로 필요한 것을 주문하고 이틀이면 배달된다. 그들은 조의 회원 번호를 이용해서 주문을 한다. 그래서 조가 고객을 직접 못 본다 해도 조는 커미션을 받게 된다. 그러나 조는 개인 회계관리자의 역할을 하려 한다. 직접 방문해서 다시 주문할 때라는 것을 고객에게 상기시켜 주는 것이다. 질문에 대답도 해주고 제품을 추천하기도 한다. 직접 얼굴을 보임으로써 고객께서 카탈로그를 그냥 던져버리고 잊어버리는 일이 없도록 하는 것이다.

조는 또한 정기적으로 방문하면서 고객에게 사업기회를 설명할 적절한 시기를 판단할 수 있다. 실제 경험을 통해 조가 얻은 원칙이 있는데, 그것은 고객이 160달러 수준까지 주문할 때까지 기다리는 것이다. 160달러는 사업자 키트 가격이다. 조는 고객이 소매가로 지불한 160달러로 자기 회사 디스트리뷰터로 가입하면 제품을 도매가로 살 수 있고 또 다른 사람에게 판매해서 커미션을 벌 수도 있다는 사실을 지적해 준다. 언제나 그렇듯 부담을 주지는 않는다.

"하는 사람도 있고 안 하는 사람도 있어요. 대충 23% 정도는 가입합니다."

## 자신의 틈새 시장을 찾아라

조에게 그 고속도로 상의 사업 루트는 그의 성격에 꼭 맞는 사업 방법을 제공한다. 루트를 따라, 조는 사람들에게 부담을 주지 않으면서 지속적으로 자신의 서비스를 제공할 수 있다. 이 일의 가장 어려운 부분은 회사가 처리한다. 주문을 받고 창고에서 제품을 보내고 전산화된 회계 시스템을 통해 커미션을 계산하는 일은 다 회사 몫이다. 조가 할 일은 그저 진실된 자신이 모습 그대로 행동히는 것뿐이다.

"난 결코 교실을 떠날 수 없었을 겁니다. 32년간 매일 학생들을 보면서 교실과 하나가 되었기 때문이죠. 이제는 밖으로 차를 몰고 돌아다니면서 매번 다른 사람들과 얘기합니다. 꽤 괜찮은 일이지요. 그렇게 편안한 마음으로 여유롭게 차를 몰고 다니면서 사업도 상당한 수준에 이르렀습니다." 조는 현재 175명이 넘는 고정 고객이 있다.

## 언제 어디서나

"모든 디스트리뷰터가 다 소매업자일 필요는 없어요. 그리고 모든 소매업자가 다 디스트리뷰터일 필요도 없지요." 도리스의 얘기다. 도리스는 사업구축에 보다 공격적인 방법을 택했다.

네트워크 마케팅 회사에 들어가기 전 도리스는 보험회사, 증권중개업, 회계회사, 400만 달러 토지를 관리하는 부동산 에이전시 등에서 이미 여러 번 성공적인 기업을 창출해 낸 경험이 있었다.

딸 중에 하나가 조와 도리스에게 그 사업에 대해 얘기했을 때, 추가수입 가능성을 즉각 알아본 것도 도리스였고 사업구축과 경영에서 앞장선 것도 도리스였다.

도리스의 방법은 간단하다. 도리스는 언제 어디서든 누구에게나 사업을 설명한다. "광고 같은 건 하지 않아요. 유일한 광고는 입으로 하는 거지요." 이들 부부가 살고 있는 미시건 주 에드모어의 작은 농장 마을은 결코 상업 중심지가 아니다. 그러나 도리스는 친구, 가족, 지역 사업가들만으로도 예상고객은 결코 부족하지 않다는 것을 알았다. 모집 활동은 지역사람들에 한정되지 않았다.

긴 비행기 여행 중에 말동무가 되어 주고 예상고객을 가입시킨 적도 있다. 그 사람은 집으로 돌아간 후 도리스의 다운라인으로 가입하여 새로운 레그를 형성하였다. 그는 독일에 사는 사람이었다.

"자신의 안전지대에서 벗어나야 합니다. 지리적으로나 심리적으로 말입니다."

## 다운라인 교육과 후원

도리스는 "제 4물결 매니아"를 염려할 필요가 없다. 회사의 첨단 지원 시스템에도 불구하고 도리스는 다운라인에게 개인적 관심이 필요하다는 사실을 잘 알고 있다.

가입자 교육에 너무 많은 시간이 들어가므로 한꺼번에 가르치는 것이 훨씬 더 효율적이라는 것을 일찍 깨달은 도리스였다.

요즘 도리스는 한 달에 한번 주말에 모여 넉 달 동안 8일에 해당하는 교육과정을 제공하고 있다. 참여자는 50명에서 80명 정도이며 목표설정, 프로스펙팅, 보상플랜에서 커미션 레벨을 확보하는 전략 등을 다룬다.

"사업가가 되는 법을 가르치는 것입니다."

도리스는 또한 수요일 밤마다 판매 교육과 동기부여를 위주로 원격회의를 제공한다. "이 원격회의 방송이 나가는 지역이 180여 곳 정도 됩니다." 각 지역마다 그룹별로 모여서 스피커폰으로 회의를 듣게 된다. "자기 집에서, 또는 업라인이나 다운라인과 함께 모여서 신규 예상고객에게 사업을 알리는 거죠."

## 하이테크, 하이터치

이들 부부는 사이버 공간에서 새로운 시장이 열리고 있다는 것을 알고 있다. 그러나 가만히 앉아서 인터넷이 다 알아서 해주기만 바라지는 않는다. "그게 마법의 지팡이는 아닐 겁니다. '우리 인터넷에 있어요. 이게 내 번호이니 이용하세요' 라고 말하는 것만으로는 충분하지 않을 겁니다. 그렇게 해서는 우리가 원하는 결과를 얻을 수 없을 거예요." 도리스의 얘기다.

조의 다정한 얼굴 덕분에 항상 많은 고객들을 확보했듯이, 쇼 부부는 자신들의 따뜻한 '하이터치' 요소로 인터넷의 '하이테크'를 보완할 계획이다. "인터넷은 아주 혼란스러워요. 사람들이 인터넷을 쉽게 사용하도록 돕기 위해 뭐든 할 생각이에요. 고객과 얘기하고 요구를 알아내어 인터넷 사이트에서 그걸 어떻게 찾는지 가르쳐 줄 겁니다. 고객이 편안하게 사용할 수 있도록 모든 기능을 친절히 안내해 주는 거죠."

## 어색한 역할 모델

쇼 부부는 네트워크 마케팅 사업을 시작해서 순식간에 성공을 거두었다. 겨우 2년 만에 최고 커미션 레벨이 된 것이다. 사업 3년째, 쇼 부부는 네트워크 마케팅에 들어오기 전에 벌던 수입의 3배를 벌게 되었다. "삶에 큰 변화가 생겼습니다. 옛날에는 여행을 많이 할 수 없었습니다. 하지만 이젠 어디든지 다녀요. 하와이, 푸에르토리코, 파리, 나폴리에도 다녀왔어요."

도리스는 사람들에게 자신의 성공을 나눠주려고 한다. "이 사업이 그렇게 힘들고 엄청난 일이 아니라는 사실을 알려주고 싶어요. 우리가 한 만큼 노력하면 다른 사람들도 성공할 수 있어요."

미시간 주 에드모어 출신의 이 두 노부부는 21세기 전형적 역할 모델과는 거리가 멀어 보인다. 그러나 사이버 시대의 경제에 생기를 불어넣는 '휴먼터치'를 제공하는 사람들은 바로 이런 사람들인 것이다.

# 제 9 부

# 옥석을 가려내라

# 제 29 장

## 예상고객 걸러내기

**칼**라 만즈(Carla Mannes)는 신이 났다. 마침내 대어를 낚은 것이다. 그 대어는 주식 중개인으로 1년에 15만 달러 이상을 벌었던 슈퍼 세일즈맨이었다. 증권사에서 실직한 그는 한 가스 회사에서 프로판 가스를 판매하게 되었다. 판매도 어렵고 가족과 늘 떨어져 길에서 일해야 했기 때문에 당연히 그 일이 싫었다. 그는 젊고 정열적이고 변화를 두려워하지 않았다. 칼라가 네트워크 마케팅 사업에 대해 얘기하자 그는 즉각 만나서 자세히 얘기하자고 했다.

불행히도 첫 만남에서 환상이 깨지기 시작했다. 언제나처럼 칼라는 예상고객의 경제적 목표를 말해 보라고 했다. "2년 내에 연간 10만 달러를 벌고 싶습니다." 그래서 칼라는 회사의 보상 플랜에 따라 그 목표를 달성하기 위해서 어떤 일들을 해야 하는지 설명을 시작했다. 최소 10명의 사업자를 가입시켜서 키워야 하며, 그들 각각은 각각 3, 4레벨의 조직을 구축해서 평균 6만 달러를 버는 레벨까지 올라가야 한다고 얘기해 주었다. 얘기를 계속하는데 그 사람이 왠지 불편해 보였다. "나가서 죽도록 뛰어야 한다는 거군요." 그는 마침내 불만스럽게 얘기했다. "나는 네트워크 마케팅이 그냥 괜찮은

사람 한두 명만 찾으면 그 사람들이 내 조직을 구축해 주는 거라고
생각했습니다."


## 경종

칼라는 얘기를 들으면 금방 문제를 파악할 만큼 이 사업을 오래
해왔다. 이 남자의 얘기를 듣고 칼라의 머리 속에서는 바로 빨간 경
보등이 켜졌다. 겉보기와는 달리 그는 유망한 예상고객이 아니었
다. 그는 네트워크 마케팅을 사업이 아니라 무슨 마술 도구 같은 것
으로 생각하고 있었다. 열심히 노력할 생각이 없었다. 그에게 연고
시장 리스트를 작성하라고 했을 때 칼라의 의심은 더욱 짙어갔다.

"100명 정도 아는 사람들이 있어요." 그가 자랑스럽게 말했다.

그러나 그 예상고객들 가운데 누구를 먼저 공략하겠느냐고 좀더
자세히 물어보자 그는 대답을 이리저리 피했다. 그 리스트에 있는
누구도 MLM 사업과는 맞지 않는 것 같다고 얘기하는 것이었다.
그는 아는 사람들 누구에게도 자신이 네트워크 마케팅을 한다는 사
실을 인정하기가 싫었던 것이다.

"이 사업은 당신에게 맞지 않는 것 같군요." 칼라는 마침내 말했
다. "유감이지만, 이 사업을 시작해도 본인이 원하는 결과는 얻지
못할 것 같군요. 이 일을 성심껏 할 생각이 없으시니까요." 그렇게
말하고 칼라는 인터뷰를 끝냈다. 1시간 정도 시간을 낭비했지만 그
래도 그 사람을 가입시킨 다음에 얼마나 골치를 썩였을지 생각하면
그 정도는 아무 것도 아니었다.

칼라는 그런 사람들은 노력도 하지 않고 불평만 늘어 놓는다는

것을 경험으로 알고 있었다. 최상의 방법은 즉시 포기하는 것이다. 문제를 즉시 파악함으로써 칼라는 손실을 줄이고 재빨리 가능성 있는 예상고객으로 옮겨가는 것이다.


## 옥석을 가려낸다

성공한 네트워커들은 "옥석 가려내기"의 대가들이다. 훌륭한 예상고객과 가망 없는 예상고객을 가려냄으로써, 가망 없는 사람에게는 시간낭비를 최소화하는 것이다. 예상고객을 가려내는 칼라의 예리한 판단력은 오랜 세월 독특한 경력을 통해 연마된 것이다.

어린 시절부터 칼라는 MLM 세계와 깊은 관련이 있었다. 부모님은 네트워크 마케팅 회사에서 크게 성공하셨고, 현재 칼라가 부모님 사업을 인계했다.

그러나 이 사업을 하게 된 것은 일반 기업의 세일즈 세계에서 몇 년간 자신의 근성을 입증해 보이고 나서의 일이다.

"난 네트워크 마케팅 속에서 자랐습니다. 하지만 그것이 사람들의 삶에 어떤 영향을 미치는지는 결코 이해하지 못했죠. 일반 기업 세계에서 혼자 힘으로 독립하고 나서야 이 사업의 진가를 알아보았습니다."

현재 칼라는 자기와 같은 교훈을 깨달은 사람들을 찾고 있다. 칼라에게 최고의 예상고객은 일반 기업의 힘든 경쟁에서 벗어나고 싶은 사람들, 동시에 MLM 업계의 우수한 기업에 속하는 자신이 소속된 회사 사업의 안정성을 알아보는 사람이다.

## 네트워크 마케팅과 함께

네트워크 마케팅 업계에서 장수 기업은 그리 많지 않은데, 칼라가 소속된 회사는 40년 이상의 역사를 자랑한다. 현재 200여종이 넘는 천연성분 영양제품, 개인용품, 가정용품을 판매하고 있다.

칼라의 부모님은 60년대 초 회원에 가입해서 회사와 함께 성장해왔으며 둘은 백만장자가 되어 이 업계의 전설이 되었다. 칼라가 성년이 되었을 때 부모님의 명성은 칼라에게 큰 기회가 되었다.

대학을 마치고 칼라는 솔트레이크시티에 있는 네트워크 마케팅 회사의 홍보 담당자로 일하게 되었다. "회사 사람들이 부모님 얘기를 들어봤다고 해서 정말 놀랐어요. 부모님 덕분에 사람들이 내게 호기심을 갖고, 또 내 얘기를 관심 있게 듣는다는 것을 알았죠. 나는 이미 네트워크 마케팅 전문가인 셈이었고 사람들 사이에서 유명인사였어요."

## 다른 길을 가다

첫 번째 회사가 파산하고 나서 칼라는 수많은 네트워크 마케팅 회사에 직원으로 일하게 되었다. 그러나 칼라의 비전은 MLM에 있지 않았다. 칼라에게는 기업세계에서 성공하겠다는 꿈이 있었다.

"부모님으로부터, 또 네트워크 마케팅으로부터 독립하고 싶었습니다. 그냥 기업에서 일하는 것이 대단히 멋지다고 생각했어요. 확실한 직업과 6자리 연봉을 받는 직원이 되고 싶었습니다. 네트워크 마케팅은 그저 생활 용품이나 파는 일로 보였죠. 대기업에 소속되는데서 오는 화려함이 없다고 생각했어요."

칼라는 꿈을 이루었다. 아메리칸 익스프레스(American

Express), 메릴 린치(Merrill Lynch) 같은 대기업에서 재무기획자, 투자 고문, 주식 중개인으로 6년을 일했다. 칼라는 금융 서비스업계가 어떤 면에서는 네트워크 마케팅과 유사하다는 것을 알았다.

"비슷한 점이 있어요. 고객 기반을 확보하면 할수록 자기 재산이 더 많아지고 더 많은 돈을 받게 되죠. 또 소개를 통해 사업을 구축합니다. 각 고객이 다음 고객을 소개시켜 주는 식이죠." 물론 차이점도 있었다. 자기가 일하는 일류 기업들의 이름을 말하면 사람들의 눈에 존경의 빛이 어리는 것을 보고 칼라는 행복했다. "마침내 내가 원하던 사람들의 인정을 받게 되었습니다."

## 기업의 노예

그러나 칼라의 '아메리칸 드림'은 곧 악몽이 되고 말았다. 칼라가 일했던 마지막 회사에서 그녀는 그 악몽을 뼈저리게 체험했다. "여섯 자리 수입을 벌었지만 그걸 즐길 시간이 없었습니다. 난 회사의 노예였죠. 모르는 예상 고객을 상대로 일주일에 250번 판매 전화를 했습니다."칼라가 올린 매출의 상당 부분은 회사가 가져갔고, 칼라의 매출이 늘면서 그 비율도 따라서 커졌다. "열심히 일할수록 회사가 더 많이 가져가더군요."

회사를 떠난다 해도 자기가 닦아놓은 고객기반은 고스란히 회사에 넘기고 나와야 했다. "그렇게 뼈빠지게 일하고도 거기에 따르는 보상도 받지 못하고 정말 말도 안 된다는 생각이 들더군요."

어느 날 한 직장 친구의 전화를 받으면서 칼라는 자신이 처한 끔찍한 현실을 직시하게 되었다. 친구는 30년이나 회사를 위해 일했던 한 중개인이 지금 막 해고당했다고 했다. 칼라도 아는 중개인이었다. 회사는 그의 고객 일부를 빼앗아 젊은 신입 중개인을 붙여주려고 했고 그런 조치에 반대하는 그를 해고시킨 것이다. 그 중개인은 4억 달러 규모의 고객 기반을 구축했었다. "그런데 그는 빈손으로 나갔어요. 난 믿을 수가 없었죠. 정말 미친 짓이라는 생각이 들었어요." 더 정확히 말해, 칼라는 그에게 일어난 일이 자신에게도 일어날 수 있다는 사실을 깨닫게 되었다. 칼라는 가만히 앉아서 당하지는 않겠다고 결심했다.

# 제 30 장

# 사전 심사

**칼**라의 인생에서 1997년은 가장 힘든 해였다. 아버지는 심장 발작을 일으켜 어쩔 수 없이 MLM 사업에서 은퇴해야 했다. 얼마 안 있어 칼라는 15년간 함께 했던 남편과도 이혼했다. 일하면서 자식 넷을 혼자 키워야 하는 삶은 암담하게만 보였다.

"정말 불행했지요. 일년에 7만에서 9만 달러 벌자고 밤낮 일하면서 아이들 얼굴 한번 못 보는 게 정말 싫었어요."

그러나 해답은 이미 칼라의 마음속에 있었다. 아버지는 이제 일년에 3000만 달러규모의 판매조직을 관리할만한 힘이 없었다. 심장발작을 일으킨 직후, 아버지는 얼마간의 관리비를 줄 테니 칼라에게 그 일을 맡아달라고 했다. 이 기회를 이용하여 직접 자신의 다운라인을 구축해서 추가수입을 벌 수도 있다고 말씀하셨다. 길게 설득할 필요가 없었다. 칼라의 결혼은 이미 파탄 났고 자신의 직업에 깊은 환멸을 느끼고 있었다. 오만하던 젊은 날, 네트워크 마케팅을 깔보던 시절은 지나갔다. 냉정한 현실을 경험한 칼라는 새로운 눈으로 세상을 보게 되었다. 남편과 별거한 후, 칼라는 석 달 동안 우울증에 빠져 침대에 누워 일도 못했다. 그러나 이제 자기 연민도

끝났다. 칼라에게 남은 것은 이제 MLM 사업뿐이었고, 이제 그것을 최대한 이용할 때라는 것을 깨달았다.

## 우량기업 이미지

그 회사의 뛰어난 명성은 칼라의 사업에서 주요한 이점으로 작용했다. 많은 네트워커들은 시장이 포화상태이고 성장이 너무 느리다는 이유로 오래된 기업은 피하는 경향이 있다.

실제로 성숙기에 접어든 기업들은 신흥기업보다는 성장이 더디다. 적어도 그런 신흥기업이 성공할 때는 말이다. 그러나 대부분의 신흥기업은 창업 2년을 버티지 못하는 경우가 많다.

솔트레이크시티 시절, 칼라는 여러 MLM 기업에서 일하면서 네트워킹의 어두운 단면을 여러 번 목격할 수 있었다. 칼라의 고용주 몇몇은 파산했다. 칼라는 실패한 회사가 사람들에게 남긴 쓰라린 고통을 목격했던 것이다.

"사람들은 회사에 대해 제대로 알아보지도 않고, 평생 모은 돈을 가지고 사업에 뛰어들더군요."

칼라는 MLM 기업 내부에서 목격한 무질서한 경영방식에 충격을 받았다. "재고 문제, 현금 관리, 재무관리 등 혼란 그 자체였죠. 그에 반해 이 회사 운영 방식은 너무나 체계적이고 전문적이었습니다. 부모님이 일하던 시절에 한번도 보너스가 늦거나 문제가 생겼다는 얘기를 들은 적이 없었어요." 그런 이유로 칼라는 이 회사에 대해 들어본 적이 있는 사람들, 또는 이 사업을 하는 친척을 둔 사람들이 손쉬운 예상고객이 될 수 있다는 것을 알았다. 회사의 탄탄한 명성이 칼라의 신규 모집 활동에 큰 도움이 되었다.

## 우수한 제품

제품도 마찬가지였다. "디스트리뷰터로 가입해서 사업을 구축하려는 사람들의 95%는 제품에 대한 좋은 경험이 있는 사람들이죠." 칼라는 일찍이 열성적인 제품 사용자가 유망한 사업 구축자가 될 수 있다는 것을 배웠다. "최고의 예상고객은 3개월에서 6개월 동안 제품을 사용하는 고객, 제품으로 좋은 결과를 얻은 사람들, 다른 사람들에게 제품 얘기를 하는 사람들입니다."

칼라의 다운라인 중에 엘렌이라는 여자가 있었다. 엘렌의 아기는 건강에 심각한 문제가 있었다. "엘렌은 의사를 수없이 만나봤어요. 전문 클리닉에도 가보고 피츠버그의 아동병원도 가봤는데 병명도 알아내지 못했죠." 생후 6개월 된 그 여자아이는 아직 기지도 못했다. 피부 발진에 혀 전체에 이스트 감염 증상이 있었다.

"한 살 때까지 그 아기는 26번 약물 치료를 받았어요. 귀에 두 번이나 튜브를 꽂았구요. 하루에 알약을 40개나 먹었지만 전혀 나아지지 않더군요."

## 제품의 효능을 알리다

엘렌의 친구 하나가 칼라의 다운라인 디스트리뷰터였다. 그 친구가 엘렌에게 버지니아 비치의 린다 소아과 의사의 테이프를 주었다. 린다 박사(그 회사 디스트리뷰터)는 회사제품에 기초한 양생법을 통해 자연적인 방법으로 많은 질병을 치료하고 있었다. 엘렌은 린다 박사에게 연락을 해서 딸의 증상을 설명했다. 칸디다균 또는 효모균 감염을 치료하는 특별 식이요법을 처방 받은 후, 딸은 급속하게 회복하였다. "3일도 안 되어서 아기가 회복되기 시작했어요."

칼라의 얘기다.

그 다음은 제품의 효능을 직접 체험한 사람이 그것을 마케팅에 도입하는 전형적인 과정이 시작되었다. 엘렌의 남편은 보수가 좋은 금융 기획가였고 넉넉하게 가정을 꾸려 나아갔다. 엘렌이 굳이 MLM 사업을 고려할 이유가 없었다. 그런데 엘렌은 아기의 경험에 대해 얘기하지 않을 수 없었다. 얘기할 사람만 있으면 누구에게든 자신의 경험을 이야기했다. 오래지 않아 사람들이 제품을 사기 시작했다. "한 달에 300달러 정도 제품을 구입하던 소비자에서 18개월만에 월매출 6000달러에서 8000달러 실적을 올리는 MLM 디스트리뷰터가 되었습니다." 칼라의 얘기다. "엘렌의 올해 수입목표는 5만 달러죠."

## 자발적 고객

대부분의 MLM 사업자들과는 달리 칼라는 가게에서 일을 한다. 칼라는 사우스다코타주 시우 폴스에 있는 16평 크기의 서비스센터에서 사업을 관리하며 소매로 제품을 판매한다. "아버지는 항상 사무실이 있었어요. 결코 집에서 일하지 않으셨죠. 나도 그게 좋아요. 하루가 끝날 때면 문을 닫고 집에 오는 거죠."

칼라는 자신의 소매점에서 매달 1만 달러 정도의 제품을 판매한다. 가게에 들르는 사람들은 좋은 예상고객이 될 수 있다. 대부분의 고객은 모두 제품에 관심이 있고, 따라서 칼라의 유망한 예상고객의 제 1 조건에 부합한다. 또 남보다 리크루팅에 더 쉽게 반응하는 사람이 있다. 칼라에게는 기업형 일벌레와 사업적 의욕이 넘치는 사람들을 분별하는 날카로운 감각이 있다.

## 제품에서 사업으로

"가게에 들어오는 사람과 자리에 앉으면 절대 사업 얘기는 하지 않습니다. 제품에 대해 얘기하죠."

칼라의 모집활동 첫 단계는 사람들에게 자연건강 철학과 제품에 대해 믿음을 주는 것이다. 제품에서 효과를 보고 다시 찾는 고객들에게는 현재 쓰고 있는 개인용품이나 가정용품 등을 칼라가 소속된 회사 제품으로 바꿔 보라고 권해 본다.

칼라는 좀처럼 사업에 대한 부담을 주지 않는다. 고객과 제품공급자의 관계를 구축하면서 사업 설명을 할만한 적당한 순간이 오기를 기다린다. "고객이 할인을 요구하면 사업을 설명할 좋은 기회가 왔다는 신호입니다. 5명을 가입시키고 그들이 일정 분량의 제품을 구매하게 되면, 그에 대해 보너스를 받게 되며 그 보너스로 제품을 살 수 있다고 말해 줍니다. 사람들은 제품을 공짜로 얻어서 좋다고 생각하죠."

## 이탈 고객

이런 제안에 그 즉시 포기하는 고객도 있다. "네트워크 마케팅 사업에서 끔찍한 경험이 있어서 어떤 관계도 원하지 않는 사람도 있습니다." 칼라는 그런 사람들에게는 강요하지 않는다. 그러나 즉각 포기하지도 않는다. 시간이 지나고 그들의 경제적 여건이 달라지면서 마음을 바꿀 수도 있기 때문이다. 그리고 마음을 굳게 닫은 사람들에게도 사업에 관심이 있는 친구가 있을 수 있다. "그 사람이 어떤 사람을 데려 올지는 아무도 모르는 일입니다." 칼라는 고객이 제품에 만족해서 다시 찾아오게 만든다.

사업에 관심을 갖고 가게에 오는 사람들 중에는 제품에는 거의 관심이 없는 사람도 있다. "그런 사람들에게는 별로 기대하지 않습니다. 바로 포기하지는 않지만, 사업을 해보라고 권하느라 시간을 낭비하지도 않습니다."

## 조기경보 시스템

예상고객 가운데 사업에 호기심을 보이고 제품에 열의가 있는 사람을 발견하면, 칼라는 본격적인 행동에 들어간다. 칼라는 예상고객을 앉혀놓고 보상플랜에 대해 설명해 준다. 마음을 열고 듣는 사람들은 칼라의 "3단계 목표설정" 과정을 거치게 된다. 이 과정은 조기경보 시스템 역할을 하여 제대로 된 예상고객과 그렇지 않은 사람들을 가려내 준다.

"내 시간을 낭비하는 사람들에게는 절대 시간을 들이지 않아요. 기운만 빼거든요. 그래서 일단 보상플랜을 설명하고 나면, 그 사람에게 본격적으로 시간을 투자하기 전에 나는 3가지를 요구합니다. 24개월 동안 꾸준히 노력할 것, 자신의 목표와 비전을 글로 적을 것, 그리고 사업 계획을 요구하지요."

## 분명한 목표설정

'목표 기술' 은 예상고객의 궁극적인 인생 목표를 말한다. '목표 기술' 을 통해 칼라는 그 사람이 어떤 생각을 하는지, 살아가는 목표가 무엇인지를 알 수 있다. '비전 기술' 은 MLM 사업에 대한 보다 구체적인 목표를 말한다. 돈을 얼마나 벌고 싶은지, 가족과 어느 정도나 시간을 함께 보내고 싶은지, 어떤 집과 차를 원하는지, 어떤 휴가를 가고 싶은지 등을 기술하게 된다. 마지막으로, 사업계획은 보상플랜 내에서 앞에서 기술한 목표를 달성하기 위한 단계별 계획을 말한다. 자신의 목표를 달성하기 위해서 정확히 몇 명의 디스트리뷰터를 가입시켜야 하는지, 또 그들이 매달 어느 정도의 판매량을 달성해야 하는지를 낱낱이 명시하게 된다.

이렇게 목표를 글로 표현하게 함으로써 예상고객의 열의와 진실성을 쉽게 테스트해 볼 수 있다. 많은 사람들은 목표를 세우지도 못한다. 자신이 무엇을 원하는지조차 모르는 것이다. 그런 사람들에게 투자하는 것은 실패할 가능성이 높다. "목표가 없는 사람들은 전화를 해도 연락이 없고, 다른 사람들과 얘기하고 싶어하지 않는 사람들입니다. 그런 사람들은 금새 열의가 사라집니다."

목표 기술 과정에서 이 사업이 어느 정도의 노력을 요하는지 깨닫고는 그만두는 예상고객도 있다. 대개, 사업계획을 세우는 과정에서 알게 된다. "일단 종이에 다 써놓고 나면, 기대에 부풀어 흥분하거나, 아니면 너무 엄청난 일이라 못하겠다고 하지요. 못하겠다고 하는 사람들에게는 절대 시간을 투자하지 않습니다."

## 탄탄한 다운라인

조직적인 예상고객 선별과정을 통해 칼라는 열성적인 리더들과 성실한 제품사용자로 구성된 다운라인을 구축하게 되었다. 칼라는 부모님의 그룹 수입을 월 3만 5000달러로 끌어올렸다. 2년만에 1만 달러 상승한 셈이다. 부업으로 하고 있는 그의 사업에서 칼라는 40명의 조직에서 매달 1000달러를 벌어 들이고 있다.

처음 이 일을 시작했을 때, 칼라는 때때로 대기업의 명성과 화려함을 그리워하기도 했다. 그러나 이제 그건 옛일이다. 이제는 오히려 칼라가 직장인들에게 부러움의 대상이 되고 있다. "기업은 이제 매력을 잃었어요. 열심히 일하고도 수입은 얼마 안 되고, 집에서 보내는 시간도 너무 적기 때문이지요."

반면, 칼라는 자신이 원하는 삶을 살 수 있다. 사업을 하면서도 지역사회 활동에도 참여하고 아이들과 많은 시간을 보낸다. 칼라는 최근 큰 아들 둘을 데리고 유럽 여행을 갔다 왔다. "네트워크 마케팅은 내 삶에 믿을 수 없는 영향을 미쳤어요. 정말 놀라운 일들이 많이 일어났지요."

제 **10** 부

# 다운라인을 후원하라

# 제 31 장

# 시간적 자유

"**다**시는, 절대로 남의 밑에서 일 안해." 에반 룬드 (Evan Runde)는 생각했다. 일요일 밤이었다. 월요일 아침이면 언제나처럼 출근해야 했다. 그러나 에반에게는 다른 계획이 있었다. 지금까지 해온 은행 사업은 꽤 괜찮았다. 나이 서른에 에반은 수십 억 달러 규모의 메릴랜드 은행에서 6억 달러 영업 지역을 관리하며 일년에 10만 달러를 벌었다. 그러나 석 달 전 다른 은행과 합병한 후로 에반의 직장 생활은 갈수록 힘들어졌다.

옛날 직장에서 에반은 자신의 포트폴리오를 마음대로 운영할 수 있는 전권이 있었다. 두세 달 동안 상관을 만나지 않고 자유롭게 일하기도 했다. 이렇게 분권화된 경영하에 사업은 번성했다.

"80년대 중반 메릴랜드는 승승장구했습니다. 레이건이 국방예산에 돈을 퍼붓고 있었죠. 은행업계에 술, 여자, 노래가 넘쳤습니다." 그러나 1990년 합병 이후 신임 경영인들은 느슨한 기업 조직을 재정비하기 시작했다.

에반은 자신을 도와주던 부하직원 3명을 잃었다. 업무량도 3배로 늘었다. 에반의 업무시간은 주당 50시간에서 80시간으로 늘어났다. 아내와 두 딸의 얼굴 보기가 힘들었다.

"어느 날, 산더미처럼 많은 부채 보고서를 던져 주면서 검토하라고 하더군요. 서류 작성이 엉망이었습니다. 그 포트폴리오에 수백만 달러의 악성 채무가 있는 게 분명했습니다."

어찌된 셈인지, 에반이 그 일을 모두 해결해야 하는 상황이 되어 버렸다. 에반은 이제 참을 만큼 참았다고 생각했다. 돌아오는 주말에 에반은 그만두겠다고 결심했다.

## 시간적 자유

에반에게 은행의 새로운 경영방식은 배신으로 느껴졌다. 새로운 상사는 그를 같이 일하는 동료라기보다는 마치 기계처럼 취급했다. 에반의 시간을 중요하게 생각하기는커녕, 바쁘기만 하고 성과 없는 일만 잔뜩 안겨주었다.

에반은 은행에서의 경험을 통해서, 시간은 사업가의 가장 소중한 자산이라는 사실을 배웠다. 그리고 시간을 자율적으로 관리하는 유일한 방법은 자신이 사장이 되는 것이었다.

에반은 자립할 길을 모색하기 시작했지만, 그 길은 예상했던 것보다 험난했다. 에반은 TCBY 프랜차이즈를 시작했는데 2년만에 실패하고 20만 달러 빚만 졌다.

그 후 한 네트워크 마케팅 회사에 들어갔는데 할당량이 너무 많아 아무리 제품을 많이 팔아도 늘 적자를 면치 못했다. 에반은 5년만에 손을 들었다.

"가장 많이 받아본 게 4000달러에서 5000달러 사이였습니다. 그리고 그 정도라도 벌려면 3, 4천달러는 써야 했습니다."

## 포기하지 않다

이런 실패를 겪으면서도 에반은 자신의 목표를 포기하지 않았다. "난 다 잃었습니다. 하지만 뭘 하든 남의 밑에 들어가지 않으려고 노력했습니다." 그런 이유로 에반은 보통 사람이라면 결코 하지 않았을 신문배달을 하게 되었다. "큰 신문 배급소를 인수했습니다. 아내가 행정적인 일을 맡았고 난 밤에 차로 신문을 배달했습니다. 1년에 여섯 자리 수입을 벌던 내가 신문배달부가 된 거죠."

이런 에반이 새로운 사업기회에 적극적인 것은 당연했다. 그러나 한 친구가 네트워크 마케팅 회사에 대해 얘기했을 때, 에반은 듣고 싶지 않았다. "다단계는 하지 않겠다고 맹세를 했었습니다." 그래도 제품은 한번 써보기로 했다.

1994년부터 그는 면역계 이상인 낭창으로 우울증, 피로, 햇빛 알레르기, 관절염으로 고생해왔다. "30대 중반인데 80먹은 노인처럼 관절이 아팠습니다. 손이 너무 아파서 단추도 못 채우고 구두끈도 못 맸습니다." 2년 전부터 에반은 치료 삼아 영양보조제품을 이용해 오고 있었는데 친구가 그 회사 제품 덕분에 알레르기가 크게 나아졌다고 했던 것이다. "친구가 효과를 봤다면 나한테도 도움이 될지 모른다고 생각했죠."

## 제 3물결을 넘어서

1970년대 자연건강 분야의 선구자 레몬은 MLM을 통해 자신의 영양제품을 판매하려고 회사를 설립했다. 그러나 판매는 부진했다. 엄격한 월 할당량을 요구하는 복잡한 보상플랜 때문에 열성적인 제품 사용자들을 사업자로 묶어 둘 수가 없었다. 그래서 레몬은 두 명의 동업자와 함께 새로운 네트워크 마케팅 사업을 연구했다. 이렇게 해서 탄생한 플랜은 나중에 제 4물결 혁명의 본보기가 된다.

그의 기본 목표는 MLM은 판매가 너무 어렵다는 심리적 부담을 완전히 없애는 것이었다. 우선, 회원 가입에 아무런 비용을 부과하지 않았다. 모든 고객은 가입만 하면 도매 할인을 받을 수 있게 했다. 할인 혜택을 받기 위해 할당량을 채워야 할 필요도 없었다. 또한 친구나 가족에게 판매해야 한다는 부담도 없었다. 1992년에 이미 전산화된 드롭쉬핑 프로그램으로 디스트리뷰터들은 전화만으로 사업을 할 수 있게 되었다. 사람들에게 제품을 추천하고 자기 PIN 번호와 함께 회사의 번호만 알려주면 되었다. 그 사람들이 나중에 다른 사람에게 제품을 추천하면, 그들이 가입시킨 사람들과 고객으로부터 자동적으로 커미션을 받게 되었다. 그의 회사는 2년만에 회원 수 25만 명, 연간 매출 6000억 달러 기업으로 급성장 했다. "제 3물결을 뛰어 넘은 겁니다. 이건 시대적 흐름입니다." 〈석세스〉지에서 레몬이 한 얘기다.

## 판매 전격전

처음에 에반은 레몬의 사업과 아무런 관계도 맺으려 하지 않았다. 그러나 제품을 한달 쓰고 나서 에반은 자신의 낭창 증상에 상당한 진전이 있음을 느꼈다. 제품에 호기심을 느낀 에반은 그 사업을 새로운 눈으로 보게 되었다.

"난 놀랐습니다. 네트워크 마케팅 업계는 과대선전에 허상만 가득하고, 수천 달러의 물건을 사서 끌고 다니며 친구나 가족들에게 강매하면서, 운이 좋으면 한두 사람 가입시켜 똑같은 일을 시키는 그런 일이라 생각했죠." 에반은 그 회사 시스템은 자신이 예전에 경험한 그 어떤 사업보다도 복제성이 높다는 것을 알았다. "가입비나 의무 구매량 같은 것이 없었습니다. 그냥 우편주문을 이용해서 고객을 소개해 주면 되는 거였죠. 생각 끝에 하기로 했습니다."

에반은 전에 다니던 MLM 회사에서 알게된 오랜 친구 토드 부리어(Todd Burrier)와 손을 잡았다. 둘은 파트너로 함께 그 회사에 들어갔으며 성공의 발판을 마련하기 위해 필사적이었던 에반은 "판매 전격전"에 들어갔다. 최대한 빨리 사업을 구축하기 위한 24시간 고객모집 활동이었다. "6개월간 하루도 빠짐없이 하루에 18시간을 일했습니다. 신문배달은 계속 했기 때문에 새벽 1시 30분에는 전화를 내려놓고, 차를 타고 배달할 신문을 가지러 갔습니다. 일주일에 15시간에서 20시간 정도 수면으로 버텼습니다."

## 막다른 벽

에반의 사업은 급속도로 성장해갔다. 사업을 시작하고 2년 반만에 두 동업자는 2만 명 이상의 회원을 가입시켰고 한 달에 4만 달러의 수입을 올려 반씩 나누었다. 에반은 의기양양했지만 그는 성공의 대가를 치렀다. 에반이 갈망했던 시간적 자유는 여전히 멀기만 했다. 매일 밤 그는 전화를 붙들고 자신의 예상고객뿐 아니라 다운라인의 예상고객과 3자 통화를 통해 같은 얘기를 수없이 반복해야 했다.

에반은 벽에 부딪쳤다. 다운라인이 성장하면 할수록 더 많은 관심을 필요로 했다. 에반의 시간은 바닥 났을 뿐 아니라 그의 디스트리뷰터들은 에반의 도움을 받기 위해 기다려야 했다. 여러 면에서 에반은 그 산더미 같은 부채 보고서와 씨름하던 은행 시절로 되돌아간 느낌이었다. "나 자신과 내 다운라인 모두를 위해 시간을 절약할 방법을 찾아야 했죠. 리더에게는 지렛대 효과를, 그룹에는 효율성을 부여하는 시스템이 필요했습니다." 그 문제를 해결하려고 노력하는 과정에서 토드와 에반은 새로운 다운라인 후원 방법을 개척하게 되었다. 이 새로운 방법으로 21세기의 제 4물결 혁신은 더욱 확실하게 구체화되었다.

# 제 32 장

# 자동 후원

다운라인 디스트리뷰터 중 한 명과 전화로 얘기하던 어느 날, 에반은 해결의 실마리를 찾았다. 그 다운라인은 적극적인 사업자였다. 그녀는 낮에는 비서로 일하고 집에 돌아와 매일 밤 7시부터 11시까지 전화로 다운라인을 구축했다. 그날 밤, 그녀는 마지막 전화를 끝내고 에반에게 전화를 한 것이었다. 몇 분쯤 얘기를 하다가 그녀가 한숨을 쉬며 말했다. "휴, 이제 그만 끊어야겠어요. 정리해야 할 테이프 패키지가 아직 15개나 남았어요. 잘려면 1시간 반은 있어야겠네요."

그 때 시각이 밤 11시였다. 패키지에 들어갈 내용물을 챙기며 잠도 못 자고 새벽까지 일할 그 여자를 생각하면서 에반은 그날 밤 잠을 설쳤다. 얼마나 바보 같은 시간 낭비인가. 그런 단조롭고 힘든 업무를 피하자고 MLM에 가입한 것이 아닌가. 회사가 도입한 그 모든 첨단 업무 단순화와 자동화 시스템에도 불구하고 아직도 이런 낡아빠진 업무들이 조직의 생산성을 떨어뜨리고 있다는 사실이 마음에 걸렸다. 이 문제를 생각하면서 에반은 토드와 함께 이 사업에서 확인한 유사한 문제점들을 일제히 검토해 보았다. 그리고 이런 문제들에 대해 즉시 뭔가 조치를 취하기로 결심했다.

## 처리센터

에반은 문제를 푸는 열쇠는 단순업무를 최대한 한 곳에 모아서 처리하는 것이라고 생각했다. 에반과 토드는 그 후 6개월 동안, 반복적이고 시간이 많이 소요되는 업무로부터 다운라인을 해방시키기 위한 시스템을 개발하였고 그 과정에서 두 사람도 상당한 시간적 자유를 얻게 되었다.

두 사람이 도입한 가장 혁신적인 조치는 "처리 센터"로서, 정보 패키지 내용물을 채워 넣는 잡무에서 사람들을 해방시켜 주는 것이 주된 목적이었다.

가능성 있는 예상고객을 찾은 디스트리뷰터는 이제 간단한 주문서만 작성해서 처리 센터에 팩스만 보내면 된다. 그러면 24시간 내에 센터에서 예상고객에게 테이프가 든 정보 키트를 직접 발송한다. 처리 센터는 시간과 노력을 절약해 줄뿐만 아니라, 구체적인 판매과정에 디스트리뷰터가 직접 관여하지 않게 해 준다.

이는 수줍음이 많은 사람들이 친구나 친척 등 연고자에게 판매할 때 중대한 매력으로 작용한다. "이제 아는 사람들에게 전화해서 이렇게 말하면 됩니다. '건강과 영양에 관한 놀라운 테이프를 들었는데, 회사에다 하나 보내라고 할 테니 한번 들어보세요.' 자신은 이 거래에서 제 3자가 되는 셈이죠. 이게 새로 들어오는 사람에게도 좀더 편안한 시스템입니다."

## GAP 시스템

이 두 파트너가 가져온 또 하나의 혁신은 18개의 녹음 메시지 메뉴를 온라인 상에 만든 것이다. 회사의 지정된 번호로 메뉴에 연결

할 수 있으며 제품, 회사, 에반의 개인성공담 등을 다룬다. 이로써 에반과 토드는 예상고객과의 직접적인 통화 부담을 상당히 덜게 되었다.

이 아이디어 역시 어느 날 밤 에반이 한 예상고객과 전화를 하다가 떠오른 것이다. 에반은 제품과 교육용 자료가 든 300달러의 사업자 키트를 이용한 "고속 사업구축 프로그램"에 대해 설명하는 중이었다. 에반이 설명을 마치자 예상고객은 "방금 그 얘기를 녹음해뒀으면 좋았을걸! 정말 쉽게 설명을 잘 하시네요"라며 아쉬워하는 것이었다. 에반은 하루에 대여섯 번씩 똑같은 내용을 끝없이 반복하는 과정에서 설명하는 요령이 늘었다는 사실을 깨달았다.

"그래, 정말 녹음하면 어떨까?" 에반은 생각했다. 이제, 전화 키패드만 누르면 누구든지 에반의 설명을 들을 수 있다. 에반은 이 시스템을 "GAP(Grab a Pen: 펜을 드세요)"라 부른다.

"사업 이야기를 할 때, 난 이렇게 말합니다. '여기서 시간을 낭비하기 전에, 본인이 이 일에 정말 관심이 있는지 한번 알아보는 게 어떨까요? 펜을 들고 번호를 두 개 받아 적으세요'" 그 녹음 내용을 듣고 나서 전화를 하는 사람은 정말 사업을 하려는 진지한 예상고객일 것이다. "예상고객을 선별하는 훌륭한 장치입니다. 이 시스템을 이용하면 많은 예상고객 가운데 정말 관심 있는 사람들에게만 시간을 투자할 수 있습니다."

## 전화 공포증

GAP 시스템은 다른 면에서도 유익하다. 에반의 다운라인 중에 사업을 잘 하시던 76살 할머니가 있었다. 할머니는 제품으로 좋은 결과를 얻었고 자신의 체험은 많은 회원을 가입시키는데 도움이 되었다. 더구나 할머니는 놀랄 만큼 활동적이었다. "아침 6시 30분에 분주한 교차로에 나가 자동차에 탄 사람들에게 전단을 나눠줄 만큼 열성이었죠." 그런데 한가지 문제가 있었다. 전화로 사람들을 모집할 때면 얼어붙고 마는 것이었다.

"많은 사람들이 전화 리크루팅을 두려워합니다. 특히 초보자들은 뭐라고 해야 할지 모르기 때문에 더 그렇죠. 이런 공포를 극복하는 길은 연습을 하는 겁니다. 그러나 공포심은 종종 사람의 행동을 마비시키죠." GAP 시스템을 도입한 후로 할머니의 사업은 급속도로 성장했다. "하루에 15명에서 20명과 전화를 하더군요. 더 이상 무슨 말을 할까 걱정하지 않았어요. 할머니는 사람들과 신뢰를 쌓고 그 사람들에게 GAP 번호만 가르쳐 주면 되었으니까요." 할머니의 판매량은 단기간에 두 배로 뛰었다.

## 시간 절약

에반의 다운라인들은 인터넷이나 주문자 팩스 전송 서비스를 통해 정보를 얻을 수 있다. 웹사이트에는 20분 분량의 사업 소개가 올라 있다. 아울러, 핵심 리더의 프로필, 기업 및 제품 정보, 기업 내 인물 디렉토리와 연락처, 예상고객 유치 방법과 에반의 다운라인이 이용할 수 있는 사업구축 시스템에 대한 교육 정보도 포함되어 있다. 이런 정보의 상당부분은 지정된 번호로 전화하여 주문자 팩스 전송 서비스로 자동 검색할 수 있다.

이 모든 시스템은 "시간 절약"이라는 한 가지 목표를 달성하기 위한 것이다. 옛날에는 사업을 시작하려면 일정량의 제품을 먼저 주문해야 했다. 주문하면 대개 도착하는데 4, 5일 정도가 걸렸다. 제품을 사용하고 회의 전화 내용을 들어본 다음, 사업 홍보용 테이프 100개를 구매할 것인지 결정했다. 테이프를 받아서 포장하고 우편 발송을 마칠 때쯤이면 별로 한 일도 없는데, 한 달이 쉽게 지나가기 일쑤였다.

그런데 에반의 새로운 시스템을 이용하면, 첫날부터 바로 사업을 시작할 수 있다. 테이프 요청서를 처리센터에 보내고, 웹사이트나 주문자 팩스 전송 서비스, GAP 시스템으로 사람들을 소개하면서 바로 사업구축에 들어갈 수 있는 것이다. "시간절약이 핵심이죠."

## 리더십 강화

"도구와 시스템이 자리를 잡아갈수록 리더들의 역할 비중은 점점 줄어듭니다. 그렇다고 그런 시스템이 리더십을 대신하게 된다는 뜻은 아닙니다. 오히려 강화시켜 주죠." 가령, 에반은 요즘 반복적인 전화 사업설명보다 최고 실적자들 교육에 더 많은 시간을 들인다.

그러나 에반이 보기에 이런 시스템의 진짜 수혜자는 이 사업을 파트타임으로 하는 보통 네트워커들이다. "요즘, 맞벌이 부부가 점점 늘고 있습니다. 그들은 시간이 없습니다. 집에 돌아오면 완전히 녹초가 되죠. 70년대, 80년대라면 모르지만, 요즘은 저녁 시간에 집에 가서 3시간 동안 전화기 붙들고 힘들게 사업을 할 사람은 그리 많지 않습니다." 에반의 시스템은 이런 부부들이 네트워킹 사업을 하는데 필요한 시간단축 요소를 제공한다. "파트타임 사업자에게 필요한 각종 지원을 제공해서 비교적 단기간에 성공을 거둘 수 있도록 합니다."

## 신화 벗기기

어떤 사업 시스템이든 궁극적인 목표는 하나다. 여기서 토드와 에반의 혁신은 그들의 재능을 수없이 입증해 보였다. 혁신적 시스템이 도입되고 6개월 후, 매출은 6개월 전의 15-20%에서 30%로 성장하였다. "미친 듯이 성장하고 있어요. 이제 경제적 독립을 이룬 다운라인들이 많이 생겼지요."

에반은 자신의 시스템을 업계 전체 움직임의 일부로 본다. 제 4 물결 혁명이 가닥을 잡아가면서, 기업들은 매일 MLM의 가장 고질적인 문제, 즉 파트타임 사업자들이 하기 쉬운 MLM 사업을 만들기 위해 노력하고 있다. 에반은 단순화된 보상플랜과 드롭쉬핑 프로그램으로 중대한 문제들을 대부분은 해결했다고 본다. 그러나 에반의 자동 후원 시스템은 훨씬 더 깊은 부분까지 다운라인을 돕고 있다.

"이 업계에는 100명의 연고시장 리스트만 만들면 돈이 그냥 들어온다는 잘못된 믿음이 있어요. 실제로는 그렇지 않습니다. 대부분의 네트워커의 경우, 상당한 사업을 구축하기까지 수백 명의 사람들을 만나야 할겁니다. 따라서 파트타임 사업자들이 최대한 빨리 많은 예상고객을 유치하도록 지원하는 턴키 시스템을 개발하는 회사들이 이 업계에서 유리한 고지를 점하게 될 것입니다."

※드롭쉬핑(Drop-Shipping): 디스트리뷰터를 통하지 않고 회사에서 고객에게 제품을 바로 배송하는 방식.

# 제 11 부

# 제5물결을 넘어서

# 제 33 장

## 전자상거래 시대

역 사상 최초의 전자화폐 거래는 1864년 웰즈 파고(Wells Fargo) 역마차 회사의 전신이었다. 블랙 바트 같은 무장 강도들이 역마차를 공격해 현금상자를 빼앗던 험악한 미국 서부 개척시대, 웰즈 파고 회사는 전신을 통해 멀리 떨어진 사무실간에 돈을 안전하게 옮길 수 있었다. 이 서비스는 일반에게도 인기를 얻었고, 전신 거래가 늘어나면서 웰즈 파고의 전신 처리 중개인이 두 배로 늘었다.

21세기에도 전신은 여전히 사용되고 있다. 그러나 이제는 광케이블을 통해 전세계 은행, 중개소, 증권 시장, 기업, 상품 거래소로부터 매일 엄청난 금액의 돈이 왔다갔다한다. 새 천년이 시작된 지금, 전자상거래는 경제의 거대한 개척지로 떠올랐다. 이 시장이 얼마나 크게 성장할지, 얼마나 급속도로 팽창할지 아무도 모른다. 그러나 초기 징후들을 보면 그 규모가 상상을 초월할 정도임을 알 수 있다.

시장조사 업체는 2016년 세계전자상거래 규모는 23.7%. 성장한 1조9,150억 달러로 추정했으며 전자상거래 매출은 계속 증가하여 2020년에는 4조 달러를 넘어설 것으로 전망하고 있다.

네트워크 마케터들은 전자상거래 폭발에서 이미 주도적인 역할을 하고 있다.

## 사이버 거래의 악몽

〈제 3물결〉에 보면 "제 4물결을 넘어서"라는 부분이 있다. 그 장에서 나는 쇼핑이 거의 인터랙티브(쌍방향) 미디어를 통해서만 이루어지는 세상에 네트워크 마케팅이 부합하는 이유를 설명하려고 했다. "21C 어느 시점 이후가 되었다고 하자. 쇼핑은 모두 텔레스크린을 통해서 한다.

텔레스크린을 켜고 커서를 식료품 아이콘으로 옮겨라. 갑자기 바빌론의 공중정원 같이 거대한 슈퍼마켓 속을 헤매게 된다. 통로가 사통팔달이다. 선반마다 유전공학을 이용해서 재배한 식품의 영상이 어지럽게 움직이며 소비자를 유혹한다."

거기서 필자가 전하려고 한 요지는 전자 쇼핑은 꿈의 실현일 수도 있지만 끔찍한 악몽이 될 수도 있다는 것이다. 필자는 엄청나게 많은 제품과 정보량은 쇼핑을 극도로 복잡하게 만들 것이라고 예견했다. 소비자의 시선을 사로잡으려고 제품마다 요란한 광고가 따라붙을 것이다. 그러나 그런 광고 메시지는 소비자에게 불쾌한 혼란만 안겨줄 뿐이다.

## 정보 과부하

"방사선을 쪼여 수경 재배한 봉지에 담은 콩이 당신의 망막에 플래시를 터뜨린다. 그리고 최면을 걸려는 듯한 목소리가 당신 뇌의 티타파 주파수에 일치시켜서 '이걸 사세요, 이걸 사세요' 하고 속삭인다...... 제품부에는 거대한 오이상자가 진열되어 있다. 오이는 지미 듀란트(코가 몹시 큰 미국의 희극배우)식의 농담을 한다. '나는 당신 코가 아닙니다. 유전공학으로 기른 오이입니다. 차차차!' 무르익은 토마토가 음란하게 몸을 흔들면서 당신 귀속에 노골적으로 '사랑해줘요' 라고 속삭이는 진열대를 얼굴을 붉히면서 지나간다.

"제품마다 손님을 끄는 독특한 방식이 있다. 그러나 이들의 목적은 딱 한가지다. 당신의 커서가 그 위에 딱 멈추게 하는 것이다. 그러나 조심하라. 커서를 멈추기만 하면 그 손아귀에 들어가고 만다. 컴퓨터 스크린에는 그 제품에 관한 여러 가지 다양한 프로그램이 한꺼번에 쏟아져 나온다. '소비자 증언', '소비자 불만과 소송기록', '영양가 정보', 심지어는 '명사의 증언' 등이 총천연색으로 스크린 위에 어지럽게 춤춘다. 플래시 라이트가 번쩍이고 심리적 저항을 중화시키기 위한 백색잡음(모든 가청 주파수를 같은 밀도에 포함시키는 잡음)을 주기적으로 들려준다. 한마디로 말해 쇼핑은 악몽이라고 할 수 있다."

## 고객서비스 위기

약간은 비웃는 투로 미래의 쇼핑공간을 그리긴 했지만, 필자는 그 이면에 숨은 실질적인 문제, 즉 어떻게 하면 사이버 쇼핑 환경을 사용자 친화적으로 만들 것인가 하는 문제를 지적하고자 했다. 21세기가 시작된 지금, 업계 리더들은 미래의 전자상거래 제국과 현재의 온라인 유령회사를 구별짓는 확실한 기준은 "고객 서비스"에 있다는 사실을 인식하기 시작했다. 현재 온라인 거래는 매출 신장에 비해 고객 불만이 급격히 늘고 있다. "인터넷 고객 서비스는 정말 형편없습니다." 켄 알라드가 저널 기사에서 한 얘기다.

주피터 커뮤니케이션스는 100여 개 이상의 온라인 쇼핑 사이트를 방문하여 전자우편으로 설문조사를 실시했다. 대다수의 사이트들은 전혀 응답이 없었고 42%는 답변에 5일 이상이 걸렸다. 〈뉴욕타임즈〉에 따르면, 전자상거래 고객의 33-66%가 계약이 완료되기 전에 구매를 중단하는 것으로 나타났는데, 이런 수치는 전혀 놀랄일이 아니다. 고객의 질문에 대답하거나 문제를 해결해 줄 사람이 없다면 구매 의지는 순식간에 사라질 것이다.

## 미래는 바로 지금

온라인 상인들은 지금 대화실과 인터넷 전화서비스 등으로 전자 쇼핑 사이트에 인간적 숨결을 더하려고 안간힘을 쏟고 있다. 1-800-플라워즈(1-800-Flowers)의 부사장 크리스 맥캔(Chris McCann)은 자사의 인터넷 전화 프로그램을 "사용자 가이드"라고 설명한다. 이는 온라인 쇼핑객이 처음 사이트를 방문할 때 혼자서 사용할 만큼, 자신이 생길 때까지 친절히 안내해주는 프로그램이다. 멋진 생각이다. 그러나 새로운 고객을 웹사이트에 끌어들이는 최상의 방법은 1994년 필자가 제안한 방법, 즉 네트워크 마케팅이다. 이 책의 인쇄에 즈음하여 최근에 일어나고 있는 일련의 사건들은 과거의 내 예견을 입증해 주고 있다. 그러한 사건들을 통해, 미래의 전자상거래 환경과 그런 환경을 인간적인 환경으로 만드는 MLM 종사자들의 역할에 대해 필자가 얼마나 정확하게 전망했는지 잘 알 수 있다.

1999년 9월 마이크로소프트사와 MLM 회사가 서로 제휴하여 인터넷 최대의 소매 웹사이트를 선보였다. 여기에는 수만 여종 이상의 갖가지 제품과 서비스를 제공하고 있다.

## 사이버 백화점

마이크로소프트의 프로젝트 수석 컨설턴트인 스티븐 맥카티 (Stephen McCarty)는 〈네트워크 마케팅 라이프스타일(NML)〉지에서, 웹사이트가 쇼핑객에게 거대한 가상 쇼핑몰에서 실제로 쇼핑하는 듯한 착각을 주는 형식을 고려 중이라고 했다. 또한 〈네트워크 마케팅 라이프스타일〉지의 코이 배어풋(Coy Barefoot) 기자는 웹사이트에서 "백화점 통로를 지나다니면서 진열대의 물건을 '클릭' 하여 장바구니에 담는 시각적 경험을 하게 될지도 모른다"고 표현했다.

## 뉴 패러다임

"MLM 회사의 웹사이트와 관련하여 정말 신나는 일이면서 또 대단히 중요한 사실 한 가지는 MLM 웹사이트가 이미 엄청난 규모의 탄탄한 고객을 확보하고 있으며, 그래서 이미 다른 모든 웹사이트를 앞서고 있다는 사실입니다. 전자상거래의 새로운 패러다임이라 할 수 있지요." 브리짓 파랜드(Bridget Fahrland)가 〈네트워크 마케팅 라이프스타일(NML)〉지에 한 얘기다.

1998년 전자상거래가 월스트리트에서 폭발적 성장을 시작한 이래로, 전자상거래의 주요 장애물은 고객을 유치하고 또 유지하는 일이었다. 아마존(Amazon.com)도 링크 보상제도가 성공을 거두고 월스트리트 투자자들로부터 엄청난 자금지원을 받는데도 불구하고 성장에 어려움을 격고 있다. 반면, MLM전자상거래는 전세계 4500만 판매원이라는 엄청난 고객기반을 이미 확보한 상태에서 시장에 진입하여 엄청난 전자상거래 웹사이트로 성장하였다.

## 마법의 해결책

그러나 MLM을 다른 전자상거래 웹사이트와 차별화하는 것은 하이터치 요소이다. 즉, MLM 웹사이트를 소개해 준 판매원으로부터 신규 고객은 개인적인 서비스와 지원을 받을 수 있다.

"온라인 백화점의 고질적 문제점은 너무 크고 너무 혼란스럽다는 점입니다. 쇼핑몰에는 수많은 업체가 있을 텐데, 소비자가 그것을 제대로 이용하기 위해서는 온라인 환경에 친숙해져야 합니다. 어디에 뭐가 있는지, 원하는 것을 어떻게 구할 수 있는지를 알아야 합니다." MLM 인터넷 컨설턴트 로드 쿡(Rod Cook)의 얘기다.

네트워크 마케팅은 전자상거래를 세계적으로 확산시켜줄 마법의 해결책을 제공한다. "인간의 목소리는 먼 옛날 인류가 동굴 밖으로 나온 이래, 인간이 가진 가장 강력한 도구입니다. 인터넷도 그 사실을 바꾸지는 못할 것입니다. 인터넷과 함께 전화를 활용하는 회사들이 온라인에서 가장 큰 성공을 거둘 겁니다. 네트워크 마케팅은 그 틈새를 완벽하게 채워줍니다." 쿡의 얘기다.

# 제 34 장

# 사이버 시대

**2016**년 시장조사 업체 이마케터가 발표한 자료에 따르면 전세계 인터넷 사용자는 전세계 인구의 42.4%인 30억 명을 넘어선 것으로 추정되며 몇 년 후에는 반 이상이 인터넷을 사용하게 될 것으로 예상하고 있다. 그러나 이러한 수치도 수년이 지난 후에는 무의미한 자료가 될것이다. 현재 인터넷 사용은 매년 엄청나게 증가하는 추세이며 네트워크 마케팅은 그 성장에 중대한 역할을 하고 있다. 고객들에게 인터넷 서비스를 제공함으로써 사이버 공간으로 가는 관문을 넓히는 MLM 기업들이 점점 더 늘고 있기 때문이다.

기술이라면 무조건 거부하는 사람도 입에서 입으로 전하는 MLM 사이버 군단의 부드러운 속삭임을 거부하기는 어려울 것이다. 아직 사이버 시대에 동참하지 않는 사람들을 사이버 공간으로 끌어오기 위해, 생각할 수 있는 모든 묘책과 아이디어가 동원되고 있다.

네트워크 마케터들은 인터넷에 익숙하지 않은 고객들에게 ISP 서비스 대폭 할인, 매력적인 프리미엄, 환불 보증 등 갖가지 개인 지원을 제공한다. 이것도 효과가 없으면 인터넷 MLM 사업으로 돈을 벌 확실한 기회를 제공한다. 이 모든 판매 및 리크루팅 활동을 통해 예상치 못한 시너지 효과를 거두게 된다. 즉, 인터넷과 네트워크 마케팅 사업 양쪽에 좋은 결과를 낳는 것이다.

## 무한한 성장

론 위긴스(Ron Wiggins)는 자신이 올린 실적에 비해 수입이 너무 적다는 걸 깨닫고 잘 나가던 신발 세일즈맨을 그만 두기로 했다. "이용당하는 기분이었습니다. 매년 판매 기록을 깼죠. 회사는 미국 내 500개의 매장이 있었고 나는 우리 매장 실적을 1위로 끌어올렸습니다. 그런데 월급에는 전혀 반영되지 않더군요."

1991년 론과 아내 크리스는 NK에 가입했다. 처음에는 성장이 더뎠다. "우리가 들어갔을 때는 회사가 침체기를 겪고 있었죠."

어렵게 사업을 이끌어 오던 두 사람은 새로운 기회를 잡기 위해 그 때까지 해오던 사업을 그만두려고 했었다. 그런데 1997년 너무도 큰 기회가 찾아왔다. 그해 빅 플래닛 출범을 선언했던 것이다. 회사가 그해 세계적인 경제적 흐름을 본격적으로 이용하려 한다는 걸 알았습니다. 그 경제 흐름은 바로 인터넷, 전자상거래, 정보통신의 결합이었지요."

빅 플래닛은 각종 서비스 상품과 함께, 옷, 서적, 꽃, 보석, 스포츠용품과 컴퓨터 하드웨어에 이르기까지 모든 제품을 제공하는 온라인 상점(e-프랜차이즈)을 만들었으며 더구나 세계 최고의 일류 기업들(마이크로 소프트, IBM, 선마이크로 시스템, AT&T, 오라클, 시스코)과 전략적 제휴를 맺었다. 예를 든다면, 스카이텔 커뮤니케이션스의 선불제 호출 상품을 판매하거나, IBM과 계약을 맺고 IBM 온라인 컴퓨터와 인터넷 교육 프로그램을 판매하는 식이다.

"다음 개척 분야는 고속통신이 될 것이며, 빅 프래닛은 이 분야를 적극 이용할 준비가 되어 있습니다." 그는 또 이렇게 예견했다. "이 분야가 MLM회사와 연계한다면 쉽게 단일 최대의 네트워크 마케팅 사업으로 성장할 수 있을 겁니다."

## "내가 하면 당신도 할 수 있다"

빅 플래닛은 인터넷을 대중 가까이 끌어오기 위해 '하이터치' 방법을 제공한다. 인터넷 서비스 가입자는 전화로 24시간 기술 지원을 받을 수 있으며 고객을 가입시킨 판매원은 자신의 고객에게 문제가 생기면 언제든지 도움을 제공한다.

론 위긴스도 컴퓨터 초보였다. "기술은 가장 큰 장애물이었습니다. 이 사업을 시작하기 전에는 한번도 컴퓨터를 사용한 적이 없었고 그래서 겁이 났습니다. 사업 3주전에야 컴퓨터를 장만해서 마우스로 클릭하는 걸 배웠지요. 며칠이 걸렸지만 결국 제대로 할 수 있게 되었죠. 이젠 컴퓨터 없이는 못 살 것 같아요." 예전의 자신처럼 기술 공포증이 있는 사람들을 가입시킬 때, 론은 이렇게 말한다. "내가 할 수 있으면 당신도 할 수 있어요." 론과 크리스는 7개월이 채 못되어서 최고 커미션 레벨로 부상했다. 둘은 이제 풀타임으로 사업을 구축하고 있다.

"이 사업은 우리에게 새로운 자유를 주었습니다. 지금 우리는 커다란 시대적 흐름이 시작되는 단계에 있어요. 그만두려고 했던 때에 비해 주간 미팅과 교육 참석률이 3배로 늘어났어요."

## 광고가 필요 없는 사업

켄(Ken)과 케시 클레이그스(Kathy Klages) 부부 역시 빅 플래닛 프로그램이 시작된 후 급성장했다. 셰브론(Chevron)의 기술부장이었던 켄은 이렇게 말한다. "순식간에 직급이 올라갔어요. 이 사업 자체가 저절로 성장하기 때문이죠. 인터넷과 전자상거래 열기가 너무 뜨거워서 모든 사람들이 이미 관심을 갖고 있었어요. 따로 광고할 필요가 없었습니다." 캔이 좋아하는 상품 가운데 하나는 300달러 하는 아이폰(iPhone)으로, 실리콘 밸리의 인포기어 테크놀로지(InfoGear Technology)라는 기업이 생산한 제품이다.

아이폰은 소형 스크린이 장착된 전화로서, 컴퓨터가 없어도 인터넷에 접속하여 전자우편과 전자상거래 기능을 이용할 수 있다.

"인포기어는 아이폰을 소매 유통으로 판매하려고 했습니다. 그러나 9개월에 900개 정도 밖에 못 팔았죠. 소매상들은 그 제품을 매장 어디다 둬야 할지 몰랐거든요. 생긴 모양이 전화 같아서 그냥 전화기랑 같이 진열해 놓았죠. 그게 뭔지 모르는 소비자들은 그냥 비싼 전화기라고 생각했던 겁니다." 여기에는 '하이터치' 요소가 결여되어 있었다. 인포기어는 그 문제점을 인식하고, 1998년 10월 MLM 네트워크를 통해 아이폰을 유통한다고 발표했다.

"아이폰은 새로운 장치이기 때문에 소비자가 설명을 들으면서 직접 보고 만지고 사용할 때 그 진가를 제대로 파악할 수 있습니다." 인포기어 최고경영자 에드 클러스(Ed Cluss)의 얘기다. "

독립 자영업자들은 필요한 교육을 받았으며, 이런 일을 잘 해낼 능력이 있습니다."

## 장벽을 무너뜨린다

"첫날에 아이폰 1000개를 팔았습니다. 9개월 동안 소매점에서 팔았던 것보다 더 많은 숫자지요." 켄은 크리스마스 선물로 어머니에게 아이폰을 드렸다. 첨단 기술 기피증인 어머니는 그때까지 한 번도 컴퓨터를 써보지 않았다. 그러나 그 선물을 받고 얼마 안 되어, 신이 난 어머니가 켄에게 전화해서 이제 친구들과 전자우편까지 주고받는다고 자랑을 했다.

"어머니께서 평생 TV에서 야후 광고를 보셨다 해도 그것 때문에 인터넷을 하게 되지는 않았을 겁니다. 하지만 내가 아이폰을 선물하고 그 사용법을 알려드렸기 때문에 어머니는 이제 거의 매일 인터넷에서 사십니다."

켄과 캐시 클레이그스의 경험은 작은 일이긴 하지만, "인터네트워킹", 즉, 네트워크 마케팅과 사이버공간의 결합을 잘 보여준다. 두 사람의 사업이 성장해감에 따라, 정보화는 더욱 진전될 것이다. 전통적인 네트워크 마케팅 사업이었다면 거부했을 수많은 예상고객들도 사이버 프론티어(미개척지)를 개척하는 사업에 앞다투어 참여하고 있다.

# 제 35 장

# 사이버 군단

**사**람들은 자신의 웹사이트에 링크만 설치하는 간단한 방법으로 돈을 벌 수 있는 방법이 있다. 링크를 설치하면, 전자상거래 주문을 할 수 있는 아마존(Amazon.com) 같은 제 3의 기업에 고객을 연결시켜 줄 수 있는 시스템이다. 링크 제공자는 자신의 링크를 통해 전자상거래 사이트를 찾은 고객의 모든 구매에 대하여 커미션을 받게된다.

링크보상제도는 이미 전자상거래 세계에서 초미의 관심사가 되었다. 야심있는 사이버 상인이라면 이제 누구든지 수백, 아니 수천만의 링크제공자를 통해 자신의 링크를 바이러스처럼 인터넷 전체로 확산시킬 수 있다. 또 사이버 상인은 거래가 성사되기까지는 링크제공자에게 한푼도 지불할 필요가 없다.

일반 소매상의 기준에 비추어 보아도 링크보상제도는 엄청난 지렛대 효과를 부여하는 듯 하다. 그러나 링크제공자에게 그들이 소개하는 고객에 대한 커미션뿐만 아니라, 그 고객이 소개한 고객에 대해서까지 커미션을 지급하는 네트워킹 보상체계까지 첨가한다면 그 지렛대 효과는 얼마나 더 커질지 한번 생각해 보라.

MLM 컨설턴트 로드 쿡은 이를 가리켜, "MLM 링크제공 마케팅

(multi-affiliate marketing)"이라고 한다. 쿡은 앞으로 이 시스템이 전자상거래에 일대 혁명을 일으킬 것으로 예견하고 있다.

## 클릭 한번으로 고객을 유치한다

이미 최초의 네트워크 링크제공 마케팅이 온라인 세상에 도입되고 있다. 가령, www.buyMLMtools.com은 이중 커미션 구조를 통해 MLM 관련 서적과 테이프를 판매하는 링크 보상 제도를 채택하고 있다. 일단, 자신의 웹사이트에 링크만 설치하면 본인은 개입할 필요없이, 이 보상제도에서 자동으로 다운라인을 구축해 준다.

가령, 한 고객이 내 웹사이트에 와서 buyMLMtools.com를 클릭했다고 치자. 그러면 곧장 buyMLMtools.com 웹사이트로 가게 된다. 회사 홈페이지가 바로 뜰 수도 있고, 링크 제공자인 내 이름과 로고, 기타 개인 정보가 나란히 뜰 수도 있다. 거기서 고객은 네트워크 마케팅 서적과 테이프를 살펴본다. 고객이 무엇을 사든 나는 커미션을 받게 된다. 만약 고객이 buyMLMtools.com의 링크제공자가 되기로 하면 그 사람은 내 다운라인이 되는 것이다.

## "쿠키" 꼬리표

고객이 내 링크를 거치지 않고 buyMLMtools.com 사이트로 바로 들어간다고 치자. 그래도 나는 커미션을 받을 수 있다. 일단 고객이 처음 내 홈페이지를 방문했을 때 buyMLMtools.com 서버가 고객의 하드 드라이브에 "쿠키", 즉 그가 내 고객임을 확인해 주는 작은 꼬리표를 달아주기 때문이다.

이 쿠키가 고객의 컴퓨터에 남아있는 한, 고객이 내 홈페이지를 거치든 안 거치든 buyMLMtools.com을 통해서 한 모든 구매는 내 실적이 된다.

대부분의 기존 링크보상제도처럼 buyMLMtools.com도 링크제 공자에게 단일 레벨의 가입자에 대해서만 커미션을 주고 있다. 그러나 로드 쿡과 MLM 링크보상제도의 개척자들은 전통적인 MLM 사업에서처럼 고객들에게 네트워크 마케팅 커미션을 지급하는 시스템을 고안 중이다.

## 회사로부터의 자유

이런 발전은 네트워크 마케팅 사업 방식에 어떤 영향을 미칠 것인가? 제 3물결과 제 4물결 혁신이 사람들을 반복적 노동에서 해방시켜 준다면, 네트워크 마케팅 링크보상제도 혁명은 사람들을 회사로부터 해방시켜 줄지도 모른다.

"이 제도는 네트워크 마케팅을 성장시킬 겁니다. 그러나 지금과 같은 형태의 성장은 아닙니다. 지역 미팅 의존도가 낮아질 겁니다. 보상플랜은 크게 단순해져서 가입비가 거의 없어질 겁니다. 사람들은 제품에 더 치중하겠죠." 쿡의 얘기다.

이처럼 회사에 가입하고 나오는 절차가 유연해지면서 한꺼번에 여러 회사에 가입하는 것도 훨씬 간단해질 것이다.

현재 www.associate-it.com과 같은 웹사이트에는 선택할 수 있는 링크보상제도 사업이 1000개도 넘는다. 미래의 네트워커들 역시 수많은 네트워크 마케팅 링크보상제도 가운데 마음에 드는 하나를 선택해 개인 전자상거래 사이트를 구축하게 될 것이다.

## 사이버 비행

미래의 네트워커들은 무리 지어 다니는 새떼처럼 자유롭게 사이버공간을 날아다닐 것이다. 그들은 서로 맞으면 함께 뭉치고, 더 나은 사업 기회가 있으면 회사를 떠날 것이다. 또한 미래의 네트워커들은 기업이 아니라 사이버 군단으로 움직일 것이다. '사이버 군단'은 일시적, 비공식적으로 공동의 목표를 중심으로 뭉치며, 첨단 정보통신을 이용하여 각자의 노력을 조율하며, 수많은 회사와 연계하는 독립 사업가들의 네트워크이다.

앞으로 다가올 네트워크 마케팅 링크보상제도의 환경에서는 사이버 군단이 군림할 것이다. 복잡한 전자상거래 기능을 이용하여 누구나 자신의 웹사이트로 직접 판매하는 시대가 올 것이다.

자신의 인종, 사상, 이익단체, 하위문화 집단에 상관없이 사람들은 기회를 찾아 인터넷을 어슬렁거릴 것이다. 제각각 크고 작은 수많은 사이버 군단이 엄청나게 다양한 제품과 서비스를 공유하고 판매하게 될 것이다.

## 제 5물결의 미래는 어디로?

〈제 3물결〉에서 필자는 이런 얘기를 했다. "지금부터 10년, 15년 후에 네트워크 마케팅은 사회 전반에 걸쳐 널리 확산되어 더 이상 고립되고 특이한 업계라는 인식은 사라질 것이다. 네트위크 마케팅은 모든 업계에서 사용하는 표준적인 도구가 될 것이다." 그러나 네트워크 마케팅 링크보상 제도 혁명으로 인해 이런 예측은 내가 생각했던 것보다 훨씬 더 짧은 시간에 실현될 것 같다.

온라인에서 모듈화, 호환성을 갖춘 링크로 무장한 사이버 네트워커들은 세분화된 시장과 하위문화를 겨냥하여 디지털 시장으로 뛰어들 것이다.

MLM은 완벽하게 자동화되어 수많은 사이버 네트워커들은 자신이 네트워크 마케팅을 이용하고 있다는 사실을 거의 인식하지 못할 것이다.

MLM이 사람들의 생활에 깊숙이 파고 들어와 인식의 수준을 넘어서는 날이 오면, 그 때는 모든 한계나 논란을 뛰어넘었을 것이다.

더 이상 경제지에서 네트워크 마케팅을 놓고 논란을 벌일 일도 없을 것이고, 회의적인 예상고객들이 이 사업을 놓고 마음속에서 저울질하는 일도 없을 것이고, 이렇게 책을 써서 격찬하는 일도 없을 것이다.

MLM은 인간 의식의 연장, 의지의 도구, 생각이 같은 사람들과 함께 성공하고 개척하고 뭉치려는 인간 본능의 무의식적인 도구가 되어 있을 것이다. 그 때, MLM은 제 5물결 시대로 진입해 있을 것이다.

# 제 12부

# 밀레니엄을 향해

# 제 36 장

# 이단 언론인

"**왜** 언론은 제 3물결 혁명을 간과하는가?" 1994년 〈제 3물결〉에서 필자는 그런 질문을 던졌다. 당시 그 질문은 모든 네트워커의 마음속에 자리하고 있던 의문이었다. 나는 이렇게 썼다. "의도적이든 아니든, 언론은 네트워크 마케팅에 대한 긍정적인 뉴스는 무시하려는 경향이 있다. 네트워킹으로 성공한 기업들은 일반 경제 기사에서 자주 다뤄졌지만, 그들을 가리켜 네트워크 마케팅 기업이라거나 MLM 기업이라는 용어는 좀처럼 쓰지 않았다. 그런 용어는 소송이 제기되었거나 정부 당국의 조사를 받는 회사에 관한 부정적인 기사에서 주로 등장하는 말이었다."

그 글을 썼을 당시에 그건 명백한 사실이었다. 그러나 시간이 지나면서 그런 말들은 완전히 무의미해졌다. "네트워크 마케팅"이라는 말은 오래 전에 〈월스트리트 저널〉에서 〈비즈니스위크〉에 이르기까지 일반 경제지 기자들이 흔히 사용하는 단어가 되었고, 이제 더 이상 "피라미드 사기"를 의미하는 단어가 아니다. 더 중요한 사실은, 1999년 4월에 창간한 〈네트워크 마케팅 라이프스타일〉지를 비롯, 네트워크 마케팅 업계도 자체 출판물이 봇물 터지듯 생겨나면서 언론 독자성을 확보하게 되었다.

MLM과 대중 매체간의 갈등은 이제 과거의 유물로 남은 듯 하다. 그러나 여기까지 오기에는 한 인물의 공이 컸다. MLM 최초의 "이단 언론인" 존 밀튼 포그가 바로 그 주인공이다.

## 뉴 미디어

사이버 언론인들 사이에서 "이단 언론인"이란 말은 설명이 필요 없는 말이다. 그러나 약간의 설명이 필요한 독자들이 있을 것이다.

이 말은 1999년 1월 〈뉴스위크〉지에서 만든 신조어로, 뉴 미디어의 이단 언론인을 가리키는 말이다. 주요 방송사에서 제공하는 맞춤식 뉴스에 싫증난 사람들이 사전에 검열하고, 손보고, 여과되지 않은 생생한 뉴스와 의견을 찾아 인터넷 웹사이트, 케이블 TV, 양방향 라디오 쪽으로 관심을 돌리게 되었다. 뉴스 이면에 숨겨진 최신 뉴스를 찾아 하루 수백만의 사람들이 드러지 리포트(Drudge Report)나 뉴스맥스(NewsMax.com), 월드넷데일리(WorldNetDaily.com) 같은 웹사이트에 접속하고 있다.

기존의 언론인들은 굳이 '뉴미디어'의 영역 침해에 대한 당황스러운 마음을 숨기려 하지 않는다. "권위와 세력이 지배하던 언론의 낡은 구조가 붕괴되고 있다. 오랜 미디어의 먹이사슬은 완전히 부서졌다." 1999년 1월 18일 〈뉴스위크(Newsweek)〉지의 조나단 알터(Jonathan Alter)는 그렇게 안타까움을 표현했다. 알터는 명령이 뉴스 편집실을 지배하던 시절에 대한 향수를 굳이 숨기지 않았다. 당시에는 "언론인들과 언론인에 영향력을 행사하는 사람들이 정보의 내용을 결정하는 문지기 역할을 했던" 시절이었다. 고통스러운 일이긴 하지만, 이제 알터도 그런 시대는 지나갔다는 사실을 인정한다.

## MLM 대가

1990년, 내가 처음 MLM에 대한 글을 쓰기 시작했을 때, 소위 "문지기"들은 확고하게 임무를 수행하고 있었다. 특히 네트워크 마케팅에 대해서는 더욱 그랬다. 이 업계에 관한 나쁜 소식은 터무니없이 과장되어 부풀려졌고, 좋은 소식은 무자비하게 검열 당했다. MLM의 진실된 모습을 다루기에는 참으로 외로운 시간들이었다.

다행히 나는 그 힘든 여정에서 훌륭한 길잡이를 만났다.

〈석세스〉지에 MLM에 관한 내 첫 칼럼이 실리고 난 직후, 나는 존 밀튼 포그로부터 전화를 받았다. 당시 그는 〈MLM 석세스(나중에 업라인으로 이름을 바꿈)〉라는 뉴스레터의 편집장으로 있었다. 존은 내 MLM 스승이 되었고 나는 그에게 자주 전화를 하여 자문을 구하곤 했다.

역사, 경제학, 네트워크 마케팅의 특성에 대한 존의 이야기는 나를 사로잡았다. 존은 몽상가였다. 그는 네트워크 마케팅을 현재의 상태가 아니라 반드시 구체화될 미래의 흐름으로 보았다. 그 때 존과 나눈 긴 대화 속에서 나는 많은 아이디어를 얻게 되었고, 그것들은 나중에 〈제 3물결〉과 〈제 4물결〉을 통해 구체화되었다.

## 숨은 재능

존이 네트워크 마케팅과 인연을 맺은 경로는 남다르다. 1969년 필라델피아 미술대학에서 철학 학사로 졸업한 존은 스스로를 예술가라고 생각했다. 예술가의 길을 가고자 했던 존을 MLM 사업과 연결시킨다는 것은 생각하기 힘든 일이었다. 그러나 운명은 짓궂었다. 1969년에서 1970년까지 보스턴, 그리고 뉴욕 시에서 반체제 히피문화에 빠져있던 존은 정신적 육체적으로 건강을 회복하기 위해 뉴잉글랜드에 있는 자연식 공동체로 들어가 은거생활을 했다. 자연식을 경험한 인연으로 그는 건강식품 신규회사에 들어가게 되었고 존은 야적장에서 상자 나르는 일부터 시작해 나중에 그 회사의 마케팅 책임자 자리에까지 오른다.

그 회사에서 존은 자신에게 남다른 재능이 있다는 사실을 알게 되었다. "광고 관련 서적을 공부하고 글쓰는 법을 배웠습니다. 그런 일에 돈 쓸 여유가 없었기 때문이죠." 존의 광고카피는 우아하고 힘이 넘쳤다. 무엇보다 그의 카피는 매출을 끌어올리는 힘이 있었다.

그로부터 몇 년간 존은 프리랜서로 독립해서, 막 부상하기 시작하는 자연식품 업계의 광고카피를 주로 썼다. 존은 고속 성장하는 업계의 잘 나가는 카피라이터로 편안하고 풍요로운 일상에 안주할 수도 있었을 것이다. 그러던 어느 날, 한 친구가 오리건 주에 있는 건조 해조 제품을 판매하는 회사를 소개하였다. 자신도 모르는 사이에 존은 처음으로 네트워크 마케팅 사업에 참여하라는 제의를 받은 것이다.

## 복제성이 없다

"165명의 예상고객 리스트를 만들었습니다. 그리고 강력한 메시지의 편지를 써서 보냈죠." 응답률은 기록적이었다. 132명이 답장을 보냈다. 그러나 존은 갑자기 이 132명의 가입자를 가지고 어떻게 해야 할지 몰랐다. "내 일은 복제성이 없었습니다. 난 전문 카피라이터였고 그래서 편지 쓰는 법은 잘 알았습니다. 그러나 나와 똑같이 할 수 있는 사람은 전문 카피라이터뿐이었죠." 존의 사업은 그렇게 높은 응답률에도 불구하고 크게 성장하지 못했다.

존의 다운라인 활동은 부진했지만 그의 글은 그렇지 않았다. 그는 사업 첫 주에 뉴스레터를 만들어냈고 둘째 주에는 두 개를 써냈다. 한 달이 되기도 전에 그는 매주 네 개의 뉴스레터를 쓰고 있었고 동료 디스트리뷰터들은 그것을 열심히 읽었다.

"그 일이 좋았어요. 그 일을 하는 것이 더 재미있고 또 MLM 사업으로 성공하는 것보다는 내 글을 통해 이 업계에 더 많이 기여할 수 있다는 걸 깨달았습니다."

## 업계의 대변인

존은 MLM 개념에 매료되었다. "나는 마케팅 컨설턴트로 수많은 기업에서 일했습니다. 하지만 독립 계약자로서 자신의 노력에 비례하여 로열티 수입을 지급하는 이런 업계는 한번도 보지 못했습니다." 존은 이런 저런 네트워크 마케팅 사업에 손대 보았지만 자신의 재능은 이 사업에 직접 참여하는 것이 아니라 이 업계에 대한 글을 쓰는 데 있다는 사실을 깨달았다. "어떻게 보면 회사 하나는 무대가 너무 좁았나 봅니다. 난 업계 전체에 영향을 미치고 싶었지요."

정말 그렇게 되었다. 존은 1989년 〈업라인(당시에는 'MLM 석세스' 라 했다)〉을 창간했다. 〈업라인〉은 곧 업계의 강력한 대변인으로 성장했다. 90년대 초 MLM에 관한 글을 쓰기 시작했을 때, 나는 존의 뉴스레터를 꼼꼼히 읽으며 아이디어를 얻었다.

유통 비용 감소가 세계 경제의 새로운 프론티어가 될 것이라고 예견한 경제학자 폴 제인 필저, 마이클 거버의 E-신화와 턴키 혁명 개념, 페이스 팝콘과 그녀가 예견한 쇼핑의 종말 등에 관한 글을 처음 읽은 것도 바로 존의 뉴스레터를 통해서였다. 물론 이런 내용들은 내가 말하는 제 4물결 개념에서 핵심적인 부분을 구성하지만, 이 모든 내용을 처음 하나로 묶은 사람은 존 밀튼 포그였다.

## MLM의 록스타

내 친구 던컨 앤더슨(Duncan Anderson)은 〈석세스〉지를 통해, 존이 네트워크 마케팅 업계에서 "록스타와 비슷한 지위"를 얻었다고 쓴 적이 있다. 그 말이 과장이라 해도 그렇게 지나친 과장은 아니다. 유령작가로서, 그리고 막후의 편집장으로서 존은 수많은 MLM 베스트셀러에 흔적을 남겼다. 존은 자신의 베스트셀러〈세상에서 가장 위대한 네트워커(The Greatest Networker in the World)〉와 그 후속편 〈세상에서 가장 위대한 네트워커와의 대화(Conversations with the Greatest Networker in the World)〉는 전세계 백만 부 이상 판매된 것으로 보고 있다.

존은 전세계 MLM 세미나와 컨벤션에서 강연한다. 네트워크 마케터들은 존의 교육 프로그램에 참여하기 위해 2000달러를 내고, 음성사서함, 원격회의, 소그룹 회의를 통해 존의 지도(존뿐만 아니라 존의 네트워크에 속한 다른 업계 유명인사들의 지도도 받을 수 있다)를 받는다. 이 모든 프로그램은 플로리다주 로더데일의 'MLM 유니버시티'를 통해 마련된다.

그리고 존이 공동 창간한 〈네트워크 마케팅 라이프스타일〉지는 업계에서 가장 저명한 리더들의 연단이 되었다.

## 하이터치의 미래

언론의 보도관제에도 굴하지 않고 MLM 업계를 격찬하여 이름을 낸 사람들은 모두 존 밀튼 포그에게 감사해야 한다. MLM 최초의 이단 언론인으로서 존은 우리에게 길을 보여주었다. 그래서 우리는 존의 얘기에 귀를 기울인다. 제 4물결 혁명이 진행되면서 존은 요즘 대담하게 자신의 비전을 이야기하고 있다. 그는 네트워크 마케팅이 이 지구상 모든 생명체에 영향을 미치게 되는 첨단 미래를 이야기한다.

"기술은 반복적이고 지루한 업무로부터 인간을 해방시켜 줄 겁니다. 그러나 그 모든 첨단기술에도 불구하고 우리는 '하이터치' 요소가 필요합니다. 인간은 서로와의 접촉을 갈망하기 때문이죠. 인터넷을 통해 제품을 주문하고 정보를 얻게 되더라도 서비스는 결국 살아있는 사람에게서 나옵니다. 21세기 네트워크 마케팅은 기술과 인간을 결합시키는 역할을 할겁니다." 존이 예견하는 미래의 모습이다.

사람들이 각자 자신의 요구와 관심에 맞는 틈새시장을 찾게 되면서, 인간과 기술의 결합이 전 업계로 확산되고 있다. "누구나 친구나 가족에게 제품을 추천하는 것만으로 돈을 버는 세상을 상상해 보세요. 자동차, 테니스 라켓, 포도주, 컴퓨터, 몽블랑 펜, 최신 히트 영화, 뭐든지 가능합니다. 이상한 소리 같겠지만, 난 이 지구상 모든 생명체가 어떤 식으로든 네트워크 마케팅 회사와 연결되는 날이 올 거라고 봅니다." 말하는 사람의 신뢰성을 감안해 볼 때, 그의 얘기는 전혀 이상한 생각이 아닐지도 모른다.

# 제 37 장

# 거부할 수 없는 '물결'

거리에 피가 흘렀다. 화난 군중들이 차를 전복하고 유리창을 깨부수고 인질을 잡고 정부 청사를 습격했다. 중국 전역 여러 도시에서 폭력이 난무했다. 사태가 종결된 후, 사망자 10명, 부상자 100명 이상의 인명피해가 집계되었다. 〈분노의 복서 (Boxer Rebellion)〉라는 영화의 한 장면인가? 모택동의 문화혁명인가? 아니면 천안문 대학살 장면? 아니다. 이는 1998년 4월, 중국 정부가 네트워크 마케팅을 비롯, 모든 형태의 직접판매를 금지시킨 데 대한 중국 국민의 반응이었다.

"중국의 사회 안정과 경제발전을 저해하기 때문에 피라미드 판매 활동을 금지시킬 필요가 있다"고 중국 공상부의 왕 스웅푸는 말했다.

## 새로운 시대

이 사태는 외국 언론에는 거의 관심을 끌지 못했다. 그러나 수백만 중국인에게 그 금지령은 그들의 가장 소중한 희망과 꿈을 위협한 것이었다. "그게 뭐 새로운 일이냐?" 냉소주의자들은 이렇게 반문할 것이다. 네트워크 마케터들과 각국의 정부 규제자들은 50년 동안 세계 곳곳에서 서로 싸워왔다. 항상 세계 어느 곳에선가 건실한 MLM 기업들이 "피라미드 사기 상법"이라는 비난을 받았다.

끝없이 반복되는 이런 탄압에 진저리가 난 MLM 종사자들은 중국 사태 또한 네트워크 마케팅이 늘 겪어온 또 하나의 불행으로 치부하였다.

그런데 이번에는 뭔가 달랐다. 중국의 마르크스 통치자들이 몰랐던 새로운 시대, 네트워크 마케팅 업계가 유례없이 강력한 힘을 발휘하는 시대가 밝았던 것이다. 금지령 발표 후 몇 주만에 중국 관리들은 자신들이 절대 이길 수 없는 싸움을 걸었다는 사실을 깨달았다. 그들은 앞 뒤 가리지 않고 돌진해 오는 해일과 정면 충돌했던 것이다.

## 신데렐라는 이제 그만

이 시대적 흐름은 다름 아닌 제 4물결 혁명이었다. 네트워크 마케팅 기업들은 이제 〈포천〉지 500대 기업의 불쌍한 신데렐라 역은 끝났으며 그들과 어깨를 나란히 하고 있다. 중국에서든 미국에서든 MLM 기업들은 이제 다국적 대기업들이 누리는 것과 똑같은 존경과 지위를 받고 있으며 이러한 결과는 이업계 모든 사람들의 피나는 노력과 성장의 결과이다. 그리고 이제 그들은 자신들이 원하는 것을 얻지 못하면 맞서 싸울 수단도 있다.

MLM에 새로운 힘을 불어넣은 실체는 이미 이 책에서 설명한 멈출 수 없는 경제적 흐름이었다. 이 거대한 경제적 흐름에는 인터넷의 확산, 쇼핑의 종말, 뉴 미디어, 대기업의 해체, 직업의 종말이 있었다. 네트워크 마케팅의 독특한 유통 능력과 더불어, 대중의 자유에 대한 갈망도 커져갔다. 마지막으로, 워싱턴에서 월스트리트까지 미국의 미래는 네트워크 마케팅이라는 이 새로운 실험에 달려있다는 인식이 확대되고 있다.

## 예상치 못한 인정

"여러분은 자신의 성공을 위해 노력할 뿐 아니라, 다른 사람들에게 기회를 제공함으로써 국가와 경제를 강화시키고 있습니다." 미국 대통령의 말이다.

또한 미 대통령은 미 직접판매협회(DSA) 회원 기업의 판매 대표들을 위해 특별히 준비한 녹화 테이프 성명에서 이렇게 말했다. "본인은 여러분 업계의 성장을 몇 년 동안 지켜보았습니다. 이 업계는 사람들에게 기회를 줍니다. 자기 삶을 최대한 이용할 기회 말입니다. 그 기회야말로 '아메리칸 드림'의 핵심이라고 생각합니다."

대통령은 연설 중에 '네트워크 마케팅'이란 용어를 사용하지는 않았지만, 말하고자 하는 의미는 분명했다. DSA 회원 기업 대다수가 MLM 보상플랜을 이용하고 있을 뿐 아니라, 대통령은 그 판매원들을 특히 '다른 사람들에게 기회를 제공한다'고 칭찬했다. 그 말은 분명 MLM 리크루팅과 후원 제도를 가리키는 말이다. 이 대통령은 누구인가? 자유기업의 영광에 대해 웅변을 토했던 로날드 레이건인가? 아니면 조지 부시인가? 그는 바로 빌 클린턴 대통령이었다.

## 시대적 흐름

빌 클린턴보다 더 신중하고 면밀히 성명을 검토한 대통령은 별로 없었다. 어떤 문제를 말하기 전에 시대적 흐름을 그렇게 철저히 검토한 사람도 별로 없었다. 클린턴이 MLM에 대해 정말 무슨 생각을 하는지 우리는 아마 결코 알 수 없을지도 모른다. 그러나 대통령이 이 업계를 친히 인정했다는 사실은 정치, 경제가 어떤 방향으로 흘러가고 있는지 증명하고도 남음이 있다.

시대적 흐름은 네트워크 마케팅 쪽에 유리한 쪽으로 움직이는 듯하다. 네트워크 마케팅도 일반 경제의 한 부분으로 합류했다. 〈포천〉지 선정 500대 기업 중역들은 이제 더 이상 MLM을 멀리서 보고만 있지 않는다. 네트워크 마케팅으로 최상의 이익을 차지하기 위해 당당히 MLM에 뛰어들고 있다.

새 천년, MLM은 이제 창의적인 독립 사업가들의 성역만은 아닐 것이다. 유통, 거래, 전략적 제휴, 인수 합병을 통해, 네트워크 마케팅 판매원들은 지금 이 순간에도 강력한 거대기업들의 세계적 전략을 실현하는 주체로 나서고 있다. 1979년, 연방무역위원회(FTC)의 규제로 거의 폐지될 뻔했던 업계로서, 괄목할 만한 발전이 아닐 수 없다.


## 시대의 징후

업계 옹호자들은 오랫동안 네트워크 마케팅은 시대가 요구하는 사업이라는 사실을 주장해왔다. 그러나 제 4물결 시대, MLM 업계에 더 이상 옹호자는 필요 없을 것이다. 이제는 MLM의 고객 기업들이 가진 막강한 영향력만으로도 세계 어디서나 환영받는 시대가 진행되고 있다. 1998년, 중국위기 때, MLM의 이러한 강력한 영향력을 엿볼 수 있었다. 중국이 직접판매를 불법으로 선언하자마자 당국은 강력한 반발을 불러일으켰던 것이다.

금지령이 발표되고 3일만에, 베이징의 기자 회견에서 미무역대표부 대표 샬린 바세프스키는 이렇게 말했다. "한 국가의 정부가 합법적인 활동, 합법적으로 투자한 회사의 활동을 금지한다는 것은 대단히 심각한 문제입니다."

미국 기업을 대신하여 바세프스키는 이렇게 말했다. "이런 회사들은 중국에 1억 2000만 달러 이상을 투자했고 200만 중국 국민에게 수입을 창출해 주었습니다. 이 기업들의 활동을 조속히 재개하도록 하는 것이 오늘 이 자리를 마련한 취지입니다."

## 기업 단결

각 업계의 대기업들은 놀랄 만한 단결심을 과시하면서 금지령에 대항하였다. "직접판매 기업뿐 아니라 보험업계, 소비재 기업, 전자제품 회사, 심지어 항공사로부터도 지지를 얻었습니다. 전 업계에 걸쳐, 중국처럼 대단히 복잡한 시장에서 직접 판매는 중국 경제에 반드시 필요하다는 인식이 확산되었음을 극명히 보여준 셈입니다." 리처드 홀월(Richard Holwill)의 얘기다. 즉, 이 기업들은 직접판매에 대한 공격은 중국에서의 모든 합법적인 기업에 대한 공격으로 간주했던 것이다.

"중국의 금지령은 클린턴 대통령의 6월 중국방문 전날에 중미 무역분쟁을 일으킬 수도 있다"고 〈비즈니스위크〉지는 경고했었다.

닐 오펜(Neil Offen) 직접판매협회 회장은 대통령과의 개인 미팅에서 그 금지령에 대해 논의했고, 대통령은 1998년 6월 중국방문에서 다루게 될 5가지 주요 의제에 그 문제를 포함시켰다.

## 거부할 수 없는 '물결'

미국 사절단이 도착할 때쯤 중국은 이미 금지령의 대부분을 무효로 한 상태였다. 이어 1999년 4월, 중국은 2003년 1월 1일까지 남아있는 규제를 철폐하는데 동의했다. 국제관계의 미묘한 변화에 민감한 관련 당사국 모두 그 동안 MLM의 정확한 법적 지위에 대하여 굳게 입을 다물었다. 그러나 캘리포니아주 안티오크 소재, 아시안 마케팅 컨설턴트 회장 친닝 츄(Chin-ning Chu)는 네트워크 마케팅이 정부의 암묵적인 승인 하에 중국에서 조용히 활동을 재개했음을 확인해주었다. 그 이후로 2005년8월 직접판매법이 통과 되었으며 2006년부터 일부 업체들이 라이센스 계약을 맺어 판매활동을 하고 있다

30년 전만 해도 미국정부는 네트워크 마케팅의 존재 자체를 문제삼았다. 그러나 오늘날 세계 최대의 초강대국이 국제 사회에서 네트워크 마케팅을 옹호하고 있다. 기술발전, 새로운 시장을 향한 기업 드라이브, 자유를 향한 인간의 자연스러운 열망에 힘입어, 네트워크 마케팅이라는 잔잔한 파도는 이제 거대한 물결로 성장하였다.

이 거대한 물결은 다름 아닌, "제 4물결", 자유와 기업가 정신의 거부할 수 없는 엄청난 소용돌이다. 제4물결 혁명은 많은 변화를 가져오고 있으며 앞으로도 계속될 것이다. 제 4물결 혁명으로 인해 세상은 더 자유롭고 번성하게 될 것이다. 더불어, 네트워크 마케팅은 새 천년 가장 강력한 사업 컨셉으로 떠오르고 있다.

# 보상플랜 이해하기

보 상 플랜을 이해하는 것이 어느 정도나 중요할까? 전혀 중요하지 않다고 주장하는 사람도 있을 것이다. 성공한 MLM 베테랑 중에는 자신의 커미션이 어떻게 계산되는지 한번도 생각해 본 적이 없다고 자랑스레 얘기하는 사람이 많다. 그런 문제는 회사 컴퓨터에 다 맡긴다는 얘기다. 보너스나 오버라이드 같은 문제로 골치를 썩이기보다는 다운라인 구축에 시간과 노력을 투자한다.

이런 태도에도 이점은 있다. 머리를 싸매고 급여 플랜을 요모조모 따지다 보면 자신의 진정한 목표에서 멀어질 수도 있기 때문이다. 보상 플랜 그 자체는 복잡하기 마련이고 제대로 분석하기도 어렵다. 완전히 이해하려면 엄청난 시간이 필요할 것이다. 제대로 이해했다 하더라도 대개의 경우는 이런 저런 플랜이 다 비슷비슷하다는 결론에 도달할 뿐이다. "네트워크 마케팅 사업에서 보는 사람의 시각을 가장 중요시하여 만들어지는 부분이 보상 플랜이다." 레오나드 클레멘츠의 얘기다. "보상플랜들은 실제로 별 차이가 없지만 서류상 수익성이 높아 보이도록 하는 방법은 수없이 많다."

즉, 각 보상 플랜의 차이가 크게 과장되어 있는 것이다.

분명히 커미션 지급이 조금 더 후한 보상 플랜이 있다. 하지만, 계속 성장하는 합법적인 회사라면 열심히 노력하는 사람에게 성공을 보장할 정도의 안정적인 보상플랜을 갖추고 있다고 볼 수 있다. 그런데 왜 굳이 보상 플랜을 분석해야 하는가?

## 자기 방어를 위해

그 한가지 이유는 자기방어를 위해서다. 오늘날 네트워크 마케터들은 모두 경쟁사로부터 과대선전 공세를 받고 있다. 그 과대선전의 대부분은 보상 플랜이 핵심이다. 인터넷에 들어가 보면 보다 쉽고 보다 후한 보상 플랜을 약속하는 MLM 광고가 넘쳐난다. 만약 MLM에서 첫 사업 기회를 찾아다니는 초심자라면 손쉽게 그런 유혹에 넘어가 형편없는 제품에, 부실경영, 매출도 없는 빈털터리 회사에 들어가기 쉬울 것이다.

경험 많은 네트워커도 결코 안전하지 않다. 자신이 특정 회사와 장기적이고 안정적인 거래관계를 갖고 있다고 가정해보자. 자신만은 보상플랜 과대선전에 면역이 되어 있다고 생각할 것이다. 실제로 그럴 수도 있다. 하지만, 내 다운라인은 어떨까? 어떤 경쟁사는 당신 회사보다 더 "쉬운" 플랜을 제공한다고 들었다면서, 예상고객이 자문을 구한다면 뭐라고 말하겠는가? 그런 질문에 무방비 상태인 리더들이 많다. 어떻게 대답해야 할지 모르는 것이다.

"내 평생 다른 회사 선전을 안 들어 본 날이 단 하루도 없습니다."

칼린 기브스의 얘기다. "그리고 내 다운라인 역시 마찬가지입니다. 나는 다운라인에게 보상 플랜에 대해 분명히 가르칩니다. 그래서 누가 다른 보상 플랜을 가지고 설득하려고 하면 어떻게 대답해야 할지 대비를 하게 합니다."

## 보상 플랜을 선택하는 6개 기준

과대선전을 꿰뚫어 보기 위해 보상플랜 박사가 될 필요는 없다.

몇 가지 간단한 원칙만 알고 있으면 충분하다. 아래에 제시한 6가지 기준을 바탕으로 보상플랜을 검토해 보면 해당 플랜의 장단점을 알 수 있을 것이다.

## 1. 조직 성장 잠재성

MLM 판매 조직은 두 방향, 즉 수평과 수직으로 성장한다. 회사의 보상 플랜에서 다운라인의 폭과 깊이에 어떤 제약을 두고 있는지 확인하라.

깊이(depth)는 커미션을 받을 수 있는 레벨의 수를 의미한다. 폭(width)은 프론트라인에 둘 수 있는 사람의 수를 말한다.

매트릭스와 바이너리 플랜은 폭을 제한한다. 다른 플랜들은 모두 폭 제한이 없지만 깊이는 특정 레벨까지 엄격하게 제한한다. 깊이를 계산할 때는 신중을 기해야 한다.

레벨 6까지 허용한다는 플랜이 두 개 있는데, 자세히 살펴보면 하나는 유니레벨(unilevel)이고 다른 하나는 스테어스텝/브레이크어웨이(stairstep/breaka-way) 방식이라는 것을 알 수 있다.

유니레벨 방식에서는 레벨 6 이후부터는 커미션을 받을 수 없으며, 브레이크어웨이 방식은 경우에 따라 그 두 배까지 커미션을 받을 수 있다. 자세한 설명은 아래를 참조하라.

## 2. 할당량

커미션과 보너스 수령 자격을 얻기 위해서는 매달 도매로 일정량의 제품을 구매해야 한다. 이것이 최소 의무 구매량이다. 대부분의 플랜에서는 매달 특정 커미션 자격을 얻기 위해서 추가로 제품을 주문하게 하는데, 그 양이 얼마나 되는지를 확인하라. 만약 할당량이 너무 많으면 팔 수 있는 한도 이상의 제품을 사야할 것이다.

반대로 할당량이 너무 적으면 다운라인은 매달 자신이 필요한 만큼만 사고 다른 사람에게 판매할 생각을 안 할 수도 있다. 어떤 플랜에서는 일정 레벨에 도달한 사람들이 더 높은 레벨의 커미션을 받기 위해서는 일정 수준의 실적을 올린 사람들을 디스트리뷰터로 가입시킬 것을 요구하기도 한다. 이러한 리크루팅 할당목표가 현실적인지 확인하라.


## 3. 프론트엔드와 백엔드

어떤 보상 플랜은 백엔드 쪽에, 어떤 플랜은 프론트엔드 쪽에 많은 커미션을 지급한다. 프론트엔드(front-end)는 보상플랜의 보다 높은 레벨 혹은 먼저 형성된 부분을 말한다. 대개 자신이 가입시키는 최초의 사람들이다. 이 사람들에 대해 더 높은 커미션을 받으면 돈을 더 빨리, 더 일찍 받는 셈이다.

백엔(back-end)드는 보다 낮은 레벨을 가리키는데, 자신의 조직에 마지막에 가입한 사람들, 내가 가입시킨 사람들이 가입시킨 사람들이다. 전통적인 보상플랜에서는 낮은 레벨일수록 커미션을 많이 지급한다. 따라서 장기적으로 열심히 해야 고액의 커미션을 받게 된다.

언뜻 보면 더 빨리, 더 쉽게 커미션을 받는 것이 좋아 보일 수도 있다. 그러나 실은 백엔드 커미션이 '깊은' 조직을 구축하는 성실한 사람들에게는 더 큰 이익이 된다. 하위 레벨에 있는 사람들, 즉 자신이 최초에 가입시킨 사람들이 새로운 사람을 가입시키고 그 사람들이 또 가입시킨 사람들은 장기적으로 그 수가 엄청날 것이기 때문이다. 기하학적 성장은 바로 이 맨 아래 레벨에서 시작된다. 자세한 설명은 아래를 참조하라.

## 4. 커미션 지급

모든 회사는 일정 수준의 커미션을 지급한다. 회사는 디스트리뷰터에게 커미션의 형태로 총매출의 일정 비율을 지급한다. 일반적으로 지급액이 높을수록 좋은 회사라고 생각한다. 그러나 회사가 디스트리뷰터에게 지급하는 금액이 높을수록 기업 수익은 낮다는 사실을 염두에 두어야 한다.

회사의 지급액이 너무 많으면 자금회전에 문제가 생길 수 있다. 아무리 많은 커미션을 받아도 그 커미션을 지급하는 회사가 파산 위기에 있다면 고액의 커미션도 무의미할 것이다. 따라서 지급액보다는 회사의 전반적인 재무상태와 매출을 살펴보는 것이 훨씬 더 중요하다.

"0%의 75%는 0%다." 〈인사이드 네트워크 마케팅〉의 저자 레오나드 클레멘츠의 얘기다. "지급액은 높고 판매실적이 저조한 회사보다는 지급액이 낮고 판매실적이 좋은 회사가 낫다."

제품 가격을 올리는 방법으로 높은 지급액을 제시하는 회사도 있다는 사실을 명심하라. 25달러 짜리 샴푸를 파는 회사가 고액의 프론트엔드 커미션을 제시하여 디스트리뷰터를 많이 가입시킨다 해도 그렇게 비싼 샴푸를 살만한 고객은 별로 없을 것이다.

## 5. 미실현수당(breakage)

레오나드 클레멘츠에 의하면 60% 이상의 수당을 지급할 수 있는 회사는 없다. 60%면 도매로 1달러 어치 팔 때마다 60센트가 커미션으로 나온다는 얘기다. 더 이상 지급하면 파산의 위험이 있다. 따라서 75%이상 제시하는 회사가 있다면 보상 플랜에 '미실현수당'이 있다고 보아도 좋다.

미실현수당은 회사가 약속한 지급액과 실제 지급액의 차를 말한다. 대부분의 보상플랜을 자세히 살펴보면, 커미션을 적게 지급하고 할당량을 높이거나 판매량의 일정액은 인정하지 않기 위한 미묘한 단서조항들이 포함되어 있다.

가령, 사람들은 자기 조직의 판매량은 모두 자신의 월매출로 산입될 것이라고 생각한다. 실제로도 그럴까? 많은 회사에서는 독립해 나간 레그의 판매량은 인정해 주지 않고, 자기 개인 그룹의 판매량만 인정해 준다. 또 개인의 실제 판매량을 소위 "보너스 포인트(BV)"로 전환하는 회사도 있다. BV는 실제 판매량보다 적은 경우가 많다(도매 판매량이 1000달러라면 BV는 700달러 정도). 개인의 월 할당량을 계산할 때, 회사는 실제 판매량이 아니라 BV를 근거로 하는 것이다.

미실현수당은 페널티(penalty) 제도를 통해서도 발생한다. 많은 회사에서는 할당량을 맞추지 못하면 엄격한 페널티를 부과한다. 할당량을 맞추지 못한 첫 달에 바로 하위 레벨로 강등될 수도 있으며, 경우에 따라서는 최하 레벨까지도 떨어진다. 보다 유연한 플랜에서는 페널티 조치를 취하기 전에 몇 달 정도 유예기간을 주고 실적향상 기회를 주기도 한다.

미실현수당 자체는 전혀 문제가 되지 않는다는 점을 기억해 두어야 한다. 도매상들이 제품을 좀 더 싸게 보이도록 10.00달러가 아니라 9.99달러로 제품 가격을 표시하는 것처럼, 미실현수당도 보상플랜을 근사하게 보이도록 하는 전략일 뿐이다. 회사의 실제 지급액을 꿰뚫어 보고 과장된 지급액은 무시하라. 그렇게 함으로써 올바른 결정을 내릴 수 있을 것이다.

## 6. 보상플랜의 유형

네트워크 마케팅 사업을 하다보면 늘 마주치게 되는 4가지 주요 보상플랜이 있는데 각각 나름대로 장단점이 있다. 스테어스텝/브레이크어웨이, 매트릭스, 유니레벨, 바이너리 방식이 바로 그것이다. 이제 각 플랜의 내용을 알아보고 서로 비교해 보기로 하자.

## 제 4물결형 보상플랜

1994년 5월, 〈업라인〉 편집장 존 밀튼 포그는 당시 출판된 〈제 3물결〉로 필자를 인터뷰한 적이 있다. 인터뷰 중에 그는 이런 질문을 던졌다. "제 4물결도 있습니까?" 나는 이렇게 대답했다. "네트워크 마케팅의 다음 개척지에는 보상플랜도 포함된다고 생각합니다." 당시 나는 보상플랜의 프론트엔드, 즉 상위 레벨에 더 많은 커미션을 지급하는 기업이 점점 늘고 있는 추세에 대해 언급한 것이다. "앞으로 보상플랜은, 일반 디스트리뷰터들에게 보다 많은 수입이 돌아가는 쪽으로 발전하게 될 겁니다."

그렇게 되면 대다수의 사람들, 특히 하위 레벨 사람들이 보다 빨리 수입을 올릴 수 있게 된다.

1994년 5월 당시 내가 했던 예견이 시간이 지나면서 입증되었다고 말할 수 있어 다행으로 생각한다. 지난 몇 년 사이에 보상플랜을 완화하지 않은 네트워크 마케팅 회사는 찾기 힘들 정도다.

## 보상플랜의 제 1법칙

어떤 회사는 보상플랜의 단순화 원칙을 극단적으로 적용하기도 한다. 약간의 퍼센티지 포인트만큼 상위 레벨을 강화하는 것이 아니라, 가장 높은 두 레벨에 거의 모든 커미션이 돌아가게 하여 그 아래 레벨에는 전혀 혹은 거의 커미션이 돌아가지 않게 하는 것이다. 언뜻 보기에 논리적인 것 같다. 보다 단순하고 쉬운 보상플랜이 미래의 흐름이라면, 보상플랜을 최대한 쉽게 만들면 안될까?

정말 그렇게 간단했으면 좋겠다! 그러나 앞으로 다루면서 알게 되겠지만, 보상플랜에는 장점이 있으면 또 그만큼 불리한 점이 있다는 "우주의 냉혹한 법칙"(보상플랜 제 1 법칙이라고 하자)이 적용되는 것 같다.

## 컴프레션 플랜(compressed plans)

커미션의 상당부분을 최고 레벨로 몰아주는 소위 "컴프레션 플랜"의 경우, 그 이점은 명백하다. 자신이 가입시킨 최초의 사람들에 대해서 더 많은 돈을 받을 수 있다. 단점 역시 명백하다. 나중에 가입시킨 사람에 대해서는 돈을 적게 받는다.

몇 달, 혹은 몇 년간 열심히 노력해서 수많은 레벨의 다운라인을 구축했다고 가정하자. 이상적인 경우를 예로 하여, 자신의 제 1 레벨에는 디스트리뷰터 3명, 제 2 레벨에 9명, 제 3 레벨에 27명, 제 4 레벨에는 81명, 제 5 레벨에는 243명, 제 6 레벨에 729명이 있다고 하자. 컴프레션 플랜의 경우, 첫 12명에 대해서는 상당한 커미션을 받겠지만 제 3레벨에 있는 27명에 대해서는 상당히 적은 액수를, 그 밑에 남아있는 수백 명의 사람들에 대해서는 거의 혹은 전혀 커미션 혜택을 받지 못하게 된다. 즉, 하위 레벨의 기하학적 성장에 대한 혜택을 보지 못하는 것이다.

이런 문제점을 해결하기 위해 하위 레벨에 대해 보너스를 지급하는 회사도 있다. 그렇게 하면 어느 정도 도움은 될 것이다. 하지만 이 사실을 제대로 이해하자. 이렇게 "깊이"가 있는 조직에서는 하위 레벨에서 더 많은 커미션을 받는 것이 분명히 이익이다.

대부분의 사람들은 2 레벨 이상 깊은 조직을 구축하지 못할 것이므로 하위 레벨 커미션에 대해 그렇게 걱정할 필요가 없다고 주장하는 사람도 있을 것이다. 그러나 네트워크 마케팅 회사는 리더십으로 번성한다. 잠재적 리더들, 방대한 조직을 구축하고자 열망하는 리더라면 하위 레벨의 소득잠재성을 포기하기 이전에 충분히 심사숙고 해 보아야 할 것이다.


## 제 4물결 신화

최근, 일부 네트워커들의 주장에 따르면, 필자가 컴프레션 보상플랜을 가리켜 유일한 제 4물결형 보상플랜이라고 했다는데, 이 부분에 대해 얘기를 바로 잡아보자.

우선 필자는 "제 4물결형 기업"을 결정하는 요소가 보상플랜에 의해서만 결정된다고 말한 적이 없다. 〈제 3물결〉에 보면 "제 4물결을 넘어서"라는 부분이 나오는데, 거기서 제 4물결 혁명은 인터랙티브 미디어와 함께 마케팅 기술의 엄청난 도약으로 정의되어 있다. 제 4물결 혁명은 인터넷 마케팅에서 제품다양화 전략에 이르는 광범위한 발전을 포함한다. 보상플랜의 완화 역시 그런 혁명의 중요한 부분이기는 하지만 그래도 부분일 뿐이다.

좀더 분명히 말해, 나는 단 한번도 MLM 회사는 특정 레벨에서는 몇 %의 커미션을 지급해야한다는 식으로 명시한 적이 없다. 합법적인 이의를 제기할 여지가 많고, 보상플랜 혁신의 장기적 결과를 예측하기 힘든 MLM 업계에 대해 그런 식으로 구체적인 수치를 말한다는 것은 너무나 무책임한 행동일 것이다.

## 미묘한 균형점

내가 말할 수 있는 것, 그리고 내가 지금껏 늘 주장해온 것은 21세기의 전반적 추세가 보다 쉬운 보상플랜으로 가고 있다는 사실이다. 그러나 얼마나 쉬워져야 하는지는 까다로운 문제이다. 대부분의 전문가들은 최상의 보상플랜은 과중한 할당량과 프론트엔드에 커미션을 적게 지급하는 과거의 보상플랜과 상위레벨 중심의 컴프레션 플랜의 중도쯤에 있다는데 동의한다.

〈네트워크 마케팅 투데이〉지에서 클레멘츠는 "결국에는 중간 어디쯤에서 조정이 될 것"으로 전망했다. "보상 플랜을 만드는 사람들은 제 2 레벨에 집중적으로 지급하는 커미션을 제 3, 제 4 레벨로 확대하게 될 것이다." 즉, 클레멘츠는 '가운데 부분에 비중을 두 항아리형' 보상플랜을 말하는 것이다.

내 생각도 그렇다. 제 4물결 보상플랜은 반드시 프론트엔드와 백엔드 커미션 사이에 미묘한 균형점을 제공해야 한다고 생각한다. 파트타임 사업자에게 수익을 주면서 동시에 풀타임 사업자들을 끌

만큼 충분한 보상을 제공해야 한다는 말이다. 여기서 언급한 특정 유형뿐 아니라 이런 이점을 제공하는 다양한 플랜이 분명히 나올 것이다. 제 4물결 보상플랜은 확실한 공식이 아니라, 하나의 이상이다. 독자들은 각 플랜의 장단점을 가늠해보고 어느 것이 자신의 요구에 가장 잘 부합하는지 결정해야 한다. 여기서 다루는 내용은 바로 그런 작업을 도와주기 위한 것이다.

## 보상 플랜의 4가지 유형

이제 시작해보자. 앞에서 기술한 바와 같이 보상플랜에는 4가지 주요 범주가 있다. 어느 하나가 다른 하나보다 본질적으로 낫다고 할 수는 없으며, 각 플랜마다 고유의 장단점이 있다. 이제부터 그 장단점을 알아보기로 하자.

### 스테어스텝/브레이크어웨이 방식
(Stairstep/Breakaway Plan)

### 1. 개 요

이 플랜은 계단식 구조로 되어 있으며, 단계가 올라갈수록 더 높은 성취레벨을 나타낸다. 매달 제품을 많이 구매하거나, 일정 레벨에 오른 디스트리뷰터를 많이 가입시킬수록 더 높은 계단으로 올라간다. 이 두 가지를 모두 충족해야 하는 경우도 있다. 높이 올라갈수록 커미션 지급 비율도 높아진다(또는 돈을 받을 수 있는 레그의 수가 커진다).

자신의 다운라인에 속한 사람들도 같이 올라가게 된다. 다운라인이 일정 레벨에 도달하면 다운라인 그룹은 전체 조직에서 "브레이크어웨이" 즉, 독립해 나간다. 이 시점에서 분리 독립한 그룹의 판매량은 더 이상 자신의 월 할당량에 포함되지 않으며, 대부분의 경우 독립한 디스트리뷰터의 그룹매출에 대해 낮은 비율의 커미션을 받을 뿐이다. 그러나 커미션 비율이 낮아도 독립한 레그에서 많은 수입을 올릴 잠재성이 있다. 왜냐하면, 자신의 지급범위에 해당되는 한정된 디스트리뷰터들에 대해서가 아니라, 독립한 디스트리뷰터의 그룹 총매출에 대해 커미션을 받기 때문이다(뒷편 LM 기술용어 해설 참조).

## 2. 스테어스텝/브레이크어웨이 방식의 장점

### ● 무한한 소득 잠재성

순전히 돈을 버는 능력만 본다면 브레이크어웨이만한 보상플랜은 없다. "브레이크어웨이"를 통해 사람들은 다른 플랜에서 가능한 것보다 더 큰 조직을 구축할 수 있고, 더 깊은 하위 레벨에서 커미션을 받을 수 있기 때문이다.

### ● 지급범위가 '깊다'

6 레벨 유니레벨 보상플랜에서는 6개 레벨에 대해서만 커미션을 받는다. 그러나 6 레그 브레이크어웨이 플랜에서는 이론상 12 레벨까지 커미션을 지급한다. 내 다운라인의 제 6 레벨에서 누군가가 독립해 나갔다고 하자. 그러면 독립해 나간 그룹 전체, 즉 6 레벨의 매출에 대해 나는 매달 오버라이드(override)를 받게 된다. 그렇게

해서 전체로는 12 레벨이 되는 것이다.

### ● 다운라인 조직이 방대하다

브레이크어웨이의 '깊이'도 인상적이겠지만, 그 폭은 사실상 무한하다. 프론트라인으로 가입시킬 수 있는 수에 제한이 없으며, 자신이 가입시킨 사람들이 데려올 수 있는 가입자 수 역시 제한이 없다.

### ● 회사에 안정성을 부여한다

네트워크 마케팅 업계 50년이 지난 지금, 7년 이상 버티고 살아남은 회사는 극히 적다. 1996년 실시된 〈마켓웨이브〉 조사에 따르면, 그렇게 살아남은 회사들 중에 86%는 브레이크어웨이 보상플랜을 채택하고 있었다. 왜 그렇게 많은 장수기업들이 이 보상플랜을 선택한 것일까? 이 플랜이 다른 플랜보다 더 오래 됐다는 것도 그 질문에 대한 부분적인 설명이 될 수 있겠다. 업계에서는 브레이크어웨이 플랜에서 나오는 높은 수익이 기업의 장기적인 생존 확률을 증대시켰다고 보는 시각도 있다.

## 3. 스테어스텝/브레이크어웨이 방식의 단점

### ● 기하학적 성장이 늦게 시작된다

모든 MLM 보상플랜에서 기하학적 성장은 보상플랜의 하위 레벨, 즉 "백엔드"에서 시작된다. 그러나 커미션을 받게 되는 "백엔드"까지 도달하는 데만도 오랜 기간 힘든 노력이 필요하다. 이 보상

플랜은 브레이크어웨이 레그에서 나오는 오버라이드로 가장 풍부한 백엔드 커미션을 제시하지만, 그런 백엔드 커미션을 받기까지 그만큼 많은 노력과 시간을 요하는 것이다.

### ● 월 할당량이 높다

대부분의 브레이크어웨이 플랜에서는, 한 단계에서 다음 단계로 상승하기 위해서는 매달 일정량의 제품 구매(또는 일정 레벨에 도달한 디스트리뷰터를 일정수 리크루팅)를 요구한다. 높이 올라갈수록 할당량이 늘어난다. 더구나 다운라인이 판매량을 구축하면서 그 레그가 결국 떨어져나가면, 그나마 그 그룹의 판매량은 내 월 할당량에 포함되지 않는다. 따라서 할당량을 채우려면 자신의 그룹에 더 많은 사람을 가입시키고 판매량을 늘리는 등 처음부터 다시 시작해야만 한다.

### ● 구조가 복잡하다

브레이크어웨이 방식은 상당히 복잡한 경우가 많고, 따라서 신규 가입자가 이해하기 어려운 점이 있다.

### ● 공화당식 보상플랜

이 보상플랜은 백엔드 중심이므로 열심히 하는 사업자에게 훨씬 더 많은 보상을 하는 경향이 있다. 최고 실적자에게 많이, 일반 디스트리뷰터는 적게 커미션을 지급하기 때문에 일부 네트워커들은 이 보상플랜을 가리켜 "공화당식(republican)" 보상플랜이라고 한다. 그러나 요즘은 할당량을 완화하고 상위레벨에도 커미션을 많이 분배하는 브레이크어웨이 플랜이 늘어나면서, 차세대 "소프트" 혹은 "제 4물결" 브레이크어웨이 플랜으로 떠오르고 있다.

## 매트릭스 방식(Matrix Plan)

### ● 개 요
매트릭스 방식에서는 폭과 깊이를 엄격히 제한한다. 가령, 2 × 12 플랜에서는 깊이는 12 레벨까지 가능하지만 프론트라인은 2명으로 제한된다. 처음 가입시킨 2명이 자신의 프론트라인이며, 세 번째부터는 다음 레벨로 '스필오버' 된다.

## 1. 매트릭스 방식의 장점

### ● 스필오버(spillover)
프론트라인 수가 너무 제한되어 있기 때문에, 적극적으로 가입자를 유치하는 사람은 당연히 스필오버가 생길 것이다. 가령, 2 × 12 플랜에서 내가 6명을 가입시키면 그 중 4명은 제 2레벨로 스필오버 된다. 내 스필오버가 아래 사람들의 다운라인을 채우듯이 내 다운라인은 위에서 내려오는 스필오버로 채워지게 된다.

### ● 관리가 쉽다
매트릭스 플랜에서도 프론트라인에 속한 사람을 교육하고 관리할 책임을 져야하는데, 유니레벨이나 스테어스텝/브레이크어웨이 같이 폭 제한이 없는 보상플랜에서는 직접 관리해야 할 사람이 100

명이 넘지만, 매트릭스 플랜에서 프론트라인이 2, 3명을 넘는 경우는 절대 없다.

### ● 단순하다

매트릭스 플랜에는 '브레이크어웨이' 가 없으며 특별히 복잡한 내용이 없다. 다 그런 것은 아니지만, 대부분의 경우 이 보상플랜은 이해하고 설명하기 쉬운 편이다.

## 2, 매트릭스 방식의 단점

### ●다운라인이 게을러지기 쉽다

매트릭스 플랜에서는 노력하지 않고도 다른 사람이 다운라인을 '스필오버' 해 준다며 예상고객을 유혹하는 경우가 많다. 그래서 많은 가입자를 유치하지만, 그렇게 가입한 사람들은 대개 노력할 생각이 없거나 하기 싫어하는 사람들일 확률이 높다.

### ●사회주의 효과

매트릭스 플랜은 사회주의 국가처럼 부자에게서 빼앗아 가난한 사람에게 주는 경향이 있다. 실적이 높은 사람들은 열심히 노력하지만 커미션의 많은 부분은 자신의 다운라인에게 돌아간다. 그것도 가만히 앉아서 스필오버만 기다리는 사람들의 주머니에 들어가는 경우가 많다.

### ●성장 한계

다른 플랜과는 달리 매트릭스는 조직의 성장 규모를 엄격히 제한한다. 가령, 2 × 4 매트릭스 플랜에서는 다운라인으로 120명 이상은 허용하지 않는다. 이런 문제를 해결하기 위해 일부 회사에서는 디스트리뷰터들에게 "수입원"을 여러 개 만들 수 있도록 하고 있다. 즉, 내가 여러 사람인 것처럼 여러 번 가입할 수 있게 하는 것이다.

## 유니레벨 방식(Unilevel Plan)

### ● 개 요
전형적인 유니레벨 플랜에는 브레이크어웨이가 없지만, 유니레벨 방식은 스테어스텝/브레이크어웨이 플랜과 유사한 측면이 있다. 스테어스텝 플랜처럼, 유니레벨은 커미션을 받을 수 있는 레벨 수는 제한하지만 폭 제한은 없다. 스테어스텝에서처럼 월 할당량을 맞추면 상위레벨로 올라가면서 더 높은 커미션을 받게 된다.

## 1. 유니레벨 방식의 장점

### ● 단순하다
유니레벨은 브레이크어웨이 같은 복잡한 내용이 없기 때문에 이해와 설명이 쉬운 편이다.

### ● 폭이 무한하다
스테어스텝/브레이크어웨이 플랜처럼 유니레벨에서도 프론트라인 수에 제한이 없다.

### ● 스필오버

유니레벨 방식에서는 대개 세 번째 레벨에서 가장 높은 커미션을 지급한다. 이는 제 3 레벨에서 더 많은 가입자를 유치하게 되는 강한 인센티브로 작용한다. 제 3 레벨에 가입자를 유치하면서 디스트리뷰터는 다른 사람들의 프론트라인 구축을 돕게 된다. 그 이유는 모든 디스트리뷰터의 제 3 레벨은 다른 사람의 첫 번째 레벨에 해당하기 때문이다.

### ● 승급이 쉽다

유니레벨에서는 자신의 매출량은 모두 자신의 월 할당량으로 들어간다. 자신의 매출이 '브레이크어웨이' 되어서 커미션 지급 자격을 박탈당할 걱정이 없는 것이다. 그래서 승급하여 더 높은 커미션을 받기가 훨씬 쉽다.

## 2. 유니레벨 방식의 단점

### ● 성장의 한계

유니레벨 조직은 스테어스텝/브레이크어웨이 방식을 통해 조직을 구축하는 사람들보다 규모나 커미션 면에서 모두 작은 경우가 많다. 여기에는 두 가지 이유가 있다. 스테어스텝 방식에서는 디스트리뷰터가 브레이크어웨이를 통해 레벨이 깊어지면서 많은 커미션을 받을 수 있다. 그러나 유니레벨에서는 일정 수의 레벨에 대해서만 커미션을 지급한다. 스테어스텝 플랜에서는 다운라인 교육과 관리를 브레이크어웨이 리더들과 분담함으로써 조직의 폭을 계속 성장시킬 수 있다. 반면, 유니레벨에서는 프론트라인에 대한 교육 과 관리를 직접 담당해야 한다. 따라서 폭이 너무 넓어지면 감당할 수 없게 되는 것이다.

### ● 소극적인 다운라인
성장 한계성 때문에 야심 있는 네트워커들은 유니레벨 방식을 기 피하는 경향이 많다. 이 플랜은 주로 도매로 제품을 구매하기 위해 가입하려는 사람들에게 매력이 있다.

## 바이너리 방식(Binary Plan)

### ● 개 요
"2 × □" 매트릭스 플랜에서처럼 바이너리 플랜에서도 프론트라 인에 2명밖에 넣을 수가 없다. 따라서 두 개의 레그로 나뉘는 조직 이 생기게 되는데, 일반적으로 이를 오른쪽 레그와 왼쪽 레그라고 한다. 커미션은 "약한 레그", 즉 판매량이 낮은 레그에게만 지급되 며, 대부분의 경우, "강한" 레그 쪽에는 커미션을 전혀 지급하지 않 는다.

## 1. 바이너리 방식의 장점

### ● 돈을 빨리 벌 수 있다

대부분의 보상플랜은 한 달에 한번 커미션을 지급하는데 비해 바이너리 방식은 매주 지급한다.

### ● 깊이가 깊다

한쪽 레그에 대해서만 커미션을 받는다해도, 몇몇 레벨에 대해서가 아니라 레그 전체 매출에 대해 커미션을 받으므로 대단히 유리하다. 자신이 7레벨 유니레벨 플랜에 가입했다고 치자. 이 플랜의 경우, 제 8레벨에서 적극적으로 사업을 구축하는 "대어"를 가입시켰다면 운이 나쁜 셈이다. 그 대어의 조직 매출은 내 지급 범위에 해당되지 않기 때문이다. 그러나 바이너리 플랜에서는 그런 대어가 자기 조직의 20번째 레벨에 있든 100번째 레벨에 있든 그의 매출에 대해 커미션을 받을 수 있다.

## 2. 바이너리 방식의 단점

### ● 레그 간의 성장 격차

바이너리 플랜은 두 개의 레그 모두 같은 속도로 성장할 때 최대의 이익을 볼 수 있다. 그러나 한쪽 레그가 다른 쪽보다 훨씬 더 빨리 성장한다고 가정해보자. 극단적인 경우, 강한 레그는 일주일에 5만 달러 매출을 올렸는데 약한 레그는 실적이 전무하다고 하지. 그러면 당신은 그 주에 커미션을 한 푼도 받지 못할 것이다. 그리고 강한 레그에는 약한 레그보다 사람이 많고 매출 추진력도 높기 때문에, 일단 한쪽 레그가 급속도로 성장하면 양쪽 레그의 격차는 더욱더 커지게 마련이다. 이렇게 한쪽 레그가 거의 통제불능 상태로 성장하면 회사에는 엄청난 이익을 안겨주겠지만 정작 본인에게는 아무 것도 돌아오지 않는다. 일부 바이너리 플랜 회사에서는 이런 레그 간의 성장 격차 문제를 해결하기 위해 강한 레그의 판매량에 대해 "매칭 보너스(matching bonus)"를 지급하기도 한다.

### ● 실적단위별 지급

일부 바이너리 플랜에서는 판매량 비율이 아니라 정해진 레벨이나 실적 단위에 따라 커미션을 지급한다. 가령, 당신이 일주일에 1900달러를 벌었다고 치자. 20% 커미션을 지급한다면 380달러 수입을 기대할 수 있다. 그러나 많은 바이너리 플랜에서는 이것을 다르게 계산한다. 1900달러는 1000달러와 2000달러의 2개의 실적 단위 중간에 해당되며, 당신의 판매량은 이 두 개의 단위 중 낮은 쪽, 즉 1000달러로 보는 것이다. 남은 900달러는 다음주 판매량에 "이월"된다. 그러나 다음주의 판매량 역시 낮은 단위로 깎이게 될 것이고 그만큼 지불 보류되는 금액이 커질 것이다. 따라서 회사에서는 항상 커미션의 상당 부분을 보유하는 셈이다. 그러나 일부 바이너리 플랜에서는 약한 레그에 바로 커미션을 지급함으로써 이런 문제를 피한다는 점을 언급해 두어야겠다. 이 역시 다른 보상플랜들처럼 제 4물결 혁명을 반영하는 수많은 방법 가운데 하나이다.

### 간단한 해결책은 없다

이 장에서 얻어야 할 교훈이 있다면, 보상 플랜에 관한 한 이거 아니면 저거라는 식의 해답은 없다는 점이다. 10여년 동안 네트워크 마케팅에 관해 보고서나 글을 쓰면서 나는 한가지 원칙을 배웠다.

그것은 보상플랜의 두 번째 법칙이라고 할 수 있는데, 보상플랜에 관한 전문가들의 의견에 대해서는 항상 그와 반대되는 의견을 가진 전문가가 있다는 것이다. 여기서 내가 다룬 내용은 레오나드 클레멘츠, 로드 쿡, 코리 오겐스타인, 스리쿠마 라오 박사 같은 전문가들로부터 수년에 걸쳐 얻은 자문에 의존한 것이다. 그러나 그들간에 서로 의견이 일치하지 않듯이, 여기 제시된 내용에 모두 동의하는 사람은 아무도 없을 것이다.

여기서 제시한 내용은 필자의 소견과 판단에 스승들의 지혜를 혼합해 놓은 것이다. 독자여러분도 여기 제시된 필자의 충고에 개인의 판단을 가미하여, 각 플랜을 신중히 검토하고 자신의 요구와 목표에 가장 부합하는 하나를 선택하기 바란다.

# 네트워크 마케팅 용어해설

**성취 레벨:** 매달 일정 금액의 제품을 판매하거나 일정 성취레벨에 도달한 디스트리뷰터 일정수를 리크루팅하면 얻게 되는 직급 혹은 직함. 두 가지 조건을 모두 달성해야 하는 경우도 있다. 상위 성취레벨에 올라감에 따라 커미션이 높아지며, 경우에 따라서 수당을 받을 수 있는 세대(레그) 수가 많아지기도 한다.

**링크보상제도(Affiliate Program):** 아마존 같은 인터넷 사업에서 볼 수 있는데, 개인 웹사이트에서 특정 회사 홈페이지로 링크를 제공하는 사람은 링크제공자가 되어, 그 링크를 통해 이루어진 모든 판매에 대하여 커미션을 받는다.

**자동회신(Autoresponder):** 온라인에서 이 '자동회신'에 클릭하는 사람에게 원하는 정보를 전자우편으로 보내주는 웹사이트 기능. 네트워크 마케터들은 이 기능을 이용하여 프로스펙팅 및 교육 정보를 발송한다.

**백엔드:** 네트워크 마케팅에서 다운라인이 여러 레벨 또는 여러 세대로 성장하면서 보다 나중에 생기는 단계. 이 용어는 여러 유형의 보상 플랜을 구분하는데 자주 이용된다. '백엔드' 쪽에 지급 비중이 높은 보상플랜은 가장 나중에 생성된 레벨에 대해 가장 많은 커미션을 지급한다.

수당: 커미션, 보너스, 오버라이드, 특별 수당, 프리미엄을 포함, 네트워크 마케팅 디스트리뷰터로서 받게 되는 모든 유형의 보상을 가리키는 포괄적 용어

바이너리: 프론트라인을 2명으로 제한하고 조직의 레그 2개 중 하나의 레그에 대해서만 매주 보상을 지급하는 보상플랜의 한 유형.

유니레벨(Unilevel): 각 성취 레벨 자격을 달성해야 하며, 다운라인에 속한 사람들은 독립할 수 없는 보상플랜의 한 유형.

브레이크어웨이(Breakaway): "스테어스텝/브레이크어웨이"를 줄여 쓰는 말로 4가지 주요 보상플랜의 한 유형. 자신의 다운라인 중 일정 수치의 월 할당량을 달성하여 그룹에서 "분리 독립"한 디스트리뷰터를 가리키는 말이기도 하다. 일단 디스트리뷰터가 그룹에서 분리해 나가면 더 이상 그 사람의 판매량은 자신의 판매량에 포함되지 않는다. 내 조직에서 그룹이 독립해 나가는 경우, 원래 내 지급 범위에 해당되던 사람들에 대해서는 더 이상 커미션을 받지 못하지만, 독립 그룹의 총 판매량에 대해서는 커미션(로열티, 또는 오버라이드라고 한다)을 받을 수 있다.

스테어스텝/브레이크어웨이(Stairstep/Breakaway): 보상플랜의 한 유형으로 디스트리뷰터는 성취레벨, 또는 "스테어스텝" 자격을 얻기 위해 월 할당량을 달성해야 한다. 디스트리뷰터가 특정 레

벨에 도달하면 자신의 후원자 그룹에서 "분리 독립"하게 된다.

**매트릭스(Matrix):** 프론트라인을 보통 두세 명으로 제한하는 보상 플랜.

**미실현수당(Breakage):** 자신의 매출 또는 다운라인의 매출에서 보상을 받지 못하는 부분. 다시 말해, 미실현수당은 회사에서 약속한 지급액과 실제 지급되는 금액과의 차이를 말한다.

**독립 레그:** 분리 독립한 디스트리뷰터 조직이나 그의 다운라인.

**보너스 적립:** 네트워크 마케팅 회사가 이윤에서 얼마간 떼어 두는 특별 자금으로, 일정 자격의 판매 리더에게 특별 인센티브를 지급하는데 이용된다.

**사업 구축자:** 적극적으로 고객을 유치하는 디스트리뷰터, 도매로 제품을 구매하여 직접 사용하는 수준에서 그치는 사람들과 반대 개념으로 쓰인다.

**환불 정책:** 인지도 있는 네트워크 마케팅 기업은 모두 채택하고 있는 디스트리뷰터 환불 보장 정책. 일반적으로 기업들은 디스트리뷰터가 어떤 이유에서든 반품하려는 모든 제품에 대하여 도매가의 70%에서 100%까지 환불해 준다.

**BV(보너스 포인트):** 점수치(PV) 또는 가격치(BV)에 대한 다른 표현. 네트워크 마케팅 회사들이 오버라이드와 커미션을 계산할 때 사용하는 수치. 오버라이드와 커미션을 지급하는 품목의 도매가격을 근거로 하여 산정한다. 항상 그런 것은 아니지만, 일반적으로 BV는 해당 품목의 도매가보다 낮은 경우가 많다. 가령, 커미션으로 5%를 받는데, 도매가로 100달러 상당의 제품을 판매하였다면, 제품가격 100달러의 5%가 아니라, 그 제품의 BV, 즉 80달러의 5%가 커미션이 된다. 회사에서는 저수익 품목에서 이익을 올리려는 목적으로 BV를 도입한다. 만약 50% 커미션 지급을 약속하는 회사가 제조원가 10달러인 제품을 20달러에 판매한다면 그 회사는 전혀 이익을 올리지 못한다. 그래서 제품 가격을 올리기보다는 제품에 대해 더 낮은 BV를 부여하여 커미션을 적게 지급하는 회사들이 많다.

**영향권:** 자기와 가장 가까우며 연고시장을 구성하는 사람들. 또한 특정 직업이나 공동체에서 자신이 쉽게 영향력을 발휘할 수 있는 사람들.

**무연고 시장:** 친구, 가족, 동료 이외의 예상고객들.

**커미션:** 자신의 조직 매출에서 실제 시급 받는 비율.

**커미션 포인트:** BV를 말함.

**컴프레션 플랜:** 프론트엔드, 즉 최초의 3 레벨에 대하여 커미션의

상당부분을 몰아 주거나 "압축"하는 보상 플랜. 최초의 3 레벨에 대하여 도매가의 최소 40%는 지급해야 이 플랜에 해당된다.

**압축(컴프레션):** 디스트리뷰터가 회사를 그만두거나 해고당하면 그 사람의 다운라인이 한 레벨씩 상승하여 공석을 채우면서, 그 회사의 다운라인이 한 레벨씩 "압축"하게 된다.

**소비재:** 스킨 크림이나 약재 보조제품 등 항상 소비하고 정기적으로 교체해야 하므로 네트워크 마케터들에게 반복 판매를 보장하는 제품.

**직접 판매:** 기존의 소매점이 아닌 일대일 판매를 통해 커미션을 받고 일하는 독립 판매원에 의한 판매 형식. 커미션을 받으면서도 네트워크 마케팅 사업자가 아닌 직접판매원도 있기는 하지만, 네트워크 마케터들은 일반적으로 직접 판매원으로 간주된다. 단, 기존의 소매점에서 판매하는 네트워크 마케팅 디스트리뷰터는 직접 판매원으로 간주하지 않는다.

**디스트리뷰터:** 네트워크 마케팅 회사의 제품이나 서비스를 판매하는 독립 계약자.

**다운라인:** 디스트리뷰터로 가입된 모든 사람들은 그 회사의 다운라인을 구성한다. 자신의 다운라인은 자신이 직접 가입시킨 사람들, 또 그 사람들이 가입시킨 사람들로 구성된다.

드롭쉬핑(Drop-Shipping): 디스트리뷰터를 통하지 않고 회사에서 고객에게 제품을 바로 배송하는 방식.

복제: 자신의 다운라인에서 적극적인 사업 구축자를 양성하는 과정.

전자우편 블래스팅(e-mail blasting): 상대방 의사에 관계없이 네트워크 마케팅 사업 참여를 권하는 전자우편을 무차별 발송하는 것.

무효 매출(encumbered volume): 자신의 그룹 매출에 포함되지 않고, 따라서 월 할당량으로 계산되지 않는 매출. 자기 그룹 가운데 특정 레그가 분리 독립하는 순간부터 그 레그의 매출은 자신의 매출에 포함되지 않도록 하는 보상 플랜이 많다.

주문자 팩스전송 서비스: 지정된 전화번호로 전화하는 사람들에게 팩스로 정보를 자동 전송해 주는 서비스. 네트워크 마케터들은 이 서비스를 이용하여 프로스펙팅과 교육 정보를 전달한다.

프론트엔드: 보상플랜에서 상위 레벨 노는 죄초의 단계.

프론트라인: 직접 가입, 후원한 디스트리뷰터 그룹으로 자기 조직의 제 1 레벨이 된다.

프론트로딩(프론트엔드 로딩): 과도한 가입조건이나 월 할당량을 부과함으로써 디스트리뷰터가 실제로 팔 수 있는 이상의 제품을 사재기하도록 강요하는 관행.

세대(generation): 자기 조직에서 독립한 디스트리뷰터의 레그를 말한다. 또는 브레이크어웨이 이외의 보상플랜에서, '독립 사업자' 자격을 달성한 디스트리뷰터의 레그를 말하기도 한다.

레그 보너스: 자신의 지급 범위보다 여러 레벨 아래에 있는 사람들로부터 돈을 벌 수 있도록 하는 브레이크어웨이 보상플랜의 특징. 가령, 자신의 독립세대 중 하나가 올린 월매출의 일정 비율이 레그 보너스다. 6 레벨 보상플랜에서, 자신의 독립세대가 제 6 레벨에 있으면 나는 12 레벨까지 보너스를 받을 수 있다.

레그 매출: 특정 레그의 월매출

GSV: 개인 그룹의 월매출

GV: 개인 그룹의 한 달간 도매 구매량

최고실적자: MLM 기업의 최고 판매 리더

홈미팅: 디스트리뷰터의 집에서 여는 사업기회미팅. 위성회의나 원격회의가 도입되기도 한다.

**무한 보너스:** 보상플랜에서 이론상 무한한 깊이를 낳는 특성.

**무한 깊이:** 디스트리뷰터가 자신의 지급 범위보다 깊은 레벨에서 수입을 얻을 수 있도록 하는 일부 보상플랜의 특징. 그러나 문자 그대로 깊이가 무한하지는 않다. 깊이 내려갈수록 보상이 적고, 다양한 형태의 미실현수당 때문에 몇 개의 레벨로 깊이를 제한하기 때문이다. 그러나 일부 플랜에서는 20-30 레벨까지 깊이를 허용하는 경우도 있다.

**리더:** 네트워크 마케팅 다운라인에서 최고 실적자.

**레그:** 다운라인 내의 다운라인, 대개 프론트라인 디스트리뷰터 중 하나가 이끌게 된다.

**레벨:** 자기 조직에서 디스트리뷰터의 수직적 지위. 자신이 누군가를 가입시키면 그는 내 첫 레벨이 된다. 그 사람이 가입시킨 사람은 내 두 번째 레벨이 되며 또 그 두 번째 사람들이 가입시킨 사람들은 내 세 번째 레벨이 된다.

**준연고 시장:** 연고시장도 무연고 시장도 아닌 범주에 들어가는 예상고객. 한두 번 얘기한 적이 있는 사람들이나 연고시장의 다른 사람들에게서 소개받은 사람들을 가리킨다.

**마케팅 플랜:** 보상플랜 또는 지급 플랜을 말함.

**집중 사업구축**: 일회성의 집중적인 프로스펙팅 활동.

**맥스 아웃(Max Out)**: 다운라인을 확고히 구축하고, 높은 판매 실적을 달성하여, 해당 플랜에서 받을 수 있는 최대한의 커미션을 받게 되었을 때, 그 보상 플랜은 '맥스 아웃' 되었다고 한다.

**다단계 링크보상 제도(Multi-Affiliate Program)**: 링크제공자가 다른 링크제공자를 가입시켜 그들의 판매에 대한 다단계 커미션을 받을 수 있도록 한 링크보상제도

**네트워크 마케팅**: 디스트리뷰터가 다른 디스트리뷰터를 가입시켜 그들의 판매로부터 커미션을 받을 수 있도록 하는 판매 형태.

**사업 기회**: 네트워크 마케팅 디스트리뷰터로 가입하는 기회 또는 디스트리뷰터 그 자체를 가리키는 용어.

**사업 기회 미팅**: 예상고객에게 사업기회를 설명하기 위해 네트워크 마케팅 사업자들이 개최하는 신규 모집 랠리나 사업 설명회.

**조직**: 오버라이드나 커미션을 받을 수 있는 다운라인 부분. 여기에는 자신의 지급범위에 해당되는 레벨에 있는 모든 디스트리뷰터를 포함한다. 브레이크어웨이 보상 플랜에서는 자신의 분리독립 레그도 조직에 포함된다.

**OV(Organizational Volume)**: 회사로부터 제품구매를 통한 자

기 조직의 월매출.

**오버라이드(override):** 자신의 분리독립 레그에서 나오는 월 커미션.

**지급비율:** 오버라이드, 커미션, 보너스의 형태로 회사의 총수익에서 디스트리뷰터에게 지급하는 비율.

**지급범위:** 자신의 보상플랜에서 오버라이드와 커미션을 인정하는 다운라인 레벨.

**개인그룹:** 지급범위에 해당되는 모든 디스트리뷰터, 자신이 직접 후원했지만 분리독립하지 않은 사람들.

**PIN 번호:** 네트워크 마케팅회사의 각 디스트리뷰터에게 할당된 특별 코드. 고객이 회사에 주문할 때 제품을 소개한 디스트리뷰터의 PIN 번호를 준다. 그렇게 해서 디스트리뷰터는 거래에 직접 참여하지 않아도 고객의 구매에 대한 커미션을 지급 받는다.

**예상고객:** 잠재 고객 또는 가입사.

**프로스펙팅:** 네트워크 마케팅 사업을 위한 고객이나 가입자를 유치하는 과정.

PSV: 개인의 월매출.

PV: 개인이 한 달간 회사로부터 도매로 구입한 총 구매량.

PV(개인 포인트): BV를 말함.

피라미드 상법: 등록비, 회원비, 사재기를 강요하여 돈을 버는 불법적 사업. 마지막에 들어온 사람이 돈을 벌 수 없으면 피라미드 상법이다. 먼저 들어온 사람들은 나중에 들어오는 사람들로부터 일정 비율의 수수료를 받거나 그 가입자들에게 사재기를 시켜 돈을 번다. 그러나 마지막에 들어오는 사람은 더 이상 가입자가 없기 때문에 수수료나 커미션을 받지 못한다. 합법적인 네트워크 마케팅 회사에서는 마지막에 들어오는 사람이라도 도매로 구매한 제품을 소비자에게 팔아 소매이익을 남김으로써 언제나 소득을 창출할 수 있다. 합법적인 회사라면 그 회사의 제품을 구매하고 사용하는 진짜 소비자가 있다. 피라미드 사기에서 제품은 사재기를 위한 도구, 또는 가입비나 교육비를 받는 구실에 불과하다.

할당량: 일정한 성취레벨 자격을 얻기 위해 디스트리뷰터가 달성해야 할 월 할당량. 할당량은 GV나 PV 기준으로 결정된다. 간혹, 매달 프론트라인으로 일정 수의 사람을 데려와야 하는 리크루팅 할당량도 있다.

이그제큐티브: 분리 독립한 디스트리뷰터.

단서조항: 일종의 미실현수당. 디스트리뷰터가 월 할당량을 달성하기 어렵게 만드는 보상플랜의 조건들을 말한다. 자신의 최하위 레벨에서 받을 수 있는 커미션은 프론트라인에 있는 이그제큐티브의 수에 의해 결정된다는 조항이 그 일례다.

리크루트: 자신의 다운라인에 가입하기로 한 예상고객을 말함. 디스트리뷰터가 되도록 가입을 유도하는 행위를 의미하기도 한다.

연회비: 디스트리뷰터 자격 유지를 위해 네트워크 마케팅 회사에 지불하는 일정 수수료. 네트워크 마케팅 회사가 이윤을 남기고 디스트리뷰터 자격을 "파는" 행위는 위법이므로 연회비는 소액이어야 한다.

소매이익: 제품의 도매가격과 고객에게 판매할 때의 소매가격 차이. 일반 소비자는 회사에서 직접 제품을 구매하기 때문에 요즘 디스트리뷰터들은 자신이 판매하는 제품을 실제로 관리하는 일이 거의 없다. 소비자가 디스트리뷰터의 PIN 번호로 주문을 하면 회사 컴퓨터는 해당 사업자에게 소매이익을 지급하도록 처리해 준다.

롤업(Roll-up): 한달 동인 힐당량을 달성하지 못했기 때문에 커미션 자격을 얻지 못하면 '미실적자'로 분류되어 그 달에 자기 다운라인에게서 커미션을 받지 못한다는 일부 보상플랜의 규정. 그렇게 해서 자신이 받지 못한 커미션은 자기 위에 있는 '실적자'에게 "롤업", 즉 지급된다.

로열티: 오버라이드를 말함.

위성 회의: 네트워크 마케팅 회사에서 폐쇄 위성 네트워크를 통하여 TV로 방송하는 교육이나 사업 설명회, 또는 신규모집 랠리 방송. 디스트리뷰터는 집에서 방송을 시청할 수 있고, 예상고객을 초대하여 같이 볼 수도 있으며, 때로는 전화로 그 회의 참석자들과 대화를 나눌 수도 있다.

집중 규제기: 성공적인 회사의 성장기를 말한다. 대개 도약기 이후의 시기로 언론과 정부 규제 당국의 조사를 가장 받기 쉬운 때이다. 탄탄한 회사만이 이 시기에서 살아남는다.

걸러내기: 가장 유망한 예상고객을 신속하게 파악하여 그 사람들을 상대로 집중적인 리크루팅을 하는 것.

스패밍(Spamming): 주로 전자우편과 게시판 공지를 통해 인터넷에서 네트워크 마케팅 사업을 무차별 선전하는 관행.

후원자: 네트워크 마케팅회사에서 다른 디스트리뷰터를 가입시키고 교육하는 디스트리뷰터.

스테어스텝: 성취레벨, 또는 스테어스텝/브레이크어웨이 보상플랜을 뜻하는 용어.

원격회의: 전화로 하는 신규모집 랠리나 사업 설명회. 예상고객은

특정 시간에 전화로 행사 내용을 듣게 된다. 디스트리뷰터는 자신의 예상고객을 초대하여 스피커폰으로 행사를 듣게 할 수 있다.

**3자 통화(Three-Way Call):** 신규 디스트리뷰터를 교육하면서 동시에 그 디스트리뷰터가 다운라인을 구축하도록 하는 프로스펙팅 기법. 새로운 가입자가 전화로 예상고객에게 사업을 설명하고 싶을 때 자신의 후원자에게 전화를 넘긴다. 후원자는 예상고객에게 설명을 하고 신규 디스트리뷰터는 가만히 전화 내용을 들으면서 설명 요령을 배우게 된다. 3자 리크루팅은 전화가 아니라 직접 만나서도 가능하다.

**수평구매(Transfer Buying):** 동일 품목이지만 브랜드를 바꿔 사용하는 것. 마케터들은 대개 수평구매가 가능한 제품을 판매하고 싶어한다. 다시 말해, 예상 고객이 이미 사용하고 있는 제품을 말한다. 고객이 한번도 써본 적 없는 새로운 제품을 사용하게 하는 것보다 계속 쓰던 제품의 브랜드만 바꾸게 하는 편이 더 쉽다는 논리다.

**2레벨 플랜:** 압축플랜을 가리킨다. 2레벨 플랜은 대체로 첫 두 레벨에 커미션의 상당량을 몰아 준다는 특징에서 나온 용어다.

**유효매출(unencumbered volume):** 자기 조직에서 나오는 매출량으로, 자기 그룹 판매량에 포함되고 성취레벨 자격을 얻는데 이용될 수 있는 매출.

업라인: 네트워크 마케팅 조직에서 자기 위에 있는 모든 사람들을 말함. 후원자를 가리키는 말이기도 하다.

예상고객 리스트: 자신의 연고시장을 형성하는 새로운 가입자의 연락처 리스트.

연고시장: 가족, 친구, 사업상 동료 등 자신이 개인적으로 알고 있는 모든 잠재 예상고객.

제 1물결: 1945년에서 1979년까지 네트워크 마케팅 "암흑기". 당시 업계의 법적 지위는 대단히 취약하고 암울했다. 제 1물결 시대는 1979년, 네트워크 마케팅 업계가 피라미드 사기 상법이 아니라 합법적인 사업이라는 연방 무역위원회의 판정과 함께 종결된다.

제 2물결: 1980년에서 1989년까지 네트워크 마케팅의 "형성기". 이 시기에 PC 기술의 등장으로 네트워크 마케팅 신규 기업 수가 급속도로 증가했다.

제 3물결: 1990년에서 1999년까지 네트워크 마케팅의 "성장기". 제 3물결 시대에 음성사서함, 전자우편 방송, 드롭쉬핑, 원격회의, 3자 통화, 위성 TV, 주문자 팩스전송 서비스와 같은 경영 및 기술 혁신이 이루어졌고, 그로 인해 보통 사람들이 디스트리뷰터로 성공하기가 더욱 쉬워졌다.

제 4물결: 대략 2000년에 시작된 네트워크 마케팅의 "확산기". 이 단계에는 인터넷 기술, 단순화된 보상플랜, 기타 제 3물결 혁명의 확대 및 성장이 결실을 맺기 시작하여, 네트워크 마케팅이 미국 경제의 핵심적 일부라는 인식이 세계적으로 확산되는 시기.

도매 구매자: 도매 할인을 받기 위해 디스트리뷰터로 등록하지만 본격적으로 사업을 구축하지는 않는 사람.

도매 이익: 제품을 처음 구매할 때 지불한 도매가격과 디스트리뷰터에게 판매할 때의 도매가격간의 차이. 그러나 도매 이익은 과거의 개념이 되고 있다. 네트워크 마케팅 디스트리뷰터가 자신의 다운라인에게 도매로 제품을 판매하는 일은 드물기 때문이다. 요즘 네트워크 마케터들은 자기 조직에 속하는 사람들이 자신의 PIN 번호로 회사에 제품을 주문하면 거기서 바로 커미션을 받는다.

깊이(depth): 자신의 네트워크 마케팅 조직 내의 레벨 수.

넓이(폭): 디스트리뷰터의 프론트라인의 수, 또는 보상플랜에 의해 디스트리뷰터의 프론트라인으로 허용된 사람의 수.